LES
ÉCOLES PUBLIQUES

EN FRANCE ET EN ANGLETERRE

CONSTRUCTION ET INSTALLATION

LES
ÉCOLES PUBLIQUES

EN FRANCE ET EN ANGLETERRE

CONSTRUCTION ET INSTALLATION

DOCUMENTS OFFICIELS
SERVICES EXTÉRIEURS — SERVICES INTÉRIEURS — SALLES D'ASILE
MOBILIER SCOLAIRE — SERVICES ANNEXES

PAR

FÉLIX NARJOUX
ARCHITECTE DE LA VILLE DE PARIS

PARIS

Vᵉ A. MOREL ET Cⁱᵉ, LIBRAIRES-ÉDITEURS

13, RUE BONAPARTE, 13

—

1877

TABLE DES CHAPITRES

Avant-propos. VII

I

DOCUMENTS OFFICIELS.

LÉGISLATION. — RÈGLEMENTS. — CIRCULAIRES. — INSTRUCTIONS — PROGRAMMES.

§ Ier. — *Écoles françaises.*

	Pages.
Loi sur les écoles primaires (15 mars 1850).	1
Rapport à l'Empereur (21 mars 1855).	2
Décret organique concernant les salles d'asile (22 mars 1855). .	3
Règlement concernant le régime intérieur des salles d'asile (22 mars 1855).	4
Décision ministérielle relative aux secours alloués aux communes pour la construction de maisons d'école (14 juillet 1858). . .	6
Circulaire relative à l'exécution de l'arrêté du 14 juillet 1858 (30 juillet 1858).	7
Circulaire relative à l'établissement de bibliothèques scolaires dans les écoles primaires publiques (31 mai 1860).	10
Circulaire portant envoi d'un recueil de plans modèles de salles d'asile (28 septembre 1861).	12
Circulaire relative aux secours supplémentaires pour maisons d'écoles, réclamés par les communes (29 mars 1862).	13
Circulaire relative à la concession de secours aux communes les plus pauvres pour la construction de maisons d'écoles (28 avril 1862)	14

a

	Pages.
Circulaire rappelant l'exécution des prescriptions de l'arrêté du 14 juillet 1858 (28 mai 1864).	15
Circulaire relative au mobilier personnel des instituteurs et institutrices (23 juin 1865).	17
Circulaire relative aux précautions hygiéniques à prendre dans les établissements scolaires (11 septembre 1866).	17
Instruction relative à l'organisation de l'enseignement agricole et horticole dans les écoles primaires rurales (31 décembre 1867).	18
De l'enseignement de la gymnastique (3 février 1869).	19
Circulaire relative aux plans-modèles de maisons d'école (14 mars 1872).	20
Programme pour la construction d'une école communale laïque ou congréganiste de filles ou de garçons, dans la préfecture de la Seine.	21
Programme pour la construction d'une salle d'asile communale.	27
Circulaire du préfet de la Seine relative à la construction des maisons d'école (janvier 1872).	30
Circulaire relative à la propagation et à l'amélioration des maisons d'école (15 juin 1876).	33

§ II. — *Écoles anglaises.*

Observations générales.	36
Règles à observer pour l'établissement et l'installation des écoles, publiées par ordre du *Comité de l'instruction publique* :	
— Observations préliminaires	41
— Règlements relatifs à l'instruction	44
— Règlements relatifs à la construction	47
Règlement du *Conseil d'administration des écoles* de Londres :	
— Observations préliminaires.	51
— Construction, dispositions générales	53
— Salles d'asile	57
— Écoles élémentaires	58
— Maisons d'habitation des instituteurs et institutrices.	62
— Plans et pièces à produire	63
Résolution adoptée, le 7 février 1871, par les lords du comité du Conseil privé de l'instruction.	65

TABLE DES CHAPITRES. III

Pages.

De la construction et de l'installation des écoles. — Écoles publiques élémentaires (extrait du *Building News and Engineering journal,* septembre 1873). 69

II

SERVICES EXTÉRIEURS.

Emplacement, situation, orientation. *Écoles françaises et anglaises.*		77
Groupes scolaires . . . . — —		79
Cour, préau découvert . . . . — —		82
Jardin. — Dépendances. . . . . . . — —		84
Fontaine. — Gymnase . . . . — —		85
Privés, urinoirs. *Écoles françaises.*		93
— *Écoles anglaises.*		100

III

SERVICES INTÉRIEURS.

§ Ier. — *Écoles françaises.*

Concierge.	110
Parloir, Préau couvert	113
Lavabos.	117
Proportion du nombre d'élèves par rapport à la population. . .	119
Classes, surface, forme.	120
Sol.	126
Plafonds, Planchers.	127
Peintures des murs.	128
Fenêtres.	130
Persiennes, volets.	132
Portes.	133
Escaliers.	134
Cloisons de séparation.	138
Murs, barbacanes.	139

	Pages.
Salles de dessin	141
Ouvroirs	142
Éclairage diurne et nocturne	143
Chauffage et ventilation	145
— Instructions de la *Commission de chauffage et de ventilation*	152
— Application : Chauffage	158
— — Ventilation	163
Plans, élévations, façades	177

§ II. — *Écoles anglaises.*

Observations préliminaires	191
Gardien	195
Parloir	196
Préau couvert	197
Salles d'exercices	198
Lavabos	199
Classes	205
Escaliers	209
Fenêtres	210
Éclairage	218
Conférence du docteur Liebreich, sur l'éclairage des salles d'écoles (Londres 1873)	218
Chauffage et ventilation	227
Plans, élévations, façades	230
Frais de constructions	239
Écoles rurales	240

IV

SALLES D'ASILE.

§ I. — Renseignements généraux	244
§ II. — *Salles d'asile françaises*. — Installation. — Mobilier	247
§ III. — *Salles d'asile anglaises* (infant's school). — Installation. — Mobilier. — Appareils gymnastiques	258
§ IV. — *Salles d'asile allemandes* (kindergarten)	266

V

MOBILIER SCOLAIRE.

§ I. — *Écoles françaises.*

	Pages.
Mobilier actuel.	271
Modèle Lenoir.	273
— fer et bois.	274
— Gréart.	275
— combiné avec la ventilation.	279
— Bapterosse.	280
Bureau du maître.	281
Porte-modèle Lenoir.	282
Selle de modelage Lenoir.	283

§ II. — *Écoles anglaises.*

Modèle Liebreich.	285
— Siége à deux places (modèle nouveau).	294
— Dutch.	297
— Redmayne.	300
Bureau de maître. — Pupître d'élève-maître. — Tableau noir. — Boîte d'instruments.	300

§ III. — *Écoles suisses.*

Modèle de Bâle.	306
— de Neuchâtel.	308

§ IV. — *Écoles autrichiennes.*

Modèle Kunz.	309
— Olmützter.	310

§ V. — *Écoles belges.*

Modèle Nogel.	311

§ VI. — *Écoles suédoises.*

Modèle Sandberg.	312
— Rydberg.	313

§ VII. — *Écoles russes.*

Modèle fonte et bois. 314

§ VIII. — *Écoles américaines.*

Modèle à une ou deux places. 315
§ IX. — Prix comparés des divers modèles. — Résumé 317

VI

LOGEMENTS, SERVICES ANNEXES.

§ Ier. — *Écoles françaises.*

Logements des maîtres. 320
Logements des maîtres laïques. 322
    —   —   congréganistes 323
    —   des instituteurs ruraux. — Salle du Conseil municipal. — Secrétariat. 324
Bibliothèque et télégraphe. 325

§ II. — *Écoles anglaises.*

Logements des maîtres. — Écoles urbaines 326
    —   Écoles rurales. 326

VII

Conclusion 329
TABLE DES FIGURES. . . . . 333 à 339

« Notre pensée n'est pas de décréter à la légère l'instruction obligatoire : ce serait non-seulement une faute mais un leurre ; ce serait dire à une foule de pères de famille : Nous savons bien que vous n'avez pas d'écoles à votre portée, néanmoins nous allons vous obliger à y conduire vos enfants.

« Pour faire quelque chose d'utile et de sérieux, il faut, dans un grand nombre de départements où toutes les communes ne sont pas pourvues d'écoles, et où les écoles existantes sont plutôt des bouges que de vraies écoles, il faut trouver ou construire des locaux convenables. Il faut, dans les départements montagneux, que nous ayons créé partout des écoles de hameau ; il faut aussi augmenter largement le nombre des instituteurs et créer de nouvelles écoles normales.

« Quand cette œuvre-là sera accomplie, — et c'est une œuvre qui demande de grands sacrifices pécuniaires, — lorsque, sur presque tout le territoire de la France, nous aurons mis l'école à la portée des pères de famille, à la portée de l'enfant; quand nous aurons montré que l'enfant n'a pas à faire plus de 2 à 3 kilomètres pour gagner la classe, nous dirons : Il faut l'enseignement obligatoire ; le père de famille ne peut plus refuser à l'enfant le pain de l'âme pas plus que celui du corps. Ceux qui refuseront de se soumettre à ce devoir pourront alors justement être frappés d'une pénalité. »

(Extrait du discours de M. Waddington, ministre de l'Instruction publique, à la distribution des prix aux Sociétés savantes de province.) (Paris, avril 1876.)

LES
ÉCOLES PUBLIQUES
EN FRANCE ET EN ANGLETERRE

I

DOCUMENTS OFFICIELS

LÉGISLATION — RÈGLEMENTS — CIRCULAIRES
INSTRUCTIONS — PROGRAMMES

§ Ier. — ÉCOLES FRANÇAISES.

LOI SUR LES ÉCOLES PRIMAIRES.

15 mars 1850.

ART. 17. — La loi reconnaît deux espèces d'écoles primaires :

1º Les écoles fondées ou entretenues par les communes, les départements ou l'État, et qui prennent le nom d'écoles publiques ;

2º Les écoles fondées ou entretenues par des particuliers ou des associations, et qui prennent le nom d'écoles libres.

Art. 36. — Toute commune doit entretenir une ou plusieurs écoles primaires.

Art. 37. — Toute commune doit fournir à l'instituteur un local convenable, tant pour son habitation que pour la tenue de l'école et le mobilier de la classe.

Art. 51. — Toute commune de huit cents âmes de population et au-dessus est tenue, si ses propres ressources lui en fournissent les moyens, d'avoir au moins une école de filles [1].

L'enseignement primaire comprend :

L'instruction morale et religieuse,
La lecture,
L'écriture,
Les éléments de la langue française,
Le calcul et le système légal des poids et mesures.

Il peut comprendre en outre :

L'arithmétique appliquée aux opérations pratiques,
Des éléments d'histoire et de géographie,
Des notions des sciences physiques et d'histoire naturelle appliquées aux usages de la vie,
Des instructions élémentaires sur l'agriculture, l'industrie et l'hygiène,
L'arpentage, le nivellement, le dessin linéaire,
Le chant et la gymnastique.

---

[1]. Article modifié par l'article 2 de la loi du 10 avril 1867, ainsi conçu : Toute commune de 500 habitants et au-dessus est tenue d'avoir au moins une école publique de filles, si elle n'en est dispensée par le conseil départemental.

DOCUMENTS OFFICIELS.

RAPPORT A L'EMPEREUR.
21 mars 1855.

..... Les salles d'asile ne sont en réalité que des maisons de première éducation. On s'y applique moins à instruire les enfants qu'à former leurs cœurs, à leur inspirer de bons principes, à leur donner de bonnes habitudes, à leur faire contracter le goût du travail, à développer, sans la fatiguer, leur jeune intelligence, tout en leur accordant les soins physiques que réclame leur faible constitution et que la plupart d'entre eux ne recevraient pas de familles retenues au loin pendant la journée par d'impérieuses nécessités.

DÉCRET ORGANIQUE
CONCERNANT LES SALLES D'ASILE.
22 mars 1855.

ART. 1er. — Les salles d'asile publiques ou libres sont des établissements d'éducation où les enfants des deux sexes, de deux à sept ans, reçoivent les soins que réclame leur développement physique et moral.

ART. 4. — Les salles d'asile sont situées au rez-de-chaussée, elles sont planchéiées et éclairées, autant que possible des deux côtés, par des fenêtres fermées au moyen de châssis mobiles.

Les dimensions doivent être calculées de manière qu'il y ait au moins 2 mètres cubes d'air pour chaque enfant admis.

A côté de la salle d'exercices, il y a un préau destiné aux repas et aux récréations.

Art. 5. — Nulle salle d'asile ne peut être ouverte avant que l'inspecteur d'académie n'ait reconnu qu'elle réunit les conditions de salubrité ci-dessus prescrites.

Art. 6. — Il y a dans chaque salle d'asile du culte catholique un crucifix et une image de la Vierge.

RÈGLEMENT CONCERNANT LE RÉGIME INTÉRIEUR
DES SALLES D'ASILE.
22 mars 1855.

Art. 1er. — Les salles d'asile sont ouvertes du 1er mars au 1er novembre depuis sept heures du matin jusqu'à sept heures du soir; du 1er novembre au 1er mars depuis huit heures du matin jusqu'à six heures du soir.

Art. 20. — Il y a dans chaque salle d'asile plusieurs rangs de gradins, au nombre de cinq au moins et de dix au plus. Les gradins doivent garnir toute l'extrémité de la salle.

Il est réservé au milieu et de chaque côté de ces gradins un passage destiné à faciliter le classement et les mouvements des enfants.

Des bancs fixés au plancher sont placés dans le bout de la salle avec un espace vide au milieu pour les évolutions.

Dans la salle destinée aux repas, des planches sont disposées le long des murs pour recevoir les paniers des enfants et les divers objets à leur usage. Chaque planche est divisée par une raie en autant de cases qu'il y a d'enfants. Des numéros correspondant aux numéros des paniers sont peints au-dessous de chaque case.

Des lieux d'aisance distincts pour chaque sexe sont placés de manière à être facilement surveillés; ils doivent être aérés et disposés de telle sorte qu'il ne résulte de leur voisinage aucune cause d'insalubrité pour l'asile. Le nombre des cabinets est proportionné à celui des enfants. Chaque cabinet doit être clos par une porte sans loquet, ayant au plus 0^m70 de hauteur et retombant sur elle-même.

La cour doit être spacieuse; le sol battu et uni.

ART. 21. — Le mobilier des salles d'asile se compose de lits de camp sans rideaux ou de hamacs; d'une pendule, d'un boulier compteur à dix rangées de dix boules chacune, de tableaux et de porte-tableaux; d'une planche noire sur un chevalet et de crayons blancs; d'un porte-dessin; de plusieurs cahiers d'images renfermés dans un portefeuille; d'une table à écrire garnie d'un casier pour les registres; d'une grande armoire; de petites ardoises en nombre égal à celui des enfants, et de leurs crayons; d'un poêle, d'une grande fontaine ou d'un robinet alimenté par une concession d'eau, se déversant dans un grand lavabo à double fond, d'autant d'éponges qu'il y a d'enfants, enfin de tous les ustensiles nécessaires aux soins et à la propreté.

ART. 22. — Les salles et préaux sont balayés tous les matins au moins, une demi-heure avant l'arrivée des enfants.

Le balayage est renouvelé après le repas et après la sortie des enfants. Le feu est allumé dans les poêles du préau et de la classe une heure avant l'entrée des enfants.

Le préau est éclairé dès la chute du jour et aussi longtemps qu'il y reste des enfants.

DÉCISION MINISTÉRIELLE
RELATIVE AUX SECOURS ALLOUÉS AUX COMMUNES
POUR LA CONSTRUCTION DE MAISONS D'ÉCOLE.

14 juillet 1858.

Art. 1er. — Les conseils municipaux qui demandent des secours à l'État pour la construction, l'appropriation ou la réparation de locaux destinés à des écoles primaires ou à des salles d'asile, devront présenter, à l'appui de leur demande, indépendamment des pièces prescrites par les instructions ministérielles, un plan en double expédition des travaux à exécuter.

Art. 2. — Lorsqu'il aura été statué sur la demande de secours, les deux exemplaires des plans présentés seront renvoyés au préfet, avec mention de l'approbation ministérielle.

Un exemplaire sera remis au maire pour l'exécution des travaux. Le second exemplaire sera déposé entre les mains de l'inspecteur d'Académie.

Art. 3. — Lorsque les travaux seront terminés, et lorsqu'il y aura lieu de payer, soit la totalité, soit une partie des secours promis, le préfet en préviendra l'inspecteur d'académie, lequel remettra à l'inspecteur primaire de l'arrondissement le plan déposé entre ses mains, et lui donnera ordre de se transporter dans la commune, pour y vérifier si les dispositions approuvées par le ministre, tant pour la dimension que pour la disposition des locaux, ont été exactement observées. L'inspecteur primaire fera son rapport à l'inspecteur d'académie et lui remettra le plan du local, qui demeurera déposé aux archives de l'inspection académique. L'inspecteur d'académie délivrera, sur le vu de ce rapport, un certificat constatant, s'il y a lieu, que les plans approuvés ont été scrupuleusement exécutés, et le préfet joindra ce certificat à l'appui de sa proposition d'ordonnancement.

Art. 4. — Dans le cas où les plans approuvés par le ministre n'auraient pas été scrupuleusement suivis dans l'exécution des travaux, le concours de l'État ne pourra être requis, et la promesse de secours faite sera considérée comme nulle et non avenue.

CIRCULAIRE RELATIVE A L'EXÉCUTION DE L'ARRÊTÉ DU 14 JUILLET 1858.

Concernant les formalités exigées pour les demandes de secours pour construction et réparation de maisons d'école et salles d'asile.

30 juillet 1858.

..... Depuis 1833, l'État a constamment aidé les communes qui s'imposaient des sacrifices pour acquérir ou construire des maisons d'école. Les secours du gouvernement portés partout où leur utilité a paru bien constatée, ont suscité d'heureux efforts de la part des départements, et il en est résulté une amélioration notable dans la situation matérielle de l'enseignement primaire.

Cependant je suis informé que, malgré vos recommandations et la surveillance exercée par les inspecteurs primaires, beaucoup de projets de maisons d'école n'ont pas été exécutés selon les plans approuvés, et laissent par conséquent à désirer sur des points essentiels. Il m'a paru nécessaire de préserver l'avenir contre les fâcheux effets de ces transformations, commandées le plus souvent par une parcimonie oublieuse des intérêts sérieux de l'instruction primaire.

Dans ce but j'ai pris un arrêté à la date du 14 juillet aux termes duquel le payement des secours promis par l'État serait refusé à toute commune qui n'aurait pas ponctuellement suivi dans ses travaux les plans adoptés. Les autres dispositions de cet arrêté indiquent les mesures préalables à prendre pour prévenir l'abus ou pour en faciliter la répression. A cette occasion, je crois devoir vous prier d'apporter le plus grand soin dans l'instruction des affaires relatives à la construction et à l'appropriation des maisons d'école. Il m'arrive journellement des projets qui ne sont pas convenablement établis, et je me vois dans l'obligation de les rejeter, soit parce qu'ils n'assureraient pas aux nouvelles maisons une distribution appropriée, sous tous les rapports, à leur destination, soit parce qu'ils sont conçus dans des proportions exagérées.

A différentes époques, les ministres mes prédécesseurs, préoccupés de la nécessité de pourvoir les communes d'écoles convenablement disposées, ont adressé à ce sujet des circulaires à MM. les préfets ; mais ces instructions déjà anciennes sont tombées dans l'oubli, et il me paraît utile d'en rappeler aujourd'hui à votre attention les points les plus importants.

La première chose à rechercher pour l'établissement d'une école, c'est un lieu central, d'un accès facile et bien aéré. Quant à la maison, elle doit être simple et modeste mais commode, isolée de toute habitation bruyante ou malsaine qui exposerait les enfants à recevoir des impressions soit morales, soit physiques non moins contraires à leurs mœurs qu'à leur santé. La salle de classe sera construite sur cave, planchéiée, bien éclairée, accessible aux rayons du soleil, et telle surtout que la disposition des fenêtres, garnies chacune d'un vasistas, permette de renouveler l'air facilement. Il faut, enfin, que l'habitation de l'instituteur et de sa famille soit composée de telle sorte qu'il puisse disposer de trois pièces au moins, y compris une cuisine, et d'un jardin autant que possible. Il est à désirer qu'il y ait une cour fermée ou un préau pour réunir les élèves avant la classe et les garder en récréation.

Les dimensions de la classe doivent être proportionnées à la population scolaire. Cette population se détermine en prenant le nombre des enfants de sept à treize ans dans les communes où il y a des salles d'asile, et de cinq à treize dans toutes les autres.

L'aire de la classe doit présenter par élève une surface de 1 mètre carré et une hauteur de 4 mètres. L'expérience et la théorie montrent que toute salle de classe construite dans ces proportions se trouve dans de bonnes conditions hygiéniques et offrira les dispositions les plus convenables pour la direction méthodique d'une école; on tolérera cependant une hauteur de $3^m,50$ dans les maisons qui ne sont pas construites à neuf.

Dans les écoles mixtes, il faut veiller à ce que la classe soit divisée par une cloison en deux parties, l'une pour les garçons, l'autre pour les filles. Dans toutes les écoles les latrines doivent toujours être en vue de l'estrade du maître, et divisées en deux cabinets distincts et isolés l'un de l'autre dans les écoles réunissant les deux sexes.

Vous voudrez bien, monsieur le préfet, tenir les mains à ce que ces prescriptions soient toujours soigneusement observées par les communes qui voudront arriver à une meilleure installation de leurs écoles publiques. Lorsqu'elles auront besoin d'être aidées, vous réclamerez pour elles les secours de l'État, qui ne les leur refusera jamais quand il lui sera démontré qu'elles s'imposent de véritables sacrifices.

Ces demandes de secours, indépendamment de tous les avis motivés, devront être accompagnées, comme par le passé, des pièces suivantes :

1° Plan, devis et extrait du plan cadastral faisant connaître la position de l'école relativement aux maisons environnantes ;

2° Extrait de la délibération prise par le conseil municipal pour arrêter ce devis et faisant connaître les sommes votées pour contribuer à la dépense ;

3° Budget de la commune ;

4° Situation financière de la commune délivrée par le receveur municipal et certifiée exacte ;

5° Délibération du conseil départemental ;

6° Avis motivé de l'inspecteur d'académie.

CIRCULAIRE RELATIVE
A L'ÉTABLISSEMENT DE BIBLIOTHÈQUES SCOLAIRES
DANS LES ÉCOLES PRIMAIRES PUBLIQUES.
31 mai 1860.

..... Mes instructions du 30 juillet 1858 relatives aux projets de construction ou d'acquisition de maisons d'école ont produit des résultats dont j'ai lieu de me féliciter.

Des locaux plus vastes, mieux disposés, mieux aérés, sont un attrait pour les familles les plus indifférentes, et déjà on a pu constater que, dans les communes où les maisons d'école ont été installées conformément à mes prescriptions, le nombre des enfants resté jusqu'ici privés d'instruction a sensiblement diminué.

La mesure est donc bonne; je désire que l'exécution en soit attentivement poursuivie, mais là ne doit pas s'arrêter la sollicitude de l'administration. Il ne suffit pas qu'une école soit convenablement appropriée ou assez vaste pour la jeune population qui doit la fréquenter, il faut encore qu'elle soit pourvue du mobilier de classe, nécessaire, et une petite bibliothèque-armoire, destinée à la conservation des livres, des cahiers et des cadres imprimés à l'usage des écoles, me semble un des objets les plus indispensables.

J'ai décidé qu'à l'avenir tout projet de construction ou d'acquisition d'une école pour l'exécution duquel un secours sera demandé devra être accompagné d'un devis spécial de la dépense afférente au mobilier scolaire, dans lequel sera compris en première ligne une blibliothèque. Si le mobilier existe déjà, la bibliothèque seule sera mentionnée. Chacun selon ses ressources et ses besoins adoptera un plan plus ou moins restreint, mais la modicité d'une dépense de cette nature, étudiée par mon administration d'après un devis exact, permettra d'apprécier combien peuvent être limités des frais dont les résultats sont si précieux.

CIRCULAIRE PORTANT ENVOI D'UN RECUEIL DE PLANS MODELES DE SALLES D'ASILE.

28 septembre 1861.

J'ai l'honneur de vous envoyer un exemplaire d'une collection de plans modèles et de devis concernant la construction des salles d'asile, dressés par les soins de mon administration.

Ce recueil pourra être utilement consulté lorsque des communes de votre département se proposeront de faire construire des salles d'asile, les plans qui y figurent remplissant toutes les conditions hygiéniques, de dimension, de bonne installation, recommandées par les instructions pour les établissements de cette nature. Il doit être bien entendu que mon intention n'est pas d'imposer ces plans ; toute construction est nécessairement subordonnée à l'étendue du terrain qu'on peut y affecter ainsi qu'aux irrégularités que présente la surface. Cependant, dans l'intérêt des communes comme dans celui du service, il est à désirer que les administrations municipales ne s'écartent pas des modèles dont il s'agit, et à cet effet qu'elles ne disposent pour l'érection des salles d'asile que de terrains qui permettent de se conformer à l'un des différents types présentés dans le recueil.

Les communes trouveront également dans les devis des indications à peu près précises sur le montant des dépenses que peut entraîner la construction d'une salle d'asile; ces renseignements leur permettront de connaître l'étendue des sacrifices qu'elles doivent s'imposer ; ils faciliteront, je n'en doute pas, les efforts de notre administration pour la propagation d'établissements dont les services sont si vivement appréciés par les classes laborieuses.

CIRCULAIRE
RELATIVE AUX SECOURS SUPPLÉMENTAIRES POUR MAISONS D'ÉCOLE RÉCLAMÉS PAR LES COMMUNES.

29 mars 1862.

Depuis quelques années, un grand nombre de communes qui ont reçu sur mon budget des secours pour l'établissement de leurs maisons d'école, me demandent des subventions supplémentaires pour couvrir des dépenses non prévues primitivement et qui résultent le plus souvent d'un accroissement de travaux ou de calculs mal établis.

L'on voudrait m'engager plus avant dans une voie que je considère comme mauvaise, et où je serais entraîné de plus en plus, si je ne prenais résolûment le parti de m'arrêter dès à présent.

J'admets que dans certaines circonstances exceptionnelles une commune ne puisse prévoir dans son devis des dépenses extraordinaires provenant d'obstacles inattendus dans les travaux de terrassements ou de fondation ; mais dans tout autre cas, je me crois autorisé à repousser toute demande qui aurait pour objet des travaux nouveaux qu'on aurait omis dans le principe ou des dépenses que les premiers devis auraient négligées.

L'expérience me prouve que la plupart du temps ces sortes de demandes s'appliquent à des projets de construction dont l'étude n'a pas suffisamment été approfondie ou qui ont été confiés à des mains inhabiles.

Je vous prie donc de veiller avec la plus grande sollicitude à ce que les projets d'écoles ou de salles d'asile qui vous seront soumis soient d'abord conformes à mes instructions du 30 juillet 1868, et que, d'un autre côté, les devis soient assez bien étudiés pour qu'ils répondent à tous les besoins.

CIRCULAIRE RELATIVE A LA CONCESSION DE SECOURS AUX COMMUNES LES PLUS PAUVRES POUR CONSTRUCTION DE MAISONS D'ÉCOLE.

28 avril 1862.

Il existe dans chaque département un petit nombre de communes dans lesquelles les bâtiments d'école, pris à loyer, sont loin de présenter les dispositions nécessaires pour la bonne tenue d'une classe. Il serait fort à désirer que ces communes puissent se procurer, par voie d'acquisition ou de construction, des maisons mieux appropriées à leur destination; mais la plupart ne peuvent songer à s'imposer à cet égard des sacrifices qui, malgré leur importance relative, seraient encore tout à fait insuffisants. Pour ces pauvres communes, le concours des départements et de l'État, offert au delà des conditions ordinaires, ne parviendrait même pas à combler le déficit que présenteraient leurs ressources ordinaires et extraordinaires.

Ces communes, cependant, ne doivent pas être complétement déshéritées à cet égard des bienfaits du gouvernement, et je désire pouvoir en doter au moins quelques-unes de la maison d'école qui leur manque. La situation des crédits qui m'ont été ouverts pour 1861 m'en fournit les moyens.

Veuillez donc me faire savoir si dans votre département il existe une ou plusieurs communes ayant des écoles à loyer et auxquelles il serait désirable que je fasse accorder des secours égaux au montant de la dépense d'acquisition ou de construction qu'elles auraient à faire. Il est bien entendu qu'il ne s'agit ici que de *communes pauvres,* complétement *hors d'état* d'entreprendre par elles-mêmes ou avec l'appui du gouvernement la construction dont il s'agit, et qui autrement se trouveraient indéfiniment privées de la propriété de leurs maisons d'école.

Je désire que vous m'indiquiez aussi le montant approximatif de la dépense à laquelle il y aurait lieu de pourvoir. Il va sans dire que les projets de construction devront remplir autant que possible les conditions prescrites par le règlement d'instruction.

CIRCULAIRE
RAPPELANT L'EXÉCUTION DES PRESCRIPTIONS DE L'ARRÊTÉ DU 14 JUILLET 1858

Concernant les projets de construction et d'appropriation des maisons d'école.

28 mai 1864.

Dans le but d'assurer la bonne exécution des projets de construction ou d'appropriation des maisons d'école soumis au ministre de l'instruction publique, un arrêté du 14 juillet 1858 porte qu'un exemplaire des plans dressés à l'appui, revêtu de l'approbation ministérielle, sera déposé entre les mains de l'inspecteur d'académie.

Cet arrêté dispose, en outre, que lorsqu'il y aura lieu de payer le secours alloué en vue de cette construction, le préfet en préviendra l'inspecteur d'académie; que ce fonctionnaire remettra à l'inspecteur primaire de l'arrondissement le plan qui lui aura été confié et lui donnera l'ordre de se transporter dans la commune pour y vérifier si les dispositions approuvées par le ministre ont été exactement observées; qu'enfin le rapport de l'inspecteur d'académie devra être joint aux propositions d'ordonnancement qu'adressera le préfet au ministre.

Ces prescriptions n'ont pas toujours été régulièrement suivies : ainsi, il est arrivé que dans certaines communes on a pu modifier les projets qui avaient obtenu l'approbation ministérielle et que des dispositions mal entendues ont été substituées à celles qui avaient été adoptées. Le plus souvent le service scolaire a souffert de ces changements irréfléchis, et, là où une dépense moyenne aurait suffi pour satisfaire aux besoins de la population, on a été entraîné dans des dépenses supplémentaires excessives qu'on eût pu éviter, et pour le payement desquelles on a eu de nouveau recours aux subventions de l'État.

Ce sont là des faits regrettables dont il convient de prévenir le retour.

A cet effet, je vous prie de prendre les mesures nécessaires pour que les prescriptions de l'arrêté du 14 juillet 1858 reçoivent une application rigoureuse et constante; je ne donnerais aucune suite aux propositions d'ordonnancement à l'appui desquelles ne serait pas annexé le rapport ou le certificat de l'inspecteur d'académie.

CIRCULAIRE RELATIVE AU MOBILIER PERSONNEL DES INSTITUTEURS ET INSTITUTRICES.

23 juin 1865.

Mobilier réglementaire de l'instituteur communal.

2 lits; 2 tables de nuit; 8 chaises; 2 tables rondes; 1 commode; 1 armoire; 2 toiles à paillasse; 4 matelas; 2 traversins; 2 oreillers; 2 couvertures de laine; 2 couvertures de coton; 1 table de cuisine en bois blanc; 4 chaises en bois blanc; 1 marmite en fonte; 3 casseroles; 1 seau.

CIRCULAIRE RELATIVE AUX PRÉCAUTIONS HYGIÉNIQUES A PRENDRE DANS LES ÉTABLISSEMENTS SCOLAIRES.

11 septembre 1866.

... Il importe de profiter des vacances pour faire exécuter dans nos établissements scolaires tous les travaux d'assainissement qui seraient nécessaires :

Niveler les cours afin de ménager le prompt écoulement des eaux ;

Laver à grande eau le pavé et les murs des réfectoires, cuisines, couloirs, etc...;

Blanchir les murs à la chaux partout où les élèves séjournent, et où le lavage n'a pu être opéré sur des surfaces protégées par une peinture à l'huile;

Après la vidange des fosses d'aisances et le curage des puisards, et là où l'on ne pourra établir un système de fermeture mobile, ce qui serait excellent, s'approvisionner de désinfectants dont on fera grand usage pour détruire les miasmes;

Revêtir le sol des cabinets, ainsi que les parois inférieures, de dalles parfaitement jointes ou d'une couche imperméable qu'on puisse laver deux fois par jour;

Faire disparaître les débris ou objets hors d'usage dont on encombre souvent une cour, un grenier, divers locaux, et que l'on garde inutilement;

Faire entrer partout l'air et la lumière; il suffit parfois pour cela de jeter bas une cloison maladroitement établie, ou de la remplacer par un vitrage avec vasistas ou fenêtres;

Ventiler les salles d'étude et de classe, les vestiaires où les vêtements devraient toujours être suspendus dans des appareils à claire-voie, et les dortoirs, où quelques ouvertures, faites au plafond et communiquant par un tuyau ou une colonnette creuse avec l'extérieur, produiront l'effet de cheminées d'appel et enlèveront l'air vicié par la respiration nocturne;

Apporter le plus grand soin au renouvellement de l'eau des lavabos, etc.

INSTRUCTION RELATIVE A L'ORGANISATION DE L'ENSEIGNEMENT AGRICOLE ET HORTICOLE DANS LES ÉCOLES PRIMAIRES RURALES, ETC.

31 décembre 1867.

... 5° Provoquer et encourager l'annexion d'un jardin aux écoles normales et aux écoles primaires rurales qui n'en possèdent pas encore, afin d'exercer les enfants à la pratique de l'horticulture...

On est unanime pour demander l'annexion d'un jardin à toutes les écoles normales et à toutes les écoles primaires rurales qui n'en possèdent pas encore.

Ce projet ne semble soulever aucune difficulté sérieuse, car une location d'un demi-hectare (100 ou 200 fr. de dépense) suffirait pour chaque école normale, et une location de dix ares (20 à 30 fr. de dépense annuelle) pour chaque école primaire rurale. Dans beaucoup de communes, le jardin pourra être établi à peu de frais sur quelque terrain public inoccupé.

Afin d'assurer l'exécution de ces dispositions, j'ai décidé qu'à l'avenir aucun plan d'école rurale ne sera accepté si ce plan ne comprend pas de jardin, soit annexé à l'école, soit en dehors de la commune, mais à portée du maître et des élèves.

J'invite donc...

5° Agir sur les communes en vue d'obtenir qu'elles annexent à la maison d'école un jardin, un champ suffisant pour que le maître puisse y donner un enseignement agricole.

DE L'ENSEIGNEMENT DE LA GYMNASTIQUE.
3 février 1869.

... ART. 4. — Les conseils municipaux délibéreront sur les moyens à prendre pour organiser les exercices gymnastiques appropriés aux besoins des écoles primaires communales.

ART. 5. — Des secours pourront être accordés sur les fonds de l'État aux communes qui feront établir des appareils de gymnastique dans leurs écoles.

CIRCULAIRE RELATIVE AUX PLANS MODÈLES DE MAISONS D'ÉCOLE.

14 mars 1872.

... Ces plans ne sauraient en toutes circonstances être suivis d'une manière exacte. Il est évident que les constructions sont subordonnées aux dispositions et à la contenance du terrain sur lequel elles doivent être élevées.

Ces modifications toutefois ne peuvent s'écarter des prescriptions des règlements.

C'est ainsi que les dimensions de la salle de classe doivent toujours être calculées à raison de 1 mètre carré par élève, et que le nombre des élèves doit être déterminé par celui des enfants âgés de cinq à treize ans dans les communes où il n'existe pas de salles d'asile, et de sept à treize ans dans les communes qui possèdent une salle d'asile.

La hauteur des classes sous plafond ne peut être moindre de 4 mètres pour les constructions neuves; on tolérera $3^m,50$ pour les constructions anciennes ou les appropriations (circulaire du 30 juillet 1858).

Le logement se composera de trois pièces au moins, dont une cuisine, suffisamment spacieuses et aérées, et pourvues de cheminées.

Les salles destinées au service municipal seront, autant que possible, séparées du logement de l'instituteur.

Dans le projet comprenant une salle de classe annexée au bâtiment du logement, la mairie pourra être installée au rez-de-chaussée; mais lorsque, eu égard au chiffre peu élevé de l'effectif scolaire, les communes auront avantage à ne construire qu'un seul bâtiment, elles pourront placer la classe dans une des deux pièces du rez-de-chaussée;

l'autre pièce serait réservée pour la cuisine. Il importe que la femme de l'instituteur et ses enfants, qui s'y tiennent le plus habituellement, trouvent dans ce logement toutes les commodités désirables. Dans ces conditions, il n'y aurait nul inconvénient à installer la mairie dans une des chambres de l'étage, les réunions municipales n'ayant lieu qu'à de longs intervalles.

Programme pour la construction d'une école communale laïque ou congréganiste de filles ou de garçons dans la préfecture de la Seine.

L'école sera établie pour un nombre suffisant de classes contenant chacune le nombre de places nécessaires.

Il importe de s'assurer qu'il n'existe dans le voisinage aucun atelier de métiers bruyants, incommodes ou insalubres.

Classes.

Les classes occuperont un rez-de-chaussée un peu élevé, ou un premier, ou un second étage.

Elles auront 3 mètres 60 centimètres à 4 mètres de hauteur, et la forme d'un carré long (longueur double de la largeur au plus).

Elles seront planchéiées et éclairées, autant que possible, sur deux faces (les deux faces les plus longues), à droite et à gauche des élèves[1].

Les meilleures dispositions sont l'est et l'ouest, et ensuite le nord.

---

1. Voir les inconvénients de ce système : chap. III, *Éclairage*.

Les baies des croisées monteront aussi haut et seront aussi nombreuses que possible, tout en laissant au bâtiment la solidité désirable.

Les croisées s'ouvriront en quatre parties, sur montant fixe au milieu. La partie supérieure, imposte ouvrante, ne renfermera pas plus de quatre carreaux dans chaque vantail, sur deux de hauteur. Elles se fermeront au moyen de loqueteaux à ressort, et seront garnies de barreaux et grillages devant les vitres au rez-de-chaussée, à l'extérieur, et de persiennes au rez-de-chaussée, à l'intérieur. Des jalousies seront placées devant les autres croisées exposées au soleil.

Les croisées prendront jour à 1 mètre 50 centimètres du parquet.

Une cloison, pleine depuis le parquet jusqu'à 1 mètre 50 centimètres de hauteur, et vitrée dans la partie supérieure, avec de solides montants, devra exister entre les classes, si elles sont contiguës, ce qui est désirable. Il y aura une porte de communication pleine aussi jusqu'à 1 mètre 50 centimètres, entre deux classes voisines.

On ne devra pas avoir à traverser une classe pour arriver dans une autre.

Les colonnes de fonte qui soutiennent les plafonds pourront, sans inconvénient, être placées en dehors des cloisons légères qui sépareront les classes.

Chaque élève occupera sur le sol, dans l'intérieur des classes, en moyenne, 9 dixièmes de mètre carré (9 décimètres carrés) tout compris, tables et bancs, passages entre les bancs, passages entre les tables, passage au pourtour et bureau du maître. Il y aura ainsi, dans les salles, au moins 3 mètres cubes d'air par élève.

Préau couvert.

Le préau couvert se trouvera au rez-de-chaussée, s'il est possible; il précédera les classes et aura même hauteur; il sera, s'il est possible, égal en surface aux classes réunies et planchéié, ou au moins bitumé, s'il est au rez-de-chaussée.

Même système que dans les classes pour la forme des croisées, leur nombre et leur distance du sol.

Préau découvert.

Ce second préau sera double du premier, en surface, s'il est possible.

La terre en sera piquée, battue et sablée (sable de rivière); il sera planté d'arbres. On devra pouvoir se rendre du préau couvert dans le préau découvert sans passer par les classes.

Cabinets d'aisances.

Les cabinets d'aisances seront établis dans le préau découvert. Il y en aura deux pour cent élèves. Il y aura, en outre, un cabinet séparé pour le maître, avec siége ordinaire en bois et abattant.

Ces cabinets seront isolés et regarderont le nord.

Les portes (excepté celle du cabinet du maître) fermeront par un loquet, et seront pleines jusqu'à 1 mètre 60 centimètres; le reste de la porte, 30 centimètres, sera à claire-voie; le bas à 10 centimètres du sol.

Les impostes au-dessus de ces portes seront garnies de lames persiennes, ainsi que les deux cloisons extrêmes des cabinets à la même hauteur.

La largeur des cabinets, à l'intérieur, sera de 70 centimètres et la profondeur de 1 mètre.

Les siéges seront revêtus de bois, hauteur 30 centimètres, profondeur 45. L'ouverture sera ovale, de 25 centimètres sur 20 (12 au fond), et à 14 centimètres du bord antérieur.

La dalle du sol sera inclinée vers le siége.

La cloison entre deux cabinets voisins aura 1 mètre 70 centimètres de hauteur au-dessus du siége ; le reste de la cloison à claire-voie (le cabinet du maître entre deux cloisons de 20 centimètres plus élevées que les autres).

Les cabinets seront ventilés par derrière, sous les siéges, au moyen d'une petite ouverture communiquant avec une cheminée.

Le maître devra pouvoir, de sa place, surveiller les cabinets.

Les urinoirs seront formés par des cloisons en ardoise, hauteur 1 ^{m} 30, saillie 0 ^{m} 40.

Appareils de chauffage.

Pour assurer la pose des appareils de chauffage et d'aération dans de bonnes conditions, une prise d'air extérieure sera ménagée dans chaque salle, et une cheminée d'appel y sera établie.

Eaux de la ville et gouttières.

Des tuyaux seront posés pour amener les eaux de la ville, de l'entrée de la maison jusqu'à une vasque en pierre, placée pour les recevoir dans le préau couvert. — Dimensions de la vasque : longueur totale, 1 mètre 50 centimètres;

à l'intérieur, 1 mètre 20 centimètres ; largeur totale, 60 centimètres ; à l'intérieur, 35 centimètres ; profondeur, 30 centimètres ; hauteur totale, 60 centimètres.

L'eau s'écoulera de cette vasque par une gargouille couverte.

Si l'eau vient de la Seine, elle devra, avant d'être conduite dans la vasque, être reçue dans un réservoir placé au rez-de-chaussée, à l'endroit indiqué par l'architecte de l'administration.

Et si le préau couvert est au premier étage, l'eau du réservoir y sera conduite jusqu'à une cuvette qu'on y établira.

Le tout conformément au règlement sur les abonnements aux eaux de la ville.

Les toits seront pourvus de gouttières et de tuyaux de descente.

Parloir.

Un parloir de 12 à 16 mètres carrés devra être ménagé dans le préau couvert ; il servira aussi de petit réfectoire pour les maîtres surveillants, à midi.

Bûcher.

On établira, dans la cour ou sous un escalier, un bûcher qui puisse contenir environ 8 ou dix stères de bois et des copeaux. Ce bûcher pourra être remplacé par une cave.

Escaliers des classes.

Les marches devront avoir 1 mètre 50 centimètres de longueur.

Les rampes 1 mètre 10 centimètres de hauteur au-dessus du milieu des marches ; il y aura 15 centimètres entre les axes de deux barreaux voisins.

Une main courante sera placée à 80 centimètres de hauteur seulement, le long des murs de l'escalier.

Logement des maîtres dans les Écoles laïques.

Le logement de l'instituteur directeur présentera une surface de 80 mètres environ, et comprendra une *entrée*, une *cuisine* avec placard, fourneau, évier; une *salle à manger* avec poêle; *deux chambres* avec cheminée et placards; un *cabinet de travail;* un cabinet de toilette; un *cabinet d'aisances;* une *cave* et un *bûcher*.

Les pièces de ce logement auront environ 3 mètres de hauteur; elles seront parquetées, sauf la cuisine. Les fenêtres seront munies de jalousies.

Le logement de chaque maître-adjoint aura une surface de 50 mètres environ et une chambre et un cabinet de moins qu'au logement ci-dessus.

Ces logements peuvent être disposés au-dessus des écoles, mais on doit pouvoir y arriver sans passer par les préaux ni par les classes.

Logement du concierge.

Le logement du concierge sera placé de manière à en rendre le voisinage utile, mais non gênant pour les maîtres.

Il sera situé au rez-de-chaussée, et aura 50 mètres environ de surface; il comprendra une loge, deux chambres, une petite cuisine, une cave ou un bûcher et un cabinet d'aisances séparé de ceux des élèves.

Inscription ou enseigne.

Un panneau rentrant (superficie de 2 à 3 mètres) sera préparé au-dessus de l'entrée principale, sur la voie publique, pour recevoir une inscription ou enseigne annonçant l'existence de l'école.

Peintures des localités.

Une frise de 1 mètre 50 centimètres de hauteur dans les classes, préau couvert, escaliers, vestibules, parloir, sera peinte à l'huile, couleur claire (trois couches); le reste à la colle. Les plafonds seront blanchis; les cabinets d'aisances seront entièrement peints à l'huile, ainsi que le logement du concierge. Les autres pièces des logements seront tendues de papier.

Dans le cas de plusieurs établissements réunis, on peut sans inconvénient, et afin de ménager le terrain, les superposer, pourvu toutefois qu'ils soient bien séparés et qu'ils aient des entrées différentes entre lesquelles se trouve placée la loge du concierge.

PROGRAMME POUR LA CONSTRUCTION D'UNE SALLE D'ASILE COMMUNALE [1].

La salle d'asile sera établie pour   enfants.

Cet établissement comprendra la salle d'asile proprement dite : une classe, un préau couvert et un préau découvert.

Il importe de s'assurer qu'il n'existe dans le voisinage

1. Les conditions relatives aux appareils de chauffage, eaux de la ville, bûcher, logement des maîtresses, du concierge, enseigne, peinture, logement des maîtres, étant les mêmes que celles des écoles, n'ont pas été reproduites.

aucun atelier de métiers bruyants, incommodes ou insalubres.

Classe.

La classe occupera un rez-de-chaussée.

Elle aura 4 mètres de hauteur et la forme d'un carré long (longueur double de la largeur au plus).

Elle sera planchéiée et éclairée autant que possible sur deux faces (les deux faces les plus longues).

Les meilleures expositions sont l'est et l'ouest, et ensuite le nord.

Les baies des croisées monteront aussi haut et seront aussi nombreuses que possible, tout en laissant au bâtiment la solidité désirable.

Les croisées s'ouvriront en quatre parties, sur montant fixe au milieu. La partie supérieure, imposte ouvrante, ne renfermera pas plus de quatre carreaux dans chaque vantail, sur deux de hauteur.

Elles se fermeront au moyen de loqueteaux à ressort, et seront garnies de barreaux et de grillages devant les vitres, à l'extérieur, et de persiennes et de jalousies à l'intérieur.

Les croisées prendront jour à 1 mètre 50 centimètres du parquet.

Une cloison pleine depuis le parquet jusqu'à $1^m,50$ de hauteur et vitrée dans la partie supérieure, avec solides montants, devra exister entre les classes et le préau couvert, si ces deux classes sont contiguës, ce qui est désirable. Il y aura alors une porte de communication, pleine aussi jusqu'à 1 mètre 50, entre ces deux salles.

Les colonnes de fonte qui soutiennent les plafonds pourront sans inconvénient être placées en dehors de la cloison qui séparera la classe du préau couvert.

Chaque enfant occupera sur le sol, dans l'intérieur de la classe, sept dixièmes de mètre carré (70 décimètres carrés), tout compris : gradins, bancs, passages entre les bancs, places des groupes et bureau de la maîtresse.

Il y aura ainsi dans la classe 3 mètres cubes d'air par enfant.

Préau couvert.

Le préau couvert se trouvera comme la classe au rez-de-chaussée; il la précédera et aura la même hauteur; il sera égal en surface à la classe et également planchéié.

Même système aussi que dans la classe pour la forme des croisées, leur nombre, leur distance du sol et le mode de fermeture.

Préau découvert.

Ce second préau sera double du premier en surface, s'il est possible.

La terre en sera piquée, battue et sablée (sable de rivière), et sera plantée d'arbres.

On devra pouvoir se rendre du préau couvert dans le préau découvert sans passer par la classe.

Cabinets d'aisances.

Les cabinets d'aisances seront établis dans le préau découvert avec un abri pour y arriver.

Ils seront séparés pour les deux sexes, par une cloison de 1 mètre 50 centimètres de hauteur.

Il y aura quatre cabinets pour cent enfants et des urinoirs du côté des garçons (deux pour cent).

Il y aura, en outre, un cabinet séparé pour les maîtresses avec siége en bois et abattant.

Ces cabinets seront isolés et regarderont le nord.

Les portes des cabinets des enfants n'auront pas de loquet et retomberont seules sur elles-mêmes, 70 centimètres de hauteur, le bas à 10 centimètres du sol, 3 centimètres d'écartement entre la porte et la boiserie, boiserie de hauteur ordinaire pour le service.

La largeur des cabinets à l'intérieur sera de 60 centimètres et la profondeur de 80.

Les siéges seront revêtus en bois, hauteur 20 centimètres; profondeur 33. L'ouverture aura 20 centimètres de diamètre (10 au fond), et sera placée à six centimètres du bord antérieur.

La dalle du sol sera inclinée vers le siége.

La cloison entre deux cabinets voisins aura 1 mètre de hauteur au-dessus du siége.

Les cabinets seront ventilés par derrière, sous le siége, au moyen d'une petite ouverture communiquant avec une cheminée.

Les urinoirs seront formés par des cloisons en ardoise, hauteur 1 mètre, espacement 40 centimètres, saillie 30 centimètres.

(Le reste comme pour les écoles.)

PRÉFECTURE DU DÉPARTEMENT DE LA SEINE.

Janvier 1872.

La ville de Paris voulant construire un grand nombre d'écoles, les projets de ces établissements devront être dressés avec la plus grande simplicité et la plus stricte économie.

Autant que possible, on donnera aux bâtiments des formes simples; on évitera les saillies pouvant nuire à la surveillance des enfants dans les préaux découverts. On s'attachera à disposer les combles simplement à deux égouts; les noues, les croupes et les chéneaux intérieurs devront par exemple être évités autant que possible.

Dans les quartiers excentriques où le terrain est d'un prix peu élevé, les classes et les préaux couverts seront installés au rez-de-chaussée et on pratiquera des abris très-légers afin d'avoir des fondations de peu de profondeur.

On évitera autant que possible d'employer la pierre dans ces constructions; les fondations pourront être en moellons hourdés en mortiers de chaux et sable ou en béton, les soubassements en moellons piqués hourdés en mortiers de chaux et sable et jointoyés ; la partie en élévation pourra être en moellons hourdés en plâtre et enduits, mais sans pilastres ni chambranles et sans régler les hauteurs d'assises, afin d'éviter les plus-values ; cette partie au-dessus de la retraite pourra aussi être en briques jointoyées ou ravalées en plâtre.

Les préaux couverts pourront avoir des façades composées de poteaux en charpente sur dés en pierre avec remplissage en briques ou en menuiserie. — Les intérieurs seront enduits sans moulures ni corniches, les planchers et les parties lambrissées seront plafonnés en plâtre. — La couverture sera en tuiles avec gouttières et tuyaux de descente en zinc jusqu'à 2 mètres du sol, la partie basse devant être en fonte, les bandeaux et appuis seront garnis en zinc. Les planchers, lorsqu'il y aura plusieurs étages, se composeront de poutrelles en sapin reposant sur des corbeaux en pierre et des solives en chêne portant librement sur ces poutrelles et sans assemblages ; ces poutrelles seront soulagées par des colonnes en fer, lorsque les portées l'exigeront.

Les salles du rez-de-chaussée seront planchéiées sur bitume, celles des étages supérieurs sur lambourdes. — Le parquet en sapin pourra être employé dans les classes et même dans les logements.

La menuiserie intérieure des logements sera toute en sapin à petits cadres et à glace. Il sera fait emploi de stylobates en chêne au rez-de-chaussée et en sapin dans les étages supérieurs ; on ne mettra de lambris au rez-de-chaussée que dans les pièces habitées ou sur les murs sur lesquels s'adossent les enfants.

Une couche de bitume mélangé de sable pour éviter son écrasement sera mise sur la dernière assise de fondation et se rattachera avec la couche de bitume sur laquelle repose le parquet.

Le sol des cabinets d'aisances sera dallé, les cloisons seront en briques, les urinoirs en dalles d'ardoise.

Les trottoirs seront en bitume, avec bordures en pierre, les ruisseaux en pavés ou en bitume, le sol des préaux découverts sera en terre battue et sablé.

Les préaux couverts, les classes, les escaliers et corridors seront peints à l'huile dans une hauteur de 1 mètre 50 centimètres, le surplus sera à la colle, les plafonds seront blanchis.

Toutes les boiseries seront peintes à l'huile ainsi que les cuisines et les cabinets d'aisances. Les autres pièces de logements seront tendues de papier.

D'après les écoles élevées jusqu'à ce jour la moyenne des dépenses s'établit à raison de 528 pour les constructions superposées et 422 pour les établissements où les classes seraient au rez-de-chaussée.

Les constructions les plus économiques donnent comme dépense par mètre carré de surface couverte : 90 fr. par mètre superficiel et par étage pour les constructions superposées, les caves comptant pour un étage et les combles pour un 1/2 ; et 60 fr. le mètre superficiel pour les constructions qui ne s'élevant pas au-dessus du rez-de-chaussée, n'ont pas besoin de fondations profondes, ni de points d'appui bien résistants, le comble comptant toujours pour un demi étage.

Enfin le mobilier est estimé 50 francs par enfant, d'après les dépenses faites précédemment. Ce prix comprend le mobilier fixe et le mobilier volant. Le mobilier fixe peut être évalué à environ moitié.

CIRCULAIRE
RELATIVE A LA PROPAGATION ET A L'AMÉLIORATION DES MAISONS D'ÉCOLE.

15 juin 1876.

L'intention du gouvernement est d'assurer aussi promptement que possible les bienfaits de l'instruction primaire à tous les enfants en âge de fréquenter l'école. Pour que ce but soit sûrement atteint, plusieurs conditions préliminaires doivent être remplies. Il faut, en premier lieu, que les établissements scolaires soient assez nombreux dans notre pays pour que les écoles se trouvent partout à la portée des familles et que, dans aucun cas, l'enfant de six à treize ans n'ait à parcourir une distance tellement grande, que son assiduité ne puisse être raisonnablement exigée. Il faut, en second lieu, que les locaux scolaires présentent, par leur étendue et leur disposition intelligente, toutes les garanties désirables de commodité et de bonne hygiène. Il faut surtout que l'air et la lumière pénètrent abondamment dans les salles de classe. Ne l'oublions pas, rendre le séjour de l'école attrayant pour l'élève, donner au père de famille cette conviction que la santé de son enfant ne peut être compromise par la fréquentation de la classe primaire, c'est répondre de la façon la plus catégorique à une des principales objections qu'ont formulées les adversaires de l'obligation en matière d'instruction primaire. Il faut enfin que l'instituteur trouve dans le bâtiment d'école une installation convenable pour lui et les siens, et qu'un jardin d'étendue suffisante soit mis à sa disposition. N'est-il pas en effet souhaitable, à tous les points de vue, que le maître puisse s'attacher à la maison d'école, qu'il fasse des efforts pour l'approprier à ses goûts et à ses besoins, si bien qu'au bout d'un certain temps il soit porté à la considérer désormais comme sienne? N'est-il pas juste, d'autre part, que les avantages offerts par l'habitation qui lui est concédée apportent quelque allégement aux fatigues très-réelles résultant de son labeur quotidien?

Pour entrer dès à présent dans la voie qui vient d'être indiquée, le gouvernement n'a point hésité à demander aux pouvoirs publics de nouveaux subsides qui permettront à l'État de venir en aide aux départements et aux communes d'une manière plus large et par suite plus efficace, quand il s'agira de constructions ou d'appropriations de maisons d'école et d'acquisitions de mobiliers scolaires.

Ces propositions ont déjà été accueillies avec une sympathie marquée par la commission du budget que la Chambre des députés a choisie dans son sein, et l'on peut croire qu'à cet égard la commission n'a fait que répondre par avance aux sentiments qui animent les deux assemblées pour tout ce qui touche à l'instruction populaire.

A ce point de vue, mais sans vouloir préjuger toutefois les décisions qui seront prises par le Sénat et la Chambre des députés, je vous prie, monsieur le préfet, de faire connaître *sans retard* aux administrations municipales, quelles sont, sur la question qui nous occupe, les intentions du gouvernement. Il importe beaucoup que l'emploi des crédits qui seront votés puisse être utilement opéré dès le printemps de l'année prochaine.

Vous voudrez bien, en conséquence, provoquer de la part des conseils municipaux et notamment dans les communes où les besoins sont déjà constatés, des délibérations tendant à faire mettre immédiatement à l'étude, soit des projets de création d'écoles nouvelles de chef-lieu ou de hameau, soit des projets de construction, d'acquisition, d'agrandissement ou d'assainissement de bâtiments à destination d'école.

Il est nécessaire que les plans et devis soient dressés *dans le plus bref délai* pour que les demandes de secours, après avoir subi l'instruction réglementaire, puissent être, conformément à la loi du 10 août 1871, soumises aux délibérations du conseil général de la session d'août prochain.

Vous voudrez bien me transmettre ensuite chaque dossier, avec toutes les pièces à l'appui, ainsi qu'un extrait de la délibération du conseil général fixant la quotité de la subvention qui pourrait être attribuée à chaque commune intéressée, sur les fonds du département.

§ II. — ÉCOLES ANGLAISES.

OBSERVATIONS GÉNÉRALES.

La construction des écoles primaires publiques a, dans ces dernières années, pris en Angleterre un développement considérable; on comptait en 1873, à Londres, cinquante écoles en construction, devant recevoir chacune de sept à huit cents élèves; c'était donc en une seule année un nombre total de trente-cinq à quarante mille élèves nouveaux qui allaient être admis à prendre part à la vie scolaire; on comprend de quels progrès et de quelles études un tel accroissement a été le point de départ et la conséquence forcée.

Ce qui s'est fait à cette occasion en Angleterre, rapproché de ce qui se fait chez nous, offre un sujet d'étude digne d'appeler l'attention de tous ceux que préoccupent à un titre quelconque cette grave question de l'enseignement populaire.

Avant d'aborder les appréciations et les discussions qu'entraîne ce sujet, il nous faut entrer dans quelques courtes explications propres à faciliter au lecteur l'intelligence des textes et des descriptions qui en sont la conséquence.

Les écoles ne sont pas chez nos voisins toujours élevées aux frais d'une commune ou d'une congrégation religieuse;

presque toujours, au contraire, elles sont dues à l'initiative privée d'un groupe d'habitants, *noblemen, traders,* ou *clergymen;* l'architecte est choisi sans autre préoccupation que celle de savoir s'il justifie la confiance qu'on lui témoigne; son œuvre, par suite, se ressent de la liberté qui lui est laissée; la solution qu'elle apporte se trouve en dehors de toute idée préconçue, de toute tradition de coterie, et, bien que le programme soit forcément peu varié, ces solutions diffèrent toutes entre elles. Une telle situation développe, on le comprend, une constante émulation parmi tous les architectes, un échec a pour eux des conséquences fatales, aussi s'efforcent-ils d'améliorer et de perfectionner l'œuvre de leurs devanciers, certains de voir leurs efforts favorablement accueillis et, si elles le méritent, leurs tentatives approuvées sans restriction.

L'initiative privée prend volontiers en main les intérêts de tous : c'est elle qui reconnaît que dans tel quartier, dans telle paroisse, une école peut être utile. Elle réunit les fonds au moyen de souscriptions volontaires et de collectes paroissiales; si les ressources sont insuffisantes, le comité de l'instruction publique vient à l'aide; puis une société s'organise, construit l'école, l'ouvre, la surveille et assure les recettes nécessaires à son existence régulière, à son fonctionnement légal.

Nous ne savons pas si nos mœurs, nos habitudes pourraient s'accommoder des traditions anglaises; nous ne savons même pas si, transplantées dans notre pays, les solutions favorables là-bas le seraient également chez nous : des différences trop profondes séparent la civilisation éminemment aristocratique de l'Angleterre, de notre démocratique société française, pour faire supposer qu'une institution populaire puisse également convenir aux deux pays; ce n'est donc pas la transformation de nos écoles françaises en écoles anglaises que nous venons proposer, mais dans tout ce que nous avons vu, dans tout ce que nous avons étudié, il y a beaucoup de bonnes choses à prendre, beaucoup de bons côtés à nous assimiler, et c'est à ce point de vue seulement qu'il faut se placer pour examiner et approfondir sans parti pris les détails dans lesquels nous allons entrer.

Tout d'abord, indiquons brièvement le mode d'administration et d'enseignement en usage dans les écoles anglaises.

L'école est dirigée par un *head teacher*, maître principal ayant sous ses ordres un ou plusieurs *teachers*, maîtres, et un certain nombre de *pupils teachers*, élèves-maîtres [1].

Le maître principal a la direction et la surveillance générale de l'école, du personnel élèves, et du personnel maîtres [2]; les maîtres sont chargés de la surveillance et de l'enseignement d'une ou de plusieurs classes, et les élèves-maîtres de la surveillance et de l'enseignement d'un groupe.

Ainsi la *school-room* (école) s'entend de la réunion de

---

1. Le *head teacher* reçoit un traitement annuel de 120 à 150 livres (3,000 à 3,750 francs).

Le *teacher* reçoit 80 à 100 livres (2,000 à 2,500 francs).

Le *pupil teacher* (enfant de 12 à 16 ans) reçoit 40 à 60 livres (1,000 à 1,500 francs).

2. Les enfants, filles et garçons, restent jusqu'à l'âge de huit ou dix ans sous la direction des institutrices; après cet âge les garçons passent aux mains des maîtres, les filles restant dans celles des maîtresses.

plusieurs classes et se divise en un certain nombre de *class-rooms* (classes) subdivisées à leur tour en *groups* (groupes).

La corrélation entre le titre et les fonctions des instituteurs se trouve de cette façon rendue sensible : le maître principal est le chef de l'école (*head teacher, school-room*) le maître dirige une classe (*teacher, class-room*), et enfin l'élève-maître enseigne un groupe (*pupil teacher, group*).

Par conséquent une école de 1,000 enfants, par exemple, serait divisée en dix classes comprenant chacune quatre groupes et aurait un maître principal, dix maîtres et quarante élèves-maîtres.

Le bâtiment contenant l'école doit donc aider et faciliter l'accomplissement de ces diverses obligations : il faut — pour la surveillance du maître principal, des passages, et des dégagements commodes ; — pour les maîtres, des classes vastes divisées en groupes séparés, mais faciles à réunir ; — pour les élèves-maîtres, des compartiments nombreux ne pouvant réunir qu'un nombre restreint d'élèves.

Les deux dernières exigences des programmes sont celles dont la réalisation rencontre le plus de difficultés : le moyen le plus généralement adopté est la division d'une vaste salle en un nombre déterminé de compartiments. La moitié de la salle environ reste libre et est consacrée aux exercices communs, aux promenades des enfants quand ils quittent leurs bancs : c'est dans cet espace libre que se placent les chevalets, les tableaux et les modèles ; c'est là que se tiennent les maîtres quand ils font des leçons générales. Les divisions de la salle en groupes sont faites au moyen de tentures, de cloisons fixes ou de cloisons mobiles ; ce dernier procédé est le plus fréquemment adopté dans les constructions nouvelles.

Bien que toujours régi par le même principe de SÉPARATION en *class-room* et en *groupes* et de RÉUNION en *school-rooms*, il existe pour les installations d'écoles anglaises un système autre que celui dont nous venons de parler.

Cet autre système porte le nom de *système prussien*. Les élèves sont en ce cas répartis dans des classes distinctes, closes, et séparées les unes des autres, mais réunies à l'occasion de certains exercices dans une salle commune sur laquelle s'ouvrent en général les portes des classes. Nous aurons, du reste, par la suite l'occasion d'examiner plus en détail ces différents systèmes.

Les règlements auxquels est soumise en Angleterre la construction des écoles sont précis et formels ; ils sont en plus petit nombre que ceux qui régissent les nôtres et moins sujets à interprétation, mais entrent dans des développements parfois un peu prolixes. Le comité du conseil de l'instruction a réuni, depuis quelques années, l'ensemble des conditions qui forment la base fondamentale de la législation scolaire ; ces conditions sont, en ce qui concerne l'installation et la construction des bâtiments, l'objet d'une publication annuelle ou à peu près, faite par le School Board de Londres (conseil des Écoles) sous le titre : *Règles à observer pour construire et installer des Écoles dans la ville de Londres* (*Rules to be observed in planing and fitting up schools, considered in reference to schools of large siᶎe, to be erected in London*).

L'intérêt de ces documents, une fois le point de départ admis, consiste surtout à faire connaître toutes les améliorations tentées, réussies pendant le temps qui s'écoule entre deux publications.

Nous donnons plus loin celle de ces publications, sorte *d'annuaire des écoles publiques anglaises,* qui a paru en 1874 et qui résume les précédentes; nous donnons également un *extrait des règlements du comité de l'instruction publique* et une étude très-remarquée, publiée récemment sur ce même sujet dans le *Building news.* Ces textes paraîtront peut-être à première vue se répéter en quelques pages, mais ces répétitions, plus apparentes que réelles, sont si peu importantes que nous avons préféré ne pas les retrancher de crainte de nuire à la clarté de l'ensemble. Leur réunion, du reste, forme comme le résumé de la législation scolaire en Angleterre, et c'est à ce titre qu'elle offre un intérêt auquel eût certainement nui une suppression même partielle.

Rappelons aussi, afin d'éviter des répétitions fréquentes et monotones, que le *yard* vaut 0,83 ; le *foot* (pied) vaut 0,304; le *inch* (pouce) 0,025 ; la *pound* (livre) 25 fr. 00; le *shilling* 1 fr. 25 et le *penny* 0,10.

RÈGLES A OBSERVER POUR L'ÉTABLISSEMENT ET L'INSTALLATION DES ÉCOLES

Publiées par ordre du comité de l'instruction publique.

Avant de s'occuper de l'établissement d'une école — et cette observation s'applique non-seulement aux constructions nouvelles, mais encore aux modifications à introduire dans les écoles existantes, — il faut être fixé sur le nombre d'enfants que l'école est appelée à recevoir, le nombre de classes entre lesquelles ces enfants doivent être répartis, et savoir si l'école sera mixte, c'est-à-dire si les garçons et les filles y seront élevés en commun ou si au contraire les enfants des deux sexes seront instruits séparément. Il est nécessaire que ces points soient déterminés et arrêtés d'une façon certaine pour que les dispositions nécessaires à une école soient convenablement observées.

Chaque classe quand elle fonctionne exige un professeur spécial ; mais ce professeur peut être pris parmi les élèves les plus instruits qui se succèdent d'heure en heure. Cette combinaison permet d'employer utilement tout le temps que les élèves passent à l'école.

Le double but à atteindre est d'appeler l'attention du maître sur chaque élève et celle de chaque élève sur le maître, sans laisser le bruit ou l'aspect des objets étrangers distraire les élèves et en aidant l'enseignement du maître à s'adresser également aux élèves et aux élèves-maîtres. Cette solution pourrait facilement être obtenue en plaçant chaque élève-maître et ses élèves dans une pièce séparée : par malheur, cet arrangement se combine mal avec la surveillance générale et donne naissance à des inconvénients de toute nature.

Une école dans les conditions ordinaires devra donc être installée de façon à faciliter autant que possible l'isolement des classes, isolement nécessaire à un bon enseignement, et leur réunion nécessaire à la surveillance, sans perdre de vue l'avantage qu'offrent les grandes pièces.

La meilleure forme à donner à une salle d'école est celle d'un parallélogramme : les groupes de bancs et pupitres doivent être placés le long d'un des grands côtés, chaque groupe étant séparé d'un des groupes voisins par une allée dans laquelle se place une tenture levée ou baissée à volonté suivant les circonstances.

Chaque réunion de pupitres composant ainsi un groupe peut être isolée du reste de l'école : l'élève-maître chargé de l'enseignement d'un groupe se tient en avant dans un espace libre destiné à recevoir le chevalet, les modèles, les tableaux noirs, etc..., et dans lequel circulent les enfants à leur sortie des bancs, lorsque le maître principal veut les habituer à se tenir convenablement debout ou veut les faire se reposer en les faisant changer de place. Cet espace vide est aussi nécessaire que celui destiné aux bancs et pupitres, il faut donc en tenir compte dans l'école en calculant l'espace nécessaire pour chaque classe[1].

Le comité n'exige pas que les bancs et les pupitres soient scellés dans le sol, il demande à ce qu'ils soient construits de façon à pouvoir changer de place quand la chose est nécessaire, sans cependant être mobiles au point de se renverser ou de faire du bruit quand les enfants s'asseyent ou se lèvent.

En relevant la tenture qui sépare deux classes, le maître principal peut les réunir en une seule pour leur faire une leçon commune. Cette leçon commune peut encore être

---

[1]. Les figures 73 et 74 facilitent l'intelligence de ces dispositions peu connues en France.

Remarquons que dans le premier cas (fig. 73), le jour vient en avant ou en arrière des enfants, ce qui est gênant pour le travail et mauvais pour la vue ; que dans le deuxième cas (fig. 74), il faut pour que le jour vienne du côté gauche que les bancs soient placés latéralement, et qu'alors les *pupils teachers* s'adossent à la cloison ou tenture, ce qui modifie les instructions précédentes, dont la stricte application paraît ainsi devoir rencontrer quelques difficultés dans la pratique.

faite à plusieurs classes réunies en une seule, en rapprochant les bancs séparés de leurs pupitres de façon à former une *galery*. Une *galery* ainsi disposée est préférable pour l'enseignement général au système de réunion de deux classes, obtenue par la suppression des tentures, parce que la longueur de deux classes — si elle dépassait 15 pieds (4^m,50) — serait trop grande pour que les enfants placés sur la même ligne soient tous également sous l'œil du maître ; il faut donc toujours se réserver la possibilité de former une *galery*, et il est préférable que cette *galery* soit formée dans la classe même.

Le directeur d'une école, lorsqu'il s'occupe de l'installer, ne doit négliger l'emploi d'aucun des moyens propres à lui permettre de répondre aux besoins de l'enseignement en recherchant toutes les facilités pouvant l'aider à donner lui-même directement certaines leçons.

Il doit s'imposer comme règle de fréquemment réunir en *galery* un certain nombre d'élèves afin de varier de temps en temps leurs occupations. Il lui faut aussi conserver assez de temps libre pour surveiller non-seulement le travail des élèves, mais encore celui des élèves-maîtres, celui des maîtres, et assurer en même temps la direction générale de l'école.

Les règles qui suivent sont la conséquence des explications préliminaires qui précèdent, elles ont été étudiées dans le but de faciliter l'intelligence de ces règlements.

RÈGLEMENTS RELATIFS A L'INSTALLATION.

A. En proposant le projet de construction d'une école, il faut bien se mettre dans l'esprit que la surface des salles et par suite le nombre d'enfants qu'elles peuvent contenir dépendent non-seulement de ses dimensions, mais aussi de sa forme et de l'emplacement qu'occupent les fenêtres, portes, poêles ou cheminées.

B. La largeur qu'on doit préférablement donner à une classe destinée à recevoir de 48 à 144 enfants est 16 à 20 pieds (4 mètres 80 à 6 mètres environ). Cette dimension donne un espace suffisant pour permettre de placer chaque groupe de bancs sur trois rangs le long du mur, pour que les élèves-maîtres se trouvent à une distance convenable devant les élèves, pour que ceux-ci enfin puissent facilement, quand la chose est nécessaire, se placer sur le front des bancs autour du maître et des élèves-maîtres. Une largeur supérieure à celle indiquée plus haut ne permet pas d'obtenir une meilleure installation, elle ne donne lieu qu'à un excédant de dépenses et, par suite, ne doit jamais être acceptée.

C. Une école ne recevant pas de petits enfants devra en général comprendre quatre classes au moins, nombre de divisions suffisant pour permettre de convenablement répartir les enfants de 7 à 13 ans, suivant le genre d'études auquel ils doivent se livrer.

D. Les bancs et les pupitres seront gradués d'après l'âge des enfants et seront les mêmes pour tous les enfants d'une même classe; l'école étant, du reste, divisée en quatre classes, comme l'indique l'article précédent.

E. Dans les classes des élèves les plus jeunes, chaque enfant aura sur son banc un espace libre de 18 pouces (45 centimètres environ), et dans les classes des élèves plus âgés 22 pouces au moins (55 centimètres environ); un espace moindre ne leur permettrait pas d'écrire sans gêne.

La longueur de chaque banc s'obtiendra donc en multipliant le nombre des enfants à placer sur une même ligne par 18 ou 22 pouces, suivant qu'ils seront dans la catégorie des plus jeunes ou dans celle des plus âgés. Ainsi :

En comptant 18 pouces ($0^m,45$) par enfant, on voit que :

		Enfants placés sur un rang.
Un banc de 6 pieds 0 pouces ($1^m,80$), pourra contenir		4
— 7 — 6 — ($2^m,25$), —		5
— 9 — » — ($2^m,70$), —		6
— 10 — 6 — ($3^m,15$), —		7
— 12 — » — ($3^m,60$), —		8

En comptant 22 pouces ($0^m,55$) par enfant, on voit que :

		Enfants placés sur un rang.
Un banc de 7 pieds 4 pouces ($2^m,20$), pourra contenir		4
— 9 — 2 — ($2^m,75$), —		5
— 11 — » — ($3^m,30$), —		6

F. Les pupitres devront être tout à fait plats ou très-légèrement inclinés. L'inconvénient des pupitres inclinés est de constamment laisser glisser les crayons et les plumes, et de ne pouvoir servir aux mêmes usages qu'une table ordinaire; les bandes saillantes placées au bas des pupitres ne font que créer une gêne pour les bras quand il faut écrire; l'inconvénient des pupitres plats est d'obliger les enfants à se baisser pendant le travail.

G. Règle générale, un banc avec son pupitre ne doit pas avoir plus de 12 pieds ($3^m,60$) de long, et un groupe ne doit pas avoir plus de trois rangs de bancs, parce que le volume nécessaire à la voix du maître est en raison du nombre d'élèves desquels il veut se faire entendre; quand ce nombre est trop considérable, le maître se fatigue et ajoute au bruit général qu'il s'efforce de dominer.

H. Chaque groupe de bancs doit être séparé du groupe voisin par un passage de 18 pouces (0^m,45) réservé aux enfants, ou par un espace de 10 pouces (0^m,25) suffisant pour permettre de lever ou de baisser les draperies de séparation.

I. Les draperies ou tentures ne devront pas avoir plus de 4 pouces (0^m,10) de saillie sur la face du premier banc; aucun passage n'existera jamais dans le centre d'un groupe ou d'une estrade, et les lignes du banc ne devront pas être rompues par l'emplacement nécessaire à une porte ou à une cheminée.

J. Quand le nombre d'enfants sera trop considérable pour être divisé en 5 ou au plus 6 groupes, la création d'une classe supplémentaire sera indispensable; elle sera dans ce cas dirigée par un second maître, placé, bien entendu, sous les ordres du maître principal.

RÈGLEMENTS RELATIFS A LA CONSTRUCTION.

1. — Dans toute classe où les planchers s'élèvent au même niveau que les murs, la hauteur d'étage, mesurée entre le sol et le parement inférieur du plafond, doit être de 12 pieds (3^m,60), si la surface de la classe dépasse 360 pieds (108 mètres); si la surface de la classe atteint

600 pieds (180 mètres), cette hauteur doit être portée à 13 et 14 pieds (3^m,90 et 4^m,20).

2. — Dans toute école dont les planchers se trouvent reportés jusque sous l'entrait de la charpente, la hauteur d'étage doit être de 11 pieds (3^m,30) si elle est mesurée du sol au couronnement des murs, et de 14 pieds (4^m,20) si elle est seulement mesurée du sol au-dessous de l'entrait.

3. — L'épaisseur des murs d'enceinte d'un bâtiment scolaire doit être formée, si ces murs sont en briques, d'une brique et demie, placée dans le sens de la longueur, et avoir au moins 20 pouces (0^m,50) d'épaisseur si ces murs sont en moellons.

4. — Les portes et les appareils de chauffage, dans les écoles destinées à des enfants de plus de 7 ans, doivent être disposés de façon à laisser libre tout un côté de la salle pour y placer les groupes de siéges et de pupitres.

5. — Il ne faut pas ouvrir, entre deux salles, de grandes ouvertures qui offriraient l'inconvénient de laisser le bruit de l'une gêner le travail de l'autre.

6. — Une salle d'asile (*infants-school*) doit toujours être au rez-de-chaussée ; si le nombre des enfants qu'elle contient dépasse 80, elle doit avoir deux estrades de grandeurs différentes, et, en cas de besoin, un groupe supplémentaire de bancs et de pupitres de dimensions moyennes.

Une estrade destinée à des enfants ne doit jamais contenir plus de 80 ou 90 places.

7. — La largeur d'une école de garçons ou de filles ne doit pas excéder 20 pieds (6 mètres).

La largeur d'une salle d'asile ne doit pas être moindre.

8. — Une classe doit être indépendante et ne jamais servir de passage pour se rendre dans une autre classe, ga-

gner une autre partie des bâtiments ou arriver aux préaux et cours de récréation.

12. — Il ne faut jamais confondre dans une même salle les jeunes enfants et ceux plus âgés, car le mouvement et le bruit que font les premiers distraient les autres, nuisent à la discipline et au travail.

13. — Les fenêtres doivent être fermées de glaces enchâssées dans des compartiments en bois ou en fer ; les petits carreaux ou les verres en losanges maintenus par des plombs sont interdits.

14. — L'appui des fenêtres doit être placé au moins à 4 pieds (1^m,20) au-dessus du sol.

15. — Dans chaque fenêtre doit exister une partie mobile de grande dimension.

16. — Les élèves de chaque sexe doivent avoir des portes de passage distinctes pour aller des salles aux privés ; ces privés eux-mêmes ne doivent pas être communs.

S'il n'est pas possible de construire des cabinets entièrement séparés, il faut au moins que les cloisons établies forment un obstacle suffisant au son et aux regards.

Il ne faut pas apporter une trop grande économie dans la construction des closets ; il y aura grand avantage, toutes les fois que la chose sera possible, à les munir de l'eau nécessaire pour les nettoyer d'une manière complète ; il faut dans ce cas veiller avec la plus grande attention à ce qu'ils ne restent jamais mouillés. Les tuyaux en terre, de 4 ou 6 pouces (0^m,10 ou 0^m,15) de diamètre, jointoyés en ciment, donnent les meilleurs résultats. On emploie souvent aussi avec succès les cuvettes en faïence.

17. — Chaque cabinet doit avoir une fenêtre et une porte distinctes.

18. — Les enfants ne doivent jamais passer devant le logement des maîtres pour gagner leurs privés.

19. — Le logement du maître ou de la maîtresse doit contenir un parloir, une cuisine avec laverie, et trois chambres à coucher.

Chacune de ces pièces exige, au moins, les dimensions suivantes, savoir :

Parloir. . . 12 pieds sur 12 ($3^m,60$ sur $3^m,60$).
Cuisine. . . 12 — 10 ($3^m,60$ sur $3^m,00$).

Une des chambres à coucher :

12 pieds sur 10 pieds ($3^m,60$ sur $3^m,00$).

Chacune des autres :

9 pieds sur 8 pieds ($2^m,70$ sur $2^m,40$).

La hauteur de ces pièces doit être, savoir :
Pour le parloir et la cuisine 8 pieds ($2^m,40$) mesurés du sol au sommet des murs, si le plafond est placé sur le couronnement des murs, ou 7 pieds ($2^m,10$) mesurés du sol au sommet des murs, si le plafond est remonté sous l'entrait de la charpente, et, dans ce cas, la distance entre le sol et le dessous de l'entrait doit être de 9 pieds ($2^m,70$).

20. — Le logement du maître doit être disposé de façon à ce que l'escalier qui y conduit prenne immédiatement accès dans l'antichambre, et que la cuisine, le parloir et les chambres à coucher soient indépendants sans obliger à traverser l'une pour arriver à l'autre.

21. — Les chambres à coucher doivent être à l'étage supérieur et munies d'un appareil de chauffage.

22. — Le parloir ne doit pas avoir un accès direct sur la laverie.

23. — Il faut que le maître ait une communication intérieure entre son logement et l'école.

24. — La place du gardien est en avant du bâtiment d'école.

25. — Les constructions en fer ou en bois ne sont pas acceptées.

26. — Il faut pour le logement du maître une cour distincte renfermant les accessoires nécessaires.

27. — Toute école doit renfermer dans son enceinte une cour de récréation.

28. — Dans les écoles mixtes, la cour de récréation destinée aux garçons doit être séparée de celle destinée aux filles.

29. — La cour de récréation doit être entourée de murs, avoir son sol nivelé et sec.

RÈGLEMENT DU CONSEIL D'ADMINISTRATION DES ÉCOLES DE LONDRES[1].

Observations préliminaires.

En étudiant le projet relatif aux salles d'étude et aux salles de classe que comporte une école, l'architecte ne doit pas seulement, pour l'aménagement, tenir compte de la superficie du terrain, il lui faut encore se préoccuper de la

---

[1]. School Board for London. — *Rules to be observed in planing and fitting up Schools, considered in reference to schools of large size, to be erected in London.*

position relative de la salle d'étude et des salles de classe, de la forme à donner à toutes les deux et enfin de l'emplacement des portes, des fenêtres, des cheminées, de celui des amphithéâtres ainsi que du groupement des bancs-tables.

La première condition d'une construction étant de remplir le but auquel elle est destinée, il faut donc tout d'abord examiner les dispositions générales du nouveau programme d'instruction de 1872 (*New Code* 1874).

Le cours d'études de l'instruction élémentaire, non compris les salles d'asile, est partagé en six classes ou divisions. Ces six classes, où les enfants arrivent entre six ans et demi et sept ans, correspondent le plus souvent à une période de six années.

L'effectif maximum d'une école dirigée par un instituteur diplômé (*certified teacher*), assisté d'un aspirant instituteur (*pupil teacher*), sera de 60 élèves. Quand l'excédant de l'effectif réglementaire montera à quarante élèves, il sera adjoint au personnel enseignant un second aspirant instituteur, et, au cas où l'excédant dont nous venons de parler arriverait au chiffre de quatre-vingts élèves, ce même personnel sera augmenté soit d'un instituteur, soit de deux aspirants instituteurs.

L'expérience ayant démontré les avantages que la séparation des classes offre au point de vue de l'enseignement, les cours des six divisions établies par le programme officiel devront, autant que possible, se faire dans des classes séparées. Il ne faut pas toutefois oublier que la surveillance générale de l'école incombe à un seul instituteur ou à une seule institutrice; par conséquent, le principe de la séparation des classes dont nous venons de parler devra jusqu'à un certain point être disposé en vue de faciliter cette surveillance.

En préparant un projet d'école, il ne faut pas, tout en cherchant à aider le service du personnel, oublier qu'il est de la plus grande importance de réduire les frais généraux annuels. Il faudra donc veiller à ce que le mode de construction adopté et les matériaux employés exigent aussi peu de réparations et d'entretien que possible. A ce point de vue, les appareils de ventilation et de chauffage demandent une attention toute spéciale.

Pour faciliter l'aménagement d'une école, il est admis que les élèves se répartissent comme suit :

Salle d'asile, six quinzièmes ;

Les trois premières divisions du cours élémentaire (*junior school*), cinq quinzièmes ;

Les trois divisions du cours supérieur, quatre quinzièmes.

Il est aussi admis que les enfants quittent la salle d'asile pour entrer dans la première division du cours élémentaire, peu de temps après avoir dépassé l'âge de six ans.

La superficie du terrain, à moins que celui-ci ne soit d'un prix très-élevé, sera au minimum de 1200 yards carrés (environ 1000 mètres carrés). Il sera situé dans un endroit sain, tranquille et à proximité de la demeure des élèves. Le terrain sera un bien libre (*freehold*)[1].

Construction. — Dispositions générales.

1. — Ne seront point admises les constructions en pans de fer ou en pans de bois.

2. — Les murs extérieurs des bâtiments d'école et ceux de

---

[1]. C'est-à-dire sans charges ni servitudes.

la maison d'habitation de l'instituteur auront, au minimum, une épaisseur uniforme, qui pour les constructions en brique sera d'une brique et demie et pour les constructions en pierre de 20 pouces.

3. — Les murs des études et des classes, *quand le plafond sera au ras des sablières*, auront au minimum 14 pieds (4^m, 20) de hauteur; quand *les pièces seront mansardées*, comme dans les étages supérieurs, par exemple, le mur, du parquet à la sablière, aura au minimum 11 pieds (3^m,30) de hauteur, et la distance entre l'entrait retroussé et le parquet sera de 14 pieds (4^m,20) au moins.

4. — L'appui des fenêtres sera élevé de 4 pieds (1^m,20) au moins au-dessus du parquet. Le linteau ne descendra pas beaucoup au-dessous du plafond. Un des châssis (et préférablement le châssis supérieur) sera mobile. En principe, les verres blancs non dépolis devront être préférés pour le vitrage des fenêtres. Toutes les fenêtres donnant sur la rue ou exposées à recevoir des pierres seront protégées extérieurement par des grillages en fil de fer solide. L'importance du fenestrage et sa distribution seront, jusqu'à un certain point, subordonnées aux convenances architecturales de la façade [1].

5. — Les cloisons mobiles, en bois, destinées à séparer les salles d'étude des salles de classe, ne seront, en général, employées qu'à condition d'être composées de deux panneaux séparés entre eux par un vide de 6 pouces 0,13. Elles devront porter, à leur partie supérieure, sur de grands galets. Ne seront point admis les mécanismes compliqués et par conséquent sujets à se déranger.

---

1. Il aurait peut-être mieux valu dire : *ne seront jamais subordonnées aux convenances architecturales de la façade*.   (F. N.)

6. — Les classes seront de plain-pied avec la salle d'étude ; elles ne devront en aucun cas servir de passage soit pour aller d'une partie de l'école dans l'autre, soit pour aller de l'étude dans la cour de récréation.

En principe, on devra pouvoir y accéder de la salle d'étude commune, et les panneaux supérieurs des portes seront vitrés en verre blanc pour faciliter la surveillance.

7. — Il sera établi pour les élèves de la salle d'asile, pour les garçons et les filles des autres divisions de l'école, des lieux d'aisances distincts, séparés, et ne communiquant pas entre eux. Le meilleur emplacement est à l'extérieur de l'école. Il n'y en aura jamais moins de deux pour cent élèves. On y parviendra, autant que possible, par des galeries couvertes.

Chaque cabinet sera fermé par une porte et éclairé par une baie. Ces cabinets seront d'une construction aussi simple que possible et abondamment pourvus d'eau. La meilleure disposition à leur donner est de les placer sur un seul rang. Les tuyaux de décharge devront être soigneusement clos et les instituteurs ou institutrices auront des cabinets spécialement consacrés à leur usage.

8. — La galerie couverte sera située à l'extérieur de la salle d'études.

9. — Les lavabos se trouveront à l'intérieur de la construction. Ils seront abondamment alimentés d'eau froide et pourvus d'un grand nombre de cuvettes, autrement on perdrait beaucoup de temps après les récréations. Quatre cuvettes par cent élèves suffiront le plus généralement.

10. — Il sera établi un vestiaire pour chaque école ; ces vestiaires auront deux portes, l'une d'entrée, l'autre de sortie, afin de faciliter l'allée et la venue des écoliers.

11. — Chaque groupe d'écoles contiendra une salle à l'usage du conseil d'administration.

12. — Toutes les fois que le terrain sera assez grand, il devra comprendre trois cours de récréation.

En cas d'insuffisance du terrain, la cour de la salle d'asile et celle de l'école des filles pourront être réunies en une seule. Il sera parfois permis d'installer la cour de récréation de la salle d'asile dans le bâtiment même, mais alors elle devra toujours être située au rez-de-chaussée. Les cours de récréation seront closes de murs, nivelées, drainées et bitumées ou asphaltées de manière à toujours être sèches.

13. — Les portes d'entrée des diverses écoles seront éloignées les unes des autres autant que possible, et, quand le terrain sera circonscrit par plus d'une rue, l'entrée des garçons sera dans une autre rue que celle des filles. Sur chaque porte d'entrée se lira une inscription :

École de garçons ;

École de filles ;

Salle d'asile.

14. — Les escaliers seront en pierre ou en matériaux incombustibles. Chaque école aura son escalier particulier; mais, pour faciliter le service du personnel, il sera établi une communication entre les escaliers des diverses écoles : en cas d'impossibilité, les directeurs auront un escalier spécial consacré à leur usage.

15. — (Stipule que les prescriptions imposées par la loi au sujet des instructions précédentes seront strictement observées.)

16. — En thèse générale, les bâtiments d'école auront au moins deux étages, et, à moins de cas exceptionnels, n'en auront pas plus de trois.

17. — Il sera le plus souvent nécessaire d'établir, pour chaque groupe d'écoles, un logement qui, destiné au surveillant, devra se composer de deux pièces au moins.

18. — Il est à désirer que les murs de clôture des écoles ne soient pas grevés de mitoyenneté.

19. — La façade de chaque école portera, en caractères lisibles et permanents, l'inscription suivante : *Schools Board for London. Public Elementary Schools*..... (École élémentaire de.....)

Salles d'asile.

(Infant's Schools.)

1. — Les salles d'asile n'ayant que leur effectif normal seront toujours situées au rez-de-chaussée; mais quand on établira une seconde salle d'asile, on sera quelquefois obligé de l'installer au-dessus de la première. On y accédera dans ce cas par un escalier facile.

2. — Les salles d'asile auront une grande cour de récréation, en partie couverte.

3. — Il est à désirer que les salles d'asile de Londres soient construites en prévision d'un effectif minimum de 120 enfants. L'effectif maximum peut être porté à 240 enfants; quand ce chiffre sera dépassé, une nouvelle salle d'asile deviendra nécessaire.

4. — Il sera toujours établi deux salles de classe, l'une pour les enfants les plus jeunes, l'autre pour les plus avancés. Quand l'effectif de la salle d'asile ne dépassera pas 120 élèves, ces classes seront aménagées de manière à ce que chacune d'elles puisse contenir environ trente élèves. Lorsque les salles d'asile auront leur effectif maximum, une troisième salle de classe plus grande deviendra nécessaire,

et les deux salles dont il vient d'être parlé seront aménagées de façon à pouvoir n'en faire qu'une. Les jeunes enfants faisant beaucoup de bruit, les seules cloisons mobiles autorisées dans les salles d'asile sont celles qui viennent d'être indiquées, et qui sont destinées à permettre de réunir les deux classes en une seule.

5. — Les dimensions données ci-dessous pour les écoles élémentaires ne sont point applicables aux salles d'asile.

6. — L'aménagement comprendra toujours deux amphithéâtres d'inégale grandeur, mais, en aucun cas, dans une salle d'asile, l'amphithéâtre d'une salle de classe ne sera disposé pour recevoir plus de 80 à 90 enfants. Le grand amphithéâtre de la salle d'étude sera installé de manière à recevoir à la fois deux tiers des enfants de la salle d'asile pour l'enseignement simultané.

Quelques bancs et quelques pupitres seront disposés dans la salle de classe des enfants les plus avancés de la salle d'asile; il y sera aussi établi une bibliothèque d'environ 6 pieds ($1^m,80$) de haut pour déposer des livres, etc.

7. — Il faudra calculer la superficie de la salle d'étude et celle des salles de classe, de manière à allouer au minimum 9 pieds carrés par tête d'enfant ($0^m,90$).

Écoles élémentaires.

(Graded schools.)

1. — En faisant le plan d'une école destinée à recevoir des enfants de sept ans et plus, il faut se rappeler que le cours élémentaire (*Junior mixed school*) comprend les trois premières divisions réglementaires, et que les cours supérieurs (*senior schools*) comprennent les trois autres divisions. Comme

répartition par classes, les chiffres 30, 35, 40 et leurs multiples sont les plus commodes. Le chiffre de 40 élèves est le maximum à préférer pour les quatre premières divisions ; pour les deux autres on peut abaisser ce chiffre.

2. — Chaque école (cours élémentaire ou cours supérieur, soit pour les filles, soit pour les garçons) aura une salle d'étude assez grande pour pouvoir réunir tous les enfants à la fois. La superficie de cette salle sera calculée de manière à attribuer une surface de 4 pieds carrés ($1^m,20$) par enfant et plus, si c'est possible.

3. — Les écoles ayant leur effectif maximum auront deux salles de classe doubles, dont la superficie sera calculée de façon à allouer 8 à 9 pieds carrés ($2^m,40$ à $2^m,70$) par enfant ; il sera établi dans chacune d'elles des cloisons mobiles de manière à pouvoir au besoin les séparer en deux pièces.

Quand le nombre des salles de classe sera inférieur à celui que nous venons d'indiquer, la superficie de la salle d'étude et celle des salles de classe ensemble sera calculée de manière à allouer au moins 10 pieds carrés (3 mètres) par élève. Et, dans ce cas, la salle d'étude aura une cloison mobile de manière à pouvoir au besoin former deux pièces séparées.

4. — Toutes les fois que la chose se pourra, il sera établi une salle de classe annexe à l'usage des filles et des garçons. Cette salle, éclairée de façon à pouvoir servir de salle de dessin, contiendra les aménagements destinés à recevoir des plâtres, modèles de sculpture, etc.

5. — La meilleure dimension à donner, comme largeur, à la salle d'étude commune est celle de 18 à 22 pieds ($5^m,40$ à $6^m,60$), ce qui suppose trois rangs de bancs et de pupitres parallèles à un des murs. Les jours seront pris

de manière à arriver au dos des élèves [1]. La ventilation sera toujours soigneusement établie.

Il est permis de mettre jusqu'à cinq rangs de bancs et de pupitres dans une salle de classe. Les jours seront autant que possible établis de manière à ce que la lumière arrive de côté.

6. — Il sera, en principe, accordé une largeur de 20 pouces ($0^m,50$) — pupitre et banc, — par chaque élève; avec une dimension moindre, les enfants seraient trop rapprochés pour pouvoir écrire. Les longueurs seront donc, savoir :

Pour	quatre élèves. . .	6 pieds	8 pouces	($2^m,00$).
»	cinq — . . .	8 —	4 —	($2^m,50$).
»	six — . . .	10 —	» —	($3^m,00$).
»	sept — . . .	11 —	8 —	($3^m,50$).
»	huit — . . .	13 —	4 —	($4^m,00$).

Pour les divisions supérieures, la largeur sera portée à 22 pouces ($0^m,55$).

A une des extrémités de la salle d'étude commune des cours élémentaires se dressera un amphithéâtre qui, destiné à l'enseignement simultané, sera assez spacieux pour contenir la moitié des élèves des trois divisions. Cette salle contiendra aussi des bancs et des pupitres, de manière à ce qu'on puisse y faire la classe à 60 ou 80 élèves. L'aménagement de l'amphithéâtre devra être combiné de telle sorte qu'il soit facile de l'enlever et de le remplacer par des bancs et des pupitres. En thèse générale, il ne sera pas établi d'amphithéâtre pour les trois divisions supérieures.

---

[1]. Disposition qui eût eu des résultats déplorables si elle eût été suivie, mais qui par bonheur a été modifiée.   (F. N.)

Tous les élèves devront trouver place aux bancs et aux pupitres (excepté pour la classe contenant l'amphithéâtre), dont les dimensions seront d'ailleurs combinées de façon à satisfaire aux conditions de taille variable des enfants. Les pupitres seront *très-légèrement* inclinés et les bancs munis de dossiers. Il n'est pas nécessaire que les pupitres et les bancs soient fixés au plancher. Ils devront être placés sur des plates-formes *légèrement* en pente, ou, s'ils sont montés sur roulettes, ils seront eux-mêmes *légèrement* étagés. Les six classes ou divisions auront toutes une bibliothèque fermée pour renfermer les livres, etc. ; cette bibliothèque aura environ 6 pieds 6 pouces de hauteur ($1^m,95$.)

Observations s'appliquant aux écoles élémentaires.

(Graded schools.)

1. — Les écoles élémentaires de filles ou de garçons (cours élémentaires ou cours supérieurs) auront, selon l'importance de l'école, trois salles de classe doubles, ou plus.

2. — Ces salles de classe pourront contenir 50, 60, 70 ou 80 enfants, suivant l'importance de l'école.

3. — Le nombre des élèves des deux divisions supérieures ne s'élevant qu'aux trois quarts ou aux deux tiers de celui des quatre premières divisions, les salles de classe les plus petites seront attribuées aux deux cours supérieurs. Il s'ensuit que, quoique la superficie attribuée aux élèves des divisions supérieures soit plus considérable que celle qui est allouée aux enfants des cours inférieurs, une classe occupée par les premiers peut être plus petite, bien que la superficie totale reste la même.

4. — La porte d'entrée, munie d'un porche, devra

donner accès à la pièce la plus grande et la plus centrale.

5. — Une cloison mobile devra permettre de réunir deux des plus grandes pièces en une seule, afin de faciliter l'enseignement simultané, chant ou autre, l'audition d'un discours, la réunion de toute l'école ou au moins de la plus grande partie.

Dans l'enseignement simultané, tous les enfants étant beaucoup plus rapprochés et plus serrés que d'habitude, il n'est pas nécessaire que toutes les classes aient des cloisons mobiles; il en sera établi seulement lorsqu'il faudra avoir une classe devant contenir tous les enfants en les *serrant un peu*.

6. — La superficie totale ne doit pas attribuer plus de 10 pieds carrés (3 mètres) à chaque enfant.

7. — On peut, dans chaque salle de classe, ne placer que trois à quatre rangs de pupitres et de bancs parallèles à un des murs.

Maison d'habitation des instituteurs ou institutrices.

Quand il sera construit des maisons pour les instituteurs ou institutrices, elles se composeront : D'un parloir (salon), d'une cuisine, d'une laverie et de trois chambres à coucher.

Voici les dimensions *minima* de ces pièces :

a. Parloir, 14 pieds (4^m,20) sur 12 pieds (3^m,60).
b. Cuisine, id. sur 10 pieds (3 mètres).
c. Une des chambres à coucher, 14 pieds (4^m,20) sur 10 pieds (3 mètres).
d. Les deux autres, 10 pieds 6 pouces (3^m,15) sur 8 pieds (2^m,40).

Dans aucun cas la hauteur du mur, du plancher aux sablières, quand le plafond sera au ras de ces dernières, ne sera inférieure à 9 pieds (2ᵐ,70).

Quand les pièces seront mansardées, les hauteurs se modifieront comme suit : du plancher aux sablières, 7 pieds 6 pouces (2ᵐ,25); du plancher à l'entrait retroussé, 9 pieds 6 pouces (2ᵐ,85).

L'escalier sera disposé de façon à ce qu'on y accède directement par une antichambre, et de la cuisine, du parloir et des chambres à coucher, sans qu'il soit besoin de passer d'une pièce dans l'autre.

Les chambres à coucher seront à l'étage supérieur; elles auront toutes soit des cheminées, soit des appareils de chauffage.

Il n'existera pas de communication directe du parloir à la cuisine ou à la laverie.

Il n'existera pas non plus de communication directe entre la maison d'habitation de l'instituteur et le bâtiment de l'école.

La maison d'habitation de l'instituteur aura une cour et des communs séparés de ceux de l'école.

Plans et pièces à produire.

Il sera déposé aux bureaux du conseil d'administration, pour y être laissés, les plans désignés ci-dessous, ainsi que les détails d'exécution :

Art. 1. — Plan d'ensemble à l'échelle de 1 pouce (0ᵐ,25) par 20 pieds (6 mètres), indiquant :

a. L'emplacement des bâtiments d'école ;
b. Les constructions détachées ;

c. Les cours de récréation ;

d. La maison d'habitation de l'instituteur, s'il y en a une ;

e. Le drainage principal et ses embranchements, leur pente et leur niveau au-dessous du sol ;

f. Les aménagements pour l'écoulement des eaux de surface ;

g. Les portes d'entrée ;

h. Les clôtures, leur nature, ainsi que celles des propriétés voisines ;

i. Les rues et routes.

Art. 2. — Des plans, à l'échelle de 1 pouce ($0^m,25$) pour 8 pieds ($2^m,40$). Ces plans indiqueront les divers étages de l'école et de la maison d'habitation, s'il en existe une.

L'aménagement intérieur des salles d'étude et des salles de classe (cheminées, pupitres, bancs, bibliothèque), sera étudié avec soin.

Art. 3. — Une élévation de chaque façade et au moins deux coupes.

(Les plafonds et le mode de chauffage et de ventilation y seront indiqués en détail.)

Art. 4. — Un devis détaillé des travaux séparés par nature d'ouvrage.

Art. 5. — Un résumé de la dépense avec mémoire justificatif.

LES LORDS DU COMITÉ DU CONSEIL PRIVÉ DE L'INSTRUCTION, SIÉGEANT EN LA CHAMBRE DU CONSEIL, ONT ADOPTÉ LA RÉSOLUTION SUIVANTE LE 7 FÉVRIER 1871.

Chapitre III (extrait).

Art. 22. — Un secours n'est accordé pour faciliter la construction d'une nouvelle école élémentaire qu'autant que les conditions suivantes, imposées par le département de l'instruction ont été remplies :

a. L'école doit trouver dans son voisinage une population, appartenant à la classe ouvrière, assez nombreuse pour lui assurer le nombre d'élèves nécessaires.

b. Le culte reconnu pour la nouvelle école doit être celui que suivent les familles des élèves.

c. La création de l'école doit répondre à un intérêt public.

d. Les constructions, au moment de l'ouverture de l'école, ne doivent pas être inachevées ou incomplètes, et il faut que toutes les conditions imposées soient strictement remplies.

Art. 23. — Les règlements arrêtés par le département de l'instruction pour construire, agrandir, approprier ou installer des écoles ne permettent pas de s'écarter d'une seule des conditions suivantes :

a. Souscriptions personnelles.

b. Souscriptions collectives des églises ou chapelles de la paroisse dans laquelle est située l'école ou qui en sont distantes de quatre milles.

c. Matériaux fournis en nature et estimés d'après le prix fixé à l'entrepreneur par son marché.

d. Meubles dont la valeur est certifiée par deux architectes patentés.

e. Transports dont la valeur est certifiée par le *parochial surveyor of roads*[1].

2° Assurer à l'école un revenu de 2 shillings 6 pence 3 fr. 10) par pied carré de surface couverte.

3° Garantir le traitement de chaque maître à raison de 65 livres (1625 francs).

ART. 24. — L'orientation des bâtiments, les plans de la construction, le devis estimatif et le contrat des conditions et priviléges doivent préalablement être approuvés par le département de l'instruction.

ART. 25. — Les excédants de dépenses qui ne seraient pas payés par les contributions volontaires locales, réunies aux dons publics, peuvent être soldés au moyen d'autres ressources également régulières, telles que les souscriptions et les dons de personnes étrangères.

ART. 26. — Des secours ne sont pas accordés aux écoles ouvertes seulement le dimanche ni à celles qui sont placées sous la direction de Worships[2]. On n'accorde pas non plus de secours quand ce secours est destiné à payer des dettes occasionnées par les constructions, à fournir les premiers fonds nécessaires aux travaux ou à les continuer.

Une école qui, remplissant les conditions énoncées à l'art. 23, a reçu le maximum de l'allocation possible, n'est plus apte à recevoir un secours si elle veut améliorer ou augmenter son installation.

ART. 27. — L'agrandissement de surface d'une école existante, afin de la mettre à même de recevoir un plus grand

---

1. A peu près nos agents voyers.
2. Titre accordé à certains magistrats.

nombre d'enfants, et l'augmentation du logement des maîtres attachés à cette école sont considérés comme rentrant dans les cas prévus par l'art. 23.

Art. 28. — Un secours ne peut être remis à une école si les dépenses prévues au devis (art. 24) sont dépassées de 20 livres pour une école rurale, et de 50 livres pour toutes les autres.

Art. 29. — L'emplacement doit être :
a. Comme surface,
D'au moins 1,200 yards carrés ;
b. Comme situation :
1º Ni malsain, ni voisin d'un établissement bruyant ;
2º A une distance convenable de la demeure des écoliers ;
c. Comme servitudes :
Exempt de servitudes, droit et réserves.

Contrat et Priviléges.

Art. 30. — Le contrat réglant l'existence et les priviléges de l'école doit spécifier l'autorisation d'ouvrir une école destinée à l'instruction des enfants pauvres, et non à un autre but, quel qu'il soit ; il doit justifier la propriété légale du sol et indiquer, comme exemple d'organisation, une école précédemment créée par la direction des écoles de l'église de la Grande-Bretagne, d'Écosse, etc., ou de toute autre dans laquelle la Bible est réellement enseignée d'après une traduction autorisée [1].

Art. 31. — Quand le contrat a constaté l'exécution

---

1. Clause qui, on le voit, crée des écoles soumises à une véritable religion d'État.

régulière du projet approuvé par le département de l'instruction, et qu'il a été enregistré, s'il est nécessaire, une copie de ce projet, revêtue des signatures et des mentions officielles, est transcrite sur parchemin et déposée au bureau de l'instruction.

Art. 32. — Quand il s'agit d'une école déjà conforme aux règlements imposés et qu'il est seulement question de l'agrandir, il n'y a pas lieu de rien changer aux conditions précédentes.

Des plans.

Art. 33. — Quand les plans, devis descriptif et estimatif sont approuvés et signés, il peuvent être rendus à leur auteur ; mais pour que le secours promis soit payé, il faut qu'une expédition de ces pièces soit déposée au bureau de l'instruction publique.

Du payement du secours accordé pour aider à la construction, l'agrandissement et l'amélioration des Écoles élémentaires.

Art. 34. — Le montant du secours accordé n'est pas connu avant que le contrat n'ait été accepté et le projet approuvé.

Art. 35. — Le secours est accordé ou refusé dans un délai de quatorze jours.

Art. 36. — Le secours est payé par le comité de construction et d'installation des Écoles, sur la présentation d'un certificat de l'architecte avec décompte à l'appui constatant que la construction est achevée et l'installation complète ; que les donations étant réunies au montant du secours, aucune réclamation ultérieure ne s'élèvera et qu'en fin de compte l'entreprise est terminée.

Art. 37. — Les secours dont le montant est inférieur à 50 livres doivent, à peine de déchéance, être réclamés dans un délai de neuf mois, et ceux au-dessus de 50 livres, dans un délai de onze mois. Ces délais courent à partir du jour où le secours a été accordé.

DE LA CONSTRUCTION ET DE L'INSTALLATION DES ÉCOLES.

ÉCOLES PUBLIQUES ÉLÉMENTAIRES [1].

Dispositions préliminaires.

Avant de s'occuper de construire un groupe d'écoles publiques élémentaires, il est nécessaire d'être non-seulement fixé sur les chiffres de la dépense, mais il faut encore avoir un programme arrêté et une connaissance approfondie du rôle que doivent remplir les différentes parties de la construction, connaître le système d'installation proposé, ainsi que le nombre d'enfants que doit contenir chaque division et savoir quel est le mode d'enseignement adopté pour une école de cette nature.

Les écoles élémentaires publiques sont placées sous le contrôle du gouvernement, et ce contrôle leur impose certaines conditions qui concernent à la fois et le mode de construction et la méthode d'enseignement; nous n'avons à

---

1. Extrait du *Building News and Engineering Journal*, septembre 1873, Londres.

nous occuper que du premier, quelques explications concernant la seconde sont cependant nécessaires.

Méthode d'enseignement.

Le règlement du département de l'instruction, qui a paru pour la première fois en juillet 1862, est maintenant publié chaque année, avec les modifications nécessaires, sous le nom de *Nouveau règlement*, et il est devenu la règle des personnes chargées de l'enseignement comme aussi, dans une certaine mesure, le guide architectural des écoles élémentaires.

Le règlement divise les enfants fréquentant les écoles en six catégories dont la première comprend les enfants en bas-âge jusqu'à six ans et demi ou sept ans, les autres comprennent ceux plus âgés, en allant graduellement d'année en année et ainsi de suite. Ce même règlement spécifie qu'un maître diplômé et un élève-maître sont nécessaires pour l'enseignement de soixante enfants ; que, si ce nombre s'accroît de quarante, un second élève-maître doit être adjoint au premier ; que, si le nombre des élèves s'accroît de quatre-vingts, un sous-maître diplômé et deux élèves-maîtres sont indispensables.

Il résulte donc de ce qui précède que le nombre maximum d'enfants dont puissent s'occuper un maître et un élève-maître, enseignant ensemble, est quatre-vingts. Mais ce nombre, regardé comme maximum par le département de l'instruction, est souvent pris comme minimum par les personnes s'occupant de la construction d'une école. Il faut cependant le prendre comme la limite extrême, et, en établissant une école nouvelle, regarder les nombres de

60, 70, 80 enfants par classes comme le chiffre le plus convenable à adopter.

Dans une école élémentaire anglaise, le maître principal n'est pas seulement responsable de l'enseignement intérieur de toute l'école, il est encore personnellement chargé de quelques parties de l'enseignement, et ne doit pas comme en certains pays se contenter d'une surveillance générale du travail des autres. Les sous-maîtres et les élèves-maîtres, dont le nombre est en rapport avec l'importance de l'école, sont destinés à lui venir en aide, mais non à le remplacer dans l'accomplissement de sa tâche.

On voit donc qu'une école construite de façon à être divisée en un certain nombre de classes séparées et indépendantes les unes des autres, mais en communication par un corridor, répondrait parfaitement aux exigences du programme, parce qu'elle faciliterait la surveillance du maître principal. Une autre prescription très-clairement exprimée dans le règlement exige, pour les salles de chaque école, un espace libre de 80 pieds cubes par enfant, chiffre calculé sur le nombre total des enfants renfermés dans l'école. Quand on visite quelques écoles élémentaires établies par le gouvernement et dans lesquelles les enfants se réunissent deux fois par jour, matin et soir, on reconnaît aussi qu'une vaste salle d'assemblée est indispensable.

La tendance générale de l'opinion est favorable aux écoles divisées en un aussi grand nombre de classes que possible, sans avoir égard aux habitudes antérieures.

L'expérience a démontré que l'isolement et la séparation des classes réparties dans des pièces distinctes avaient une heureuse influence sur les études et que les leçons, enseignées à part (quand la chose est possible) au lieu de l'être en commun, profitaient davantage aux élèves ; mais comme chaque école est placée sous la surveillance d'un maître ou d'une maîtresse, le principe de la séparation doit être subordonné aux nécessités de la surveillance.

Le nombre de places nécessaires à chaque division d'une école n'est pas le même dans toutes les localités, le nombre de divisions varie souvent lui-même : ainsi, quelques administrateurs divisent les écoliers en garçons, filles et petits enfants; d'autres, s'appuyant sur les divisions des écoles supérieures, distinguent seulement les plus jeunes des plus âgés, en réunissant même ceux des deux sexes.

L'extrait suivant d'une statistique officielle, faite pour toute l'Angleterre, offre un certain intérêt et nous montre quelle est la proportion des âges de mille enfants formant la population d'une école.

Enfants de	3 à 4 ans	. . . . . .	111
—	4 à 5 —	. . . . . .	110
—	5 à 6 —	. . . . . .	105
—	6 à 7 —	. . . . . .	103
—	7 à 8 —	. . . . . .	100
—	8 à 9 —	. . . . . .	98
—	9 à 10 —	. . . . . .	96
—	10 à 11 —	. . . . . .	94
—	11 à 12 —	. . . . . .	93
—	12 à 13 —	. . . . . .	90

Mais de semblables statistiques, quand elles sont prises dans des localités différentes, offrent des différences sensibles eu égard à la nature de la population; ainsi, en tenant compte de la non-admission dans les salles d'asile des enfants au-dessous de trois ans, la proportion de ceux en âge d'aller à l'école se répartit de la manière suivante :

Petits enfants.	Six quinzièmes.
Jeunes enfants	Cinq —
Enfants plus âgés.	Quatre —

Quand, dans les écoles supérieures, on sépare les élèves en deux grandes divisions, une pour les garçons et une pour les filles, ces divisions peuvent avoir une importance égale.

A Londres, où les écoles élémentaires élevées seulement d'un étage sont très-rares, et où la simple division en petits enfants, filles et garçons est le plus souvent en usage, la nature des élèves se répartit de la manière suivante :

	Sur 1000 élèves.	Sur 720 élèves.
Division des petits enfants.	400	300
— garçons.	300	210
— filles	300	210

La nécessité d'avoir des salles de classe aussi séparées que possible et en même temps une pièce assez vaste pour recevoir à un moment donné le personnel entier de l'école ne permet pas d'éluder cette exigence du programme ; la disposition la plus simple à adopter est de laisser dans l'école un espace libre égal à celui des classes. De cette façon, les enfants réunis tous ensemble auront à leur disposition un espace suffisant, puisqu'il sera le même que celui qu'ils occupent pour travailler commodément assis sur leurs sièges.

En étudiant la solution de ces différentes difficultés, il ne faut pas perdre de vue l'importance qu'offre la réduction des frais généraux annuels, l'intérêt qu'il faut apporter à faciliter l'enseignement et à diminuer la dépense d'entretien et de réparation ; c'est pour cela que les systèmes de chauffage et de ventilation doivent être étudiés avec un soin tout particulier.

Mode de construction.

L'emplacement choisi pour la construction d'une école doit être un terrain libre de toutes servitudes et contenant au moins 1200 yards (à moins que le prix n'en soit trop élevé); il faut aussi qu'il soit situé dans un lieu sain, tranquille et rapproché de la demeure des parents des élèves.

Le tracé des constructions sera étudié avec le plus grand soin, non-seulement au point de vue de l'alignement et de la proximité des bâtiments voisins (s'il en existe), mais aussi au point de vue de son orientation et de sa situation par rapport à l'air et au soleil.

Les opinions sont, du reste, très-différentes sur ce point.

Il est incontestable, par exemple, que les rayons du soleil ont une influence bienfaisante sur l'atmosphère d'une chambre, en ce qu'ils activent la ventilation et exercent sur de jeunes enfants le même effet que sur des fleurs. S'appuyant sur ce fait généralement connu, les constructeurs d'un grand nombre d'écoles se sont efforcés d'exposer le plus complétement possible leurs bâtiments au soleil, et ont ainsi obtenu, pendant les chaleurs de l'été, un jour et une lumière insupportables aux élèves ou aux maîtres, et parfois à tous les deux en même temps ; d'un autre côté, les défenseurs du système qui exclut d'une manière complète l'exposition aux rayons du soleil ont été nombreux (principalement parmi les membres de *School Board provincial*), et ont déclaré qu'une école ne devait avoir de fenêtres ouvertes ni au sud, ni à l'ouest ; de sorte que, comme en beaucoup d'autres questions aussi controversées, la vérité se trouve entre les deux opinions extrêmes.

Les fenêtres principales d'une école ne doivent jamais être percées dans une façade orientée au sud et au sud-ouest; cependant, il est bon de ménager quelques ouvertures du côté le plus exposé au soleil. La meilleure lumière vient du nord et les façades des écoles de garçons et de filles devront être, autant que le permettra la situation du quartier, orientées de façon à avoir une exposition de cette nature. Dans un pays aussi privé de soleil que le nôtre, il est difficile de placer une école de façon à ce qu'elle soit trop exposée au soleil : il peut cependant arriver que ses rayons s'introduisant mal à propos viennent frapper les yeux en face, et gênent les élèves ou leurs maîtres.

Les cours de récréation ne sont pas dans le même cas, le le soleil est pour elles indispensable.

. . . .

Mobilier des écoles.

Après avoir examiné les méthodes d'enseignement, les dispositions générales nécessaires à un groupe d'écoles, nous allons maintenant rechercher quelle est la forme et la dimension des écoles et des classes, et avant tout celles du mobilier des élèves.

La meilleure manière de grouper les classes, de façon à faciliter l'enseignement, est d'une telle importance, que l'architecte qui ne réalise pas d'une façon complète cette partie de son programme manque complétement son œuvre.

Une autre question non moins sérieuse est celle du mobilier; il ne faut pas attendre, pour s'en occuper, que les constructions soient achevées, mais il faut au contraire s'assurer, dès le principe, de l'emplacement qu'il doit occuper et de la forme qu'il doit avoir. Trop souvent, dans des circonstances analogues, on a vu les constructeurs, préoccupés d'une spéculation ou d'une vaine apparence, disposer des chambres à coucher dans lesquelles il était impossible de placer un lit, et dans lesquelles les portes étaient placées de façon à ne pouvoir être ni ouvertes ni fermées sans gêner le passage[1].

1. Le reste des indications relatives au mobilier viendra à sa place un peu plus loin, dans le chapitre où cette question est spécialement traitée.

II

SERVICES EXTÉRIEURS

EMPLACEMENT, SITUATION, ORIENTATION
GROUPES SCOLAIRES — COUR — JARDIN — DÉPENDANCES
FONTAINE — GYMNASE — PRIVÉS — URINOIRS

EMPLACEMENT, SITUATION, ORIENTATION.

Lorsqu'il s'agit d'élever une école, la première question à résoudre est le choix de l'emplacement, et il convient de ne jamais l'arrêter sans le plus sérieux examen. Dans les campagnes ou les communes rurales, la solution du problème est moins difficile que dans les villes; on peut en effet, sans grand embarras, trouver dans un village un terrain placé au centre des habitations, sur le bord d'un chemin, dans une position bien aérée, saine, salubre et présentant la surface nécessaire, à l'abri de tout voisinage incommode.

Dans une ville, la chose est moins facile ou au moins plus compliquée; on ne peut, comme on le désire, disposer du terrain nécessaire, en trouver toujours à volonté un qui soit bien situé (fig. 1), qui présente les dispositions et les dimensions voulues, et qui satisfasse enfin aux exigences nécessaires; s'il convient souvent, en pareil cas, de faire de nombreuses concessions, il ne faut cependant céder que sur des points de détail, sans jamais abandonner les principes généraux qui suivent.

Une école doit être élevée le plus possible au centre de la population dont les enfants sont appelés à la fréquenter ;

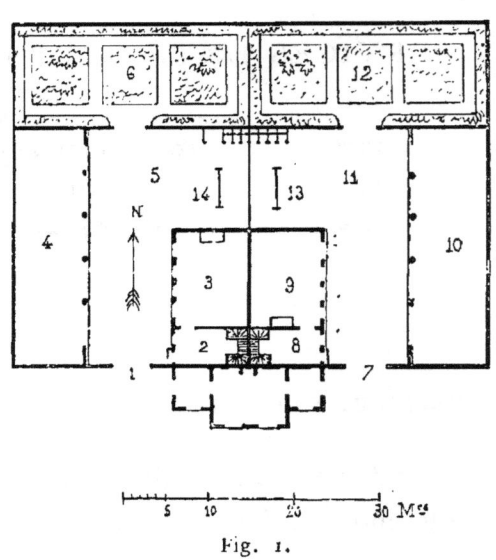

Fig. 1.

1. Entrée des garçons.
2. Vestiaire.
3. Classe.
4. Préau couvert.
5. Préau découvert.
6. Jardin de l'instituteur.
7. Entrée des filles.
8. Vestiaire.
9. Classe.
10. Préau couvert.
11. Préau découvert.
12. Jardin de l'institutrice.
13. Gymnase des filles.
14. Gymnase des garçons.

il ne faut pas toutefois qu'elle soit dans une rue bruyante, qu'elle ait son accès sur une voie très-animée où la circulation trop active peut créer des dangers pour les enfants au moment de leur entrée et à celui de leur sortie de l'école ; elle doit avoir du jour et de l'air en abondance, ne pas être cachée au milieu de constructions qui l'étouffent et la dominent, être orientée de façon à laisser ses bâtiments jouir successivement du soleil, suivant les différentes heures du jour, et à les abriter du côté d'où tombent les pluies les plus fréquentes.

A ces premières exigences, déjà assez difficiles à réunir, les Anglais en ajoutent encore d'autres et demandent à leurs écoles d'occuper un espace dégagé, tranquille, agréable, assez vaste pour que les bâtiments puissent être isolés de toutes les constructions voisines, sans avoir de façades en bordure de la voie publique.

Le school Board repousse, en outre, d'une façon formelle l'adoption de tout type d'école préparé à l'avance à titre de projet modèle; il demande, au contraire, que l'école soit étudiée en prévision du terrain qui doit la recevoir, et qu'on ne commence pas d'abord par préparer un projet pour chercher ensuite le terrain qui pourrait lui convenir; coutume dont malheureusement les administrations de la Grande-Bretagne n'ont pas le monopole exclusif.

GROUPES SCOLAIRES.

La difficulté de trouver dans les grandes villes un emplacement convenable, et la possibilité qu'il y a toujours pour une administration publique à réduire les frais généraux de plusieurs services en les réunissant, ont amené la création des groupes scolaires, c'est-à-dire, des établissements d'instruction primaire renfermant une école de garçons, une de filles, et une salle d'asile, réparties dans trois bâtiments distincts, séparés par des cours, et ayant chacun une entrée différente. Les écoles de la ville de Paris offrent un grand nombre d'exemples de ce genre (fig. 2).

Londres en compte aussi plusieurs, et toutes les écoles

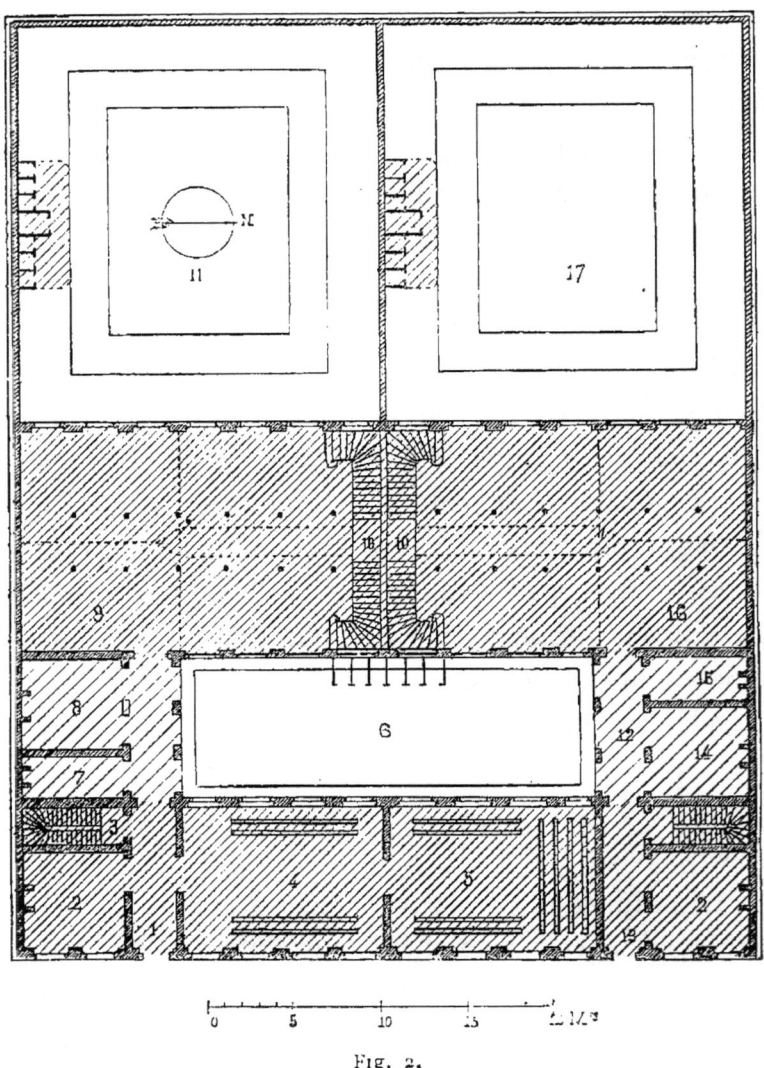

Fig. 2.

1. Entrée de l'école des filles et de l'asile.
2. Concierge.
3. Escaliers des logements.
4. Préau couvert de l'asile.
5. Salle d'exercices de l'asile.
6. Préau couvert de l'asile.
7. Parloir de l'asile.
8. Parloir de l'école des filles.
9. Préau couvert des filles.
10. Escalier des classes.
11. Préau découvert des filles.
12. Galeries.
13. Entrée des garçons.
14. Parloir.
15. Dépôt.
16. Préau couvert des garçons.
17. Préau découvert des garçons.

SERVICES EXTÉRIEURS.

de construction récente sont élevées sur ce type; mais, comme nous le verrons en détail un peu plus loin, les écoles des différents sexes ne sont pas séparées d'une façon

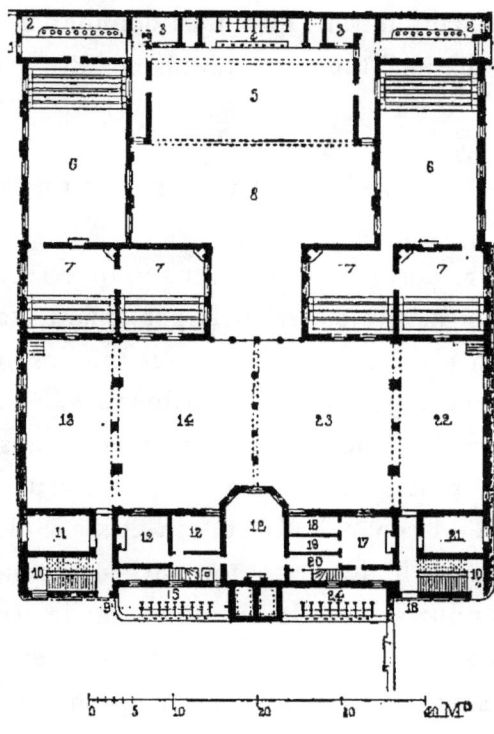

Fig. 3.

1. Entrée des enfants de l'asile.
2. Lavabos.
3. Dépôt du combustible.
4. Privés.
5. Cour de récréation couverte.
6. Salles d'exercices.
7. Classes.
8. Cour de récréation découverte.
9. Entrée des garçons.
10. Escaliers des classes.
11. Combustibles et provisions.
12. Logement du gardien.
13. Cour de récréation couverte.
14. — découverte.
15. Privés.
16. Entrée des filles.
17. Cuisine du gardien.
18. Laverie.
19. Dépôt.
20. Passages.
21. Combustibles et provisions.
22. Cours de récréation couverte.
23. — découverte.
24. Privés.

aussi absolue en Angleterre qu'en France, et nos voisins se contentent le plus souvent d'un bâtiment unique dont ils consacrent le rez-de-chaussée à l'asile et les étages aux écoles de filles et de garçons; ce n'est plus, à proprement parler, un groupe dans le sens que nous donnons à ce mot, c'est plutôt un bâtiment unique réunissant des services divers. (fig. 3).

COUR. — PRÉAU DÉCOUVERT.

Les cours doivent offrir la plus grande surface possible, au moins 2 mètres superficiels par enfant, soit le double de la surface de toutes les classes réunies; elles doivent être de forme régulière, ni trop longues, ni trop étroites, de façon à être facilement surveillées, sans que jamais un obstacle puisse dérober un élève aux yeux du maître.

Le sol de la cour doit être sain et sec. Si le sous-sol est humide, il faut le drainer et toujours lui donner des pentes suffisantes pour assurer le prompt et facile écoulement des eaux pluviales; il faut aussi étendre par terre une couche de sable assez épaisse pour amortir les chutes et garder secs les pieds des enfants.

La question de savoir si la cour de récréation (préau découvert) d'une école doit rester nue ou être plantée d'arbres a souvent été débattue; c'est là une question de climat. Dans le Midi, en Provence par exemple, les arbres sont non-seulement utiles, mais indispensables; dans le Nord, au contraire, ils peuvent être une cause d'humidité et, par suite, devenir nuisibles. Les cours des nouvelles écoles de Paris sont cependant plantées d'arbres, et aucune plainte ne s'est élevée à ce sujet.

Les Anglais attachent une très-grande importance à la cour de récréation (*play ground*) de leurs écoles, à ses dimensions et à ses dispositions; elle constitue pour eux un des éléments essentiels, nécessaires à la mise en pratique de leur système d'éducation et de leur mode d'enseignement. Une cour d'école anglaise ne doit jamais être exposée au nord ou à l'ouest, mais doit être orientée au sud ou à l'est; une partie est couverte, c'est le Marching-Room, dont nous nous occuperons à propos des préaux couverts.

Ces cours occupent la même surface que les nôtres par rapport au nombre d'enfants, mais leur forme est différente; la régularité, la symétrie et les angles droits y sont moins recherchés que chez nous. Quand l'espace manque, on réunit souvent, dans la même cour d'un groupe ou mieux d'un bâtiment scolaire, les enfants de l'asile avec les petites filles; mais il a été reconnu que cette trop grande agglomération d'enfants nuisait à la discipline. Le plus souvent, les petites filles et les enfants de l'asile sont séparés par une palissade en bois ou en fer, disposition également adoptée pour séparer les garçons des filles. Les maîtres anglais (*the educationits*) ne professent pas la même crainte que les nôtres sur les dangers qu'il y a à rapprocher, durant les heures d'école, sous l'œil d'un surveillant, des enfants qui, une fois libres, se rencontrent seuls dans la rue à peu près quand et comme ils veulent. A l'école nationale de Dublin, les choses sont poussées aussi loin que possible, et, garçons, filles ou enfants de l'asile sont réunis dans la même cour : une simple ligne de pavés détermine la partie réservée à chaque sexe et à chaque catégorie.

Les cours des écoles anglaises sont généralement nues et, dans les villes, leur sol est recouvert d'une couche d'asphalte ; cette disposition, très-favorable à l'entretien de la propreté et de la salubrité, rend parfois dangereuses les chutes des enfants et empêche ceux-ci de se livrer à certains jeux.

JARDINS.

Les jardins sont une dépendance obligée des écoles de villages. Diverses circulaires ministérielles ont fait ressortir les avantages qui résultaient des créations de ce genre pour l'instituteur, en faveur duquel elles constituaient une précieuse ressource, et pour les élèves qui pouvaient ainsi recevoir les premiers éléments d'instruction horticole, éléments dont ils devaient plus tard retirer un incontestable profit. Malheureusement, les questions de budget s'opposent souvent, même dans les communes rurales, à la réalisation de projets de cette nature ; dans les villes, la difficulté se trouve encore considérablement accrue par suite du prix élevé du terrain.

DÉPENDANCES.

Les dépendances d'une école sont les bâtiments annexes qui, dans les constructions scolaires rurales, s'élèvent au fond ou à côté des cours et jardins, et servent d'écurie pour une vache, un porc..., de poulailler pour la volaille, de four, etc., etc. Ces dépendances offrent un grand avantage à l'instituteur, et, jointes à la possession d'un jardin, représentent pour lui une véritable augmentation de son faible traitement ; mais une installation de cette nature, très-facile et très-profitable à la campagne, devient impossible dans les villes à cause du manque d'espace ; elle serait en outre une cause d'insalubrité, et c'est pour ce motif qu'on exclut de toute école urbaine les animaux comestibles, de quelque espèce qu'ils soient; poules, lapins et autres, sont rigoureusement bannis.

L'Angleterre suit la même voie. L'habitation d'un maître d'école de village (dont nous nous occuperons plus loin) est un cottage avec ses dépendances; quant aux écoles de villes, comme les maîtres n'y sont pas logés, les causes d'insalubrité, résultant d'installation d'écuries ou de dépôt de fumier, ne sont pas à craindre.

FONTAINE.

Dans chaque préau découvert ou cour de récréation, il faut toujours placer une fontaine, distribuant de l'eau potable au moyen d'un robinet. Cette fontaine sert à désaltérer les enfants et à faciliter le nettoyage de la cour. Une ou deux tasses de métal, scellées au mur pour qu'elles ne disparaissent pas trop promptement, restent toujours à la disposition des élèves. Le robinet doit être placé assez bas pour que des enfants puissent le manœuvrer sans gêne ni difficultés (fig. 4).

GYMNASE.

Les exercices gymnastiques ont acquis chez nous une grande faveur; c'est un peu affaire de mode, et il faut profiter de ce moment favorable pour les faire entrer dans nos habitudes. Presque tous les colléges et lycées de France sont maintenant munis des appareils nécessaires, et un professeur spécial en enseigne l'usage. Les écoles primaires sont moins avancées sous ce rapport. Il est vrai que, dans celles de ces écoles installées à la campagne, les enfants toujours au grand air, vivant dans un état de liberté presque complet, courant les champs à leur gré, grimpant aux arbres et faisant de grandes courses, se livrent, en quelque

Fig. 4.

sorte sans s'en douter, à une gymnastique pratique continuelle et peuvent, à la rigueur, se passer des appareils destinés à apprendre ou à régler des manœuvres dont ils font l'équivalent; mais cette situation n'est plus la même dans les écoles de villes, des grandes villes surtout. Là, tout autant que dans les établissements d'instruction secondaire, les exercices destinés à assouplir le corps, à lui donner de l'adresse et de la force, à l'endurcir à la fatigue et à affermir la santé deviennent non-seulement utiles, mais indispensables.

La force physique constitue, pour ceux qui la possèdent, un avantage considérable dans la vie, et ceux qui en sont dépourvus doivent trouver, dans les ressources de leur intelligence, des compensations morales pouvant y suppléer. Cette observation est si vraie que l'ouvrier, le soldat, habitués aux rudes labeurs, aux travaux pénibles, ne peuvent cacher le mépris qu'ils ont pour la faible complexion de leurs chefs, incapables de les suivre ou de les imiter, et ce sentiment ne cesse chez eux que le jour où, obligés d'avoir recours pour affronter un danger, ou résoudre une solution difficile, au savoir et à l'habileté de ceux qui les commandent, ils arrivent aisément et promptement, grâce à leur aide, au résultat qu'eux seuls ne pourraient atteindre avec leurs propres efforts.

Au point de vue de la santé générale, les exercices gymnastiques sont encore moins à dédaigner qu'au point de vue du développement des forces physiques : ce n'est pas, en effet, une légère satisfaction que celle de pouvoir éviter, sinon en entier du moins en partie, les maladies auxquelles la nature nous rend sujets, et que de pouvoir arriver à la vieillesse sains et forts, sans être atteints par quelques-unes de ces tristes infirmités dont chaque jour nous voyons tant d'exemples autour de nous.

Si la gymnastique ne nous assure pas d'une manière certaine la possession de ces grands avantages, la force et la santé, elle nous permet et nous facilite du moins l'emploi des moyens propres à les obtenir, et c'est à ce point de vue qu'il ne faut rien négliger pour en répandre la pratique parmi les jeunes populations de nos écoles.

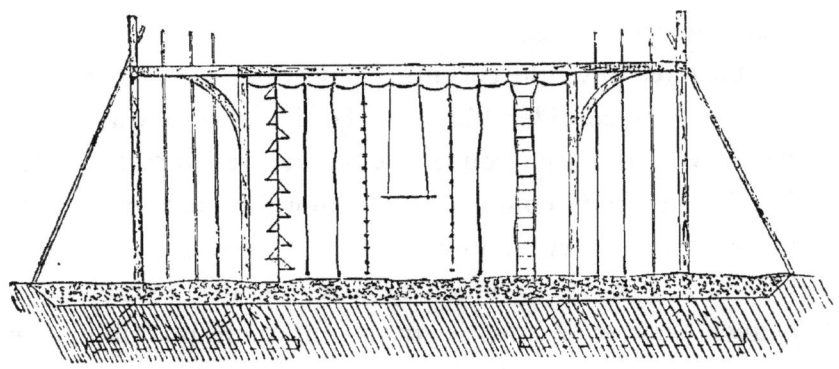

Fig. 5.

Dans les grands établissements scolaires, les gymnases ont donné lieu à des constructions spéciales, élevées dans un but déterminé; c'est là évidemment une condition des plus favorables, mais qui, par suite de la dépense dont elle est la cause, ne peut être acceptée quand il s'agit d'écoles publiques au budget restreint, qui, pour rendre les services qu'on attend d'elles, doivent, avant tout, être économiquement conçues; en pareil cas, les appareils propres à permettre les exercices gymnastiques peuvent, sans grave inconvénient, être installés en plein air dans la cour de récréation, et voici (fig. 5) ceux de ces appareils dont l'usage est le plus fréquent et le plus nécessaire[1] :

1. Gymnastique pratique Napoléon-Laisné. Dumaine, Paris, 1850.

SERVICES EXTÉRIEURS.

1° Un portique, comprenant :

Grande traverse de 0^m,18 d'épaisseur sur 0^m,20 de hauteur;

Quatre liens cintrés de 0^m,10 d'épaisseur sur 0^m,16 de hauteur;

Deux traverses des extrémités de 0^m,16 d'épaisseur chacune sur 0^m,20 de hauteur;

Quatre planches de plate-forme de 0^m,04 d'épaisseur;

Deux liens cintrés chacun de 0^m,10 d'épaisseur sur 0^m,15 de largeur;

Guirlande de cordes passant dans les crochets, 0^m,023 de diamètre;

Deux échelles; montants 0^m,075 de diamètre réduit, 0^m,40 d'écartement, échelons de 0^m,027 de diamètre, espacés de 0^m,25 pour l'une, de 0^m,30 pour l'autre.

Quatre colonnes de 0^m,14 de diamètre au sommet, 0^m,15 à la base;

Douze perches fixes, quatre de 0^m,065 de diamètre moyen, quatre de 0^m,055, et quatre de 0^m,045; chacune 4^m,80 de long;

Deux poteaux de 0^m,18 d'équarrissage au sommet, et 0^m,19 à la base;

Une échelle de corde et de bois, montants en corde de 0^m,022 de diamètre, échelons en bois de 0^m,025 de diamètre, espacés de 0^m,30; la largeur entre les montants est de 0^m,30;

Une corde lisse de 0^m,027 de diamètre;

Une corde à étriers fixes; corde de 0^m,027 de diamètre, échelons en bois de 0^m,025 de diamètre espacés de 0^m,30;

Un trapèze-bâton de 0^m,90 de long, cordes de 0^m,020 de diamètre;

Corde à support, de 0^m,027 de diamètre;
Deux perches vacillantes, de 0^m,04 de diamètre moyen;
Une corde à nœuds, de 0^m,027 de diamètre;

2° Un cheval de bois;
3° Une échelle à sauter;
4° Des barres de suspension;
5° Des perches à sauter;
6° Des poignées brachiales avec planches élastiques;
7° Des haltères, etc., etc.

Mais une installation de ce genre, l'achat et l'entretien qu'elle exige, joints aux frais de construction, présentent parfois une charge trop lourde pour une pauvre commune rurale; on peut en ce cas simplifier les choses et

Fig. 6.

les ramener à des limites qui les rendent accessibles aux ressources les plus modestes.

La figure 6 indique comment il est possible d'établir un gymnase dans de semblables conditions.

Une traverse appuyée sur deux montants faisant fourche, forme un portique en bois brut, auquel sont suspendus les appareils suivants :

Une échelle en bois grossier ;

Deux perches vacillantes retenues à leur extrémité par des cordes ou des écrous en fer ;

Un trapèze ;

Deux cordes lisses ;

Une corde à nœuds ;

Un mât formé d'une grosse branche d'arbre.

Il serait bien à désirer qu'un gymnase de ce genre fût installé dans toutes les écoles publiques ; tout incomplet qu'il est, il peut encore rendre de grands services, et ce n'est certes pas la dépense qu'il occasionne qui pourra arrêter une administration municipale.

Une condition indispensable est de creuser sous le portique, c'est-à-dire sous l'emplacement destiné aux exercices, un fossé de 0^m,15 à 0^m,20 de profondeur, que l'on remplit de sable fin, ou mieux de sciure de bois. Cette couche, destinée à prévenir les accidents occasionnés par les chutes, doit être bien damée, et le fond du fossé laissé en terre sans être revêtu de ciment ou de bitume, afin de ne pas convertir le fossé en cuvette, dans laquelle les eaux pluviales s'accumuleraient sans pouvoir s'écouler.

Il faut enduire de goudron la partie des bois cachée sous terre, prolonger cet enduit jusqu'à 0^{m}25 au-dessus du sol et peindre le reste à l'huile après l'avoir soigneusement mastiqué.

Le bois à employer pour la construction du portique est de préférence le chêne ; on peut cependant, pour bien des pièces, remplacer le chêne par du sapin du nord ; quant aux appareils, il y a avantage à employer le frêne pour les montants d'échelle, les perches fixes, les perches vacillantes et les perches à sauter, et le cornouiller pour les échelons d'échelles de bois ou de corde, et la barre du trapèze.

Les Anglais attachent une bien plus grande importance que nous au développement des forces physiques et matérielles. Chacun sait quelle part considérable prennent dans la vie des étudiants aux universités les luttes de toutes sortes. *The cricket, the Foot-ball, the Boating, the Sparing* constituent plus que des jeux; ces exercices ont parfois pris le pas sur les études scolaires et passionnent les élèves et leurs familles au moins autant que les travaux purement intellectuels.

Chacun, de l'autre côté du détroit, veut pouvoir se défendre et se protéger lui-même sans le secours d'un policeman : il faut, pour cela, être fort et adroit, et si la gymnastique à elle seule ne procure pas ces avantages, elle contribue singulièrement à les développer et à aider les dispositions naturelles.

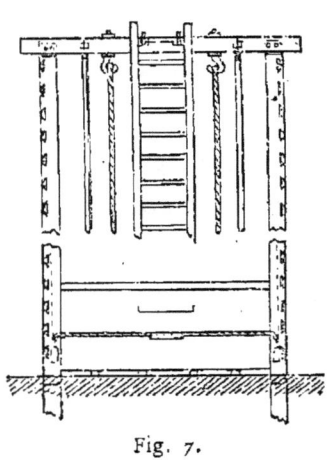

Fig. 7.

Aussi, — outre les manœuvres au moyen des appareils semblables ou analogues à ceux dont nous venons de parler, mais disposés d'une autre façon (fig. 7) et dans lesquels les montants, les traverses et en général toutes les parties pour lesquelles nous employons le bois, sont construites en fer, — les Anglais de toutes classes se livrent avec une ardeur dont il nous est difficile de nous faire idée à tous les exercices physiques, qu'ils poussent souvent jusqu'à l'excès. Les enfants des écoles publiques font de longues promenades, luttent ensemble au pas ou à la course ; ils s'endurcissent à la fatigue et, sauf dans la population rachitique des affreux quartiers de Londres, de Birmingham, de Glascow et de quelques autres grands centres industriels, les enfants du peuple, en Angleterre, ont l'apparence plus robuste, plus vigoureuse, que les nôtres, semblent en un mot être plus *healthy* (avoir l'air de bonne santé) ; il est juste d'ajouter que bientôt le vice national de l'Anglais, l'amour du vin, l'ivrognerie poussée à ses dernières limites, prend le dessus et a promptement détruit ces belles promesses.

C'est à ce dévoloppement peut-être exagéré de forces brutales de l'homme qu'il faut attribuer la facilité avec laquelle tout Anglais, gentleman ou homme du peuple, est prêt à l'attaque ou à la défense, àrecevoir ou à donner, surtout à donner des coups. Mais entre cet abus de la matière et notre dédain pour elle, il y a un terme moyen à adopter, une sage mesure à observer.

Privés. — Urinoirs.

§ I. *Écoles françaises.* — Les privés sont un des points les plus importants à étudier dans l'aménagement d'une école, car, quelles que soient les bonnes dispositions que présente un établissement scolaire dans ses autres parties, avec des privés défectueux la malpropreté et l'insalubrité qui en sont la conséquence peuvent, dans un temps donné, le rendre inhabitable ; on ne saurait donc prendre trop de précautions afin d'assurer le parfait et régulier fonctionnement de ce service.

Les privés de nos écoles sont presque toujours placés dans le préau découvert. Quelques écoles de Paris récemment construites et destinées à recevoir des adultes pour des cours du soir, possèdent des privés installés dans le bâtiment même de l'école, mais les dispositions générales sont les mêmes dans l'un et l'autre cas.

On calcule qu'en moyenne une case suffit pour cinquante

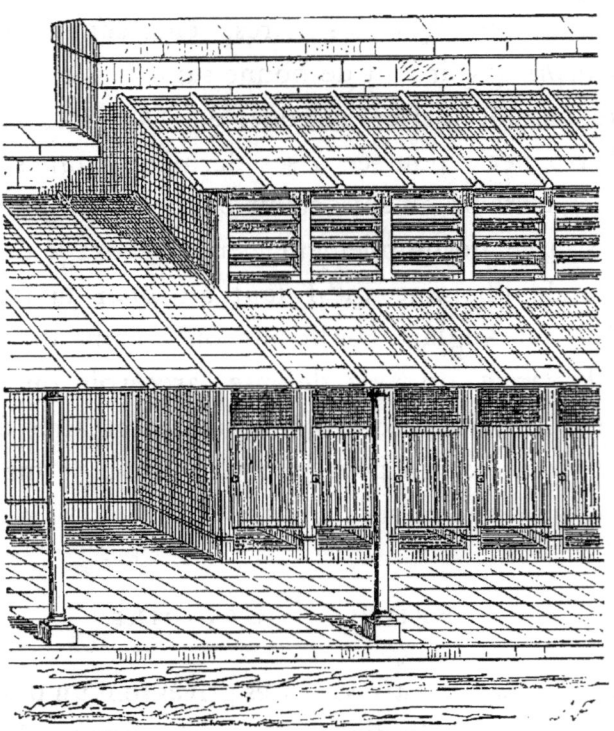

Fig. 8.

élèves; on donne à chacune au moins 0,70 × 0,80. La petite construction qui les contient se trouve placée dans la cour, à peu de distance du bâtiment principal, dont cependant elle se trouve séparée et auquel la relie une galerie couverte qui assure son accès par tous les temps. Il ne faut pas que cette galerie recouvre les privés, c'est-à-dire que ceux-ci prennent jour et air sous son comble ; les privés, au contraire, doivent être aérés directement par des ouvertures percées au-dessus de ce comble, afin que les odeurs s'échappent librement (fig. 8), au lieu de s'amasser dans un espace restreint et couvert. Ils doivent en outre être placés bien en vue, sans se trouver dissimulés ni

Fig. 9.

par une saillie des bâtiments, ni par une clôture pouvant en gêner la surveillance. Cette surveillance doit être constante, s'exercer non-seulement pendant les heures de récréation, mais aussi pendant les heures de travail et, par conséquent, de la place qu'il occupe à la cour, au préau couvert ou à la classe, le maître doit pouvoir suivre de l'œil ses élèves.

Les portes fermant les privés ne doivent pas atteindre la

hauteur des chambranles ni descendre jusqu'au sol, mais laisser au-dessus un espace vide de 0,20 destiné à ménager un courant d'air qui assainit et sèche le pavé ; le vide réservé au-dessus de la porte laisse de son côté arriver une grande masse d'air et facilite la surveillance (fig. 9).

Les privés doivent être accompagnés d'urinoirs divisés par cases, dont le nombre est le même que celui des cabinets et qu'abrite une petite toiture dirigeant les eaux plu-

Fig. 10.

viales qu'elle reçoit dans des noues intermédiaires au lieu de les laisser s'écouler directement sur la face (fig. 10); cette disposition protége plus efficacement les enfants, et empêche les odeurs malsaines de se concentrer dans la partie supérieure du toit, d'où elles ne peuvent se dégager ensuite (fig. 8).

Le mode de construction des fosses est régi par des règles spéciales [1] qu'il serait trop long et sans intérêt de rappeler ici ; nous ne nous occuperons donc que de l'installation intérieure des cabinets.

Les systèmes d'appareils dits inodores, en usage dans les habitations privées et les établissements publics, sont très-nombreux, et les passer tous en revue serait d'autant plus inutile que leur application à une école publique peut rarement avoir lieu dans de bonnes conditions. Les mécanismes toujours assez compliqués qui servent à les faire mouvoir exigent des soins, des précautions incompatibles avec la nature de l'enfant ; ces appareils, soumis à des mouvements trop brusques, subissent des dégâts qui exigent des réparations d'entretien fréquentes et coûteuses. Les inconvénients de ce genre s'atténuent dans une habitation et s'exagèrent au contraire dans un établissement où, comme dans une école, ces appareils servent à des enfants turbulents, peu soigneux et souvent malpropres. C'est pour cette raison que nous voyons proscrire de toutes les écoles non-seulement les appareils perfectionnés auxquels nous faisons allusion, mais même les sièges en bois scellés au mur. En pareille circonstance, les dispositions les plus simples sont les meilleures. Les systèmes automoteurs, placés au ras du sol, fonctionnent facilement, sont peu coûteux et facilitent l'entretien de la propreté. Voici (fig. 11) un de ces appareils [2].

---

[1]. Ordonnance royale du 21 septembre 1819 : *Mode de construction des fosses d'aisances dans la ville de Paris.*

[2]. Havard frères, à Paris.

L'abattant A, en forme de demi-lunette, s'appuie sur deux tiges à charnière B, fixées au levier cintré à deux branches parallèles C; à l'extrémité de ce levier est attachée la tige dentée D s'engrenant avec le secteur E de la valvule F ; ce

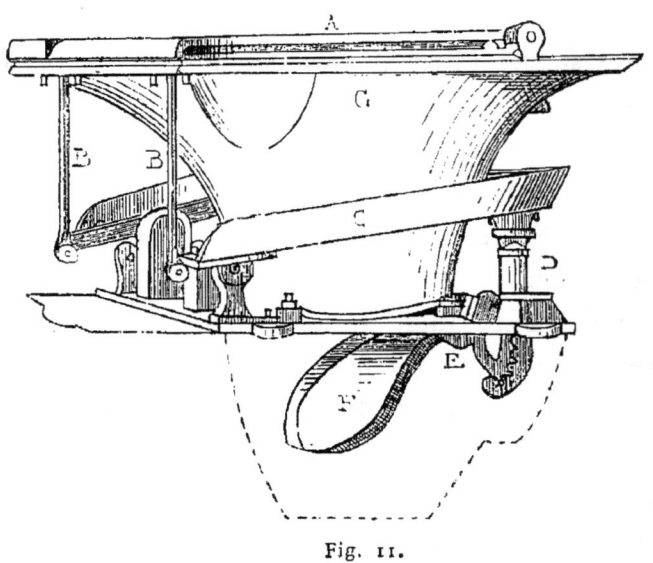

Fig. 11.

levier fait aussi l'office de contre-poids et, en venant s'appuyer sous la cuvette de fonte G, il assure l'ouverture complète de la valvule.

Ce mécanisme est si simple qu'il peut fonctionner bien longtemps sans entretien, et, de plus, les dimensions données à ses différentes parties ont permis d'avoir un contre-poids lourd et résistant, indispensable pour obtenir une bonne fermeture.

Le système dit à la turque, et qui, dans sa simplicité, se compose d'un trou béant placé au ras du sol, est une combinaison déplorable : le trou de chute n'a pas d'obturateur, les odeurs malsaines de la fosse remontent donc librement dans le cabinet et l'infectent, les matières restent souvent sur le sol autour de l'orifice qui, par lui-même, constitue un danger permanent pour de très-jeunes enfants; une installation de ce genre est une honte qu'il faut à tout prix proscrire de nos écoles et remplacer par un des systèmes combinés d'après les principes dont nous venons de parler.

Mais un bon appareil ne suffit pas pour atteindre le but désiré, il faut encore que cet appareil soit placé dans un milieu convenable, et les plus grands soins doivent être donnés à la construction des cabinets, aux prescriptions déjà indiquées pour la ventilation et l'aération de ces cabinets, ainsi que pour leur forme et leur dimension. A ces précautions il faut encore ajouter les suivantes : le sol doit être formé d'une dalle légèrement concave et inclinée vers le siége, afin de laisser écouler les matières liquides qui doivent parvenir dans la fosse au moyen d'un orifice, lequel est ménagé au-dessus de l'appareil pour ne pas livrer passage aux gaz qui tendent à s'échapper de la fosse ; il faut aussi couvrir les parements des cases de plaques de faïence, d'ardoises, ou à leur défaut d'un enduit en ciment, et assurer dans la partie supérieure de la toiture une aération constante à l'air libre.

Nous avons précédemment indiqué l'emplacement des urinoirs près des cabinets et la disposition à donner à leur couverture : nous insisterons encore sur l'importance de ces urinoirs au point de vue de la salubrité, car leur création permet, d'une part, de tenir les cabinets plus propres; de l'autre, en assurant la séparation des liquides et des solides, elle détruit ou au moins diminue sensiblement la production des odeurs malsaines créées dans la fosse par la fermentation.

Il existe différents modes de construction des urinoirs. De même que, quand il s'agit d'un cabinet, le plus simple est le meilleur, une dalle d'ardoise creusée en cuvette pour former le sol, des plaques également d'ardoise pour former les compartiments, un filet d'eau continu pour laver le tout, suffisent et sont préférables dans une école aux cuvettes en faïence ou en fonte accrochées aux murs. Les urinoirs doivent être lavés plusieurs fois par jour au moyen d'une préparation désinfectante.

Ajoutons aussi que, quel que soit le mode de construction adopté pour les fosses, il est nécessaire qu'elles soient établies suivant un système diviseur et, comme les urinoirs, désinfectées par un produit dont le mélange aux matières[1] empêche la fermentation; enfin, dernière précaution, cabinets et urinoirs doivent toujours, à moins d'impossibilité absolue, être placés au nord, à l'abri du soleil et des ardeurs de l'été.

§ II. *Écoles anglaises.* — Comme toutes les questions d'une application usuelle et pratique, celle concernant les privés (*water closets*) a été de la part des Anglais l'objet de recherches et d'études consciencieuses dont les résultats peuvent nous être profitables. Sans revenir sur les considérations générales précédemment développées et qui sont les mêmes pour les deux pays, nous nous contenterons d'entrer dans quelques détails à propos de deux systèmes qui

1. Une petite quantité d'huile lourde de houille (1 kilog. par mètre cube), mélangée aux matières dans la fosse, ne répand pas d'odeur et suffit pour arrêter toute fermentation (moyen de désinfection proposé par M. Dusart, chimiste à Paris.)

SERVICES EXTÉRIEURS.

fonctionnent avec un égal succès dans diverses écoles du *School Board* de Londres.

Plus formalistes que nous, les Anglais ne veulent pas accuser les cabinets à l'extérieur, les montrer au public ; ils les dissimulent, les cachent souvent dans un coin, dans un angle, ou au fond d'une petite cour dépendant de l'école (fig. 12 et 13); et l'inscription si

Fig. 12.

connue : *please ajust your dress before go out*, rappelle à chaque visiteur qu'il ne doit pas sortir avant d'avoir rajusté son vêtement.

Les cases sont au nombre de trois pour les cent premiers élèves, et de deux pour chaque centaine suivante. Outre les cabinets placés dans les cours et servant pendant les heures de récréation, il en existe également aux étages à proximité des classes, pour épargner aux enfants un trop long parcours pendant les heures d'étude. Les maîtres ont pour eux une case spéciale.

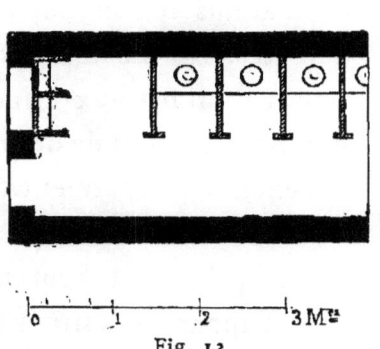

Fig. 13.

Afin d'éviter la fermentation qui se produit dans les

fosses, elles sont, dans la plupart des cas, vidées chaque jour, c'est-à-dire que les tinettes sont enlevées le soir et replacées pour les heures d'ouverture de l'école. Mais une opération de cette nature, aussi fréquemment renouvelée, est une grande sujétion, une cause de malpropreté, et donne lieu à une dépense assez élevée ; on remédie à tous ces inconvénients réunis par différents moyens analogues à ceux que nous employons, et par d'autres non moins utiles à connaître.

Le système *Moule* remplace l'eau qui vient laver la cuvette par de la cendre ou de la terre réduite en poussière. Ces appareils — qu'on nomme *Ash closet*, dans le premier cas, et *Earth closet* dans le second — s'adaptent à tous les cabinets et à toutes les fosses. Le mécanisme fonctionne comme dans les water closets : une certaine quantité de cendre ou de terre remplit à l'avance la cuvette et absorbe les matières chaque fois qu'il est fait usage des cabinets ; ce mélange de terre ou de sable avec les matières dans la fosse suffit pour neutraliser les émanations fétides ou dangereuses. La même disposition s'applique aux urinoirs et a pour résultat de détruire les effets de la fermentation des liquides.

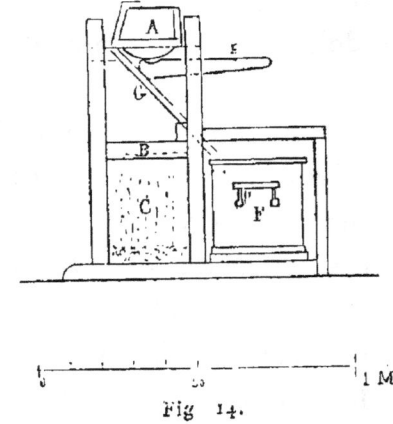

Fig 14.

Ce principe a heureusement été appliqué à la construction d'appareils destinés aux écoles et asiles[1].

La cendre ou la terre est placée sur un tamis B (fig. 14),

1. MM. Gibbons et Green, Ipswich.

SERVICES EXTÉRIEURS.

les débris de charbon, les petites pierres restent sur ce tamis et la poussière fine seule tombe dans le réservoir inférieur C; au moyen d'une pelle à main on remplit le réservoir supérieur A avec la cendre ou la terre tamisée. Après l'opération le visiteur fait mouvoir un bras de levier E qui communique un brusque mouvement au réservoir A, afin de secouer la cendre et l'empêcher de s'agglutiner; ce mouvement ouvre un orifice par lequel la cendre s'écoule et tombe dans la tinette par le conduit G; chaque

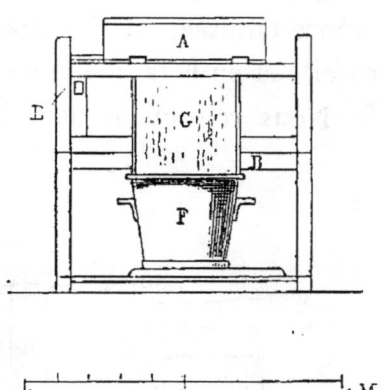

Fig. 15.

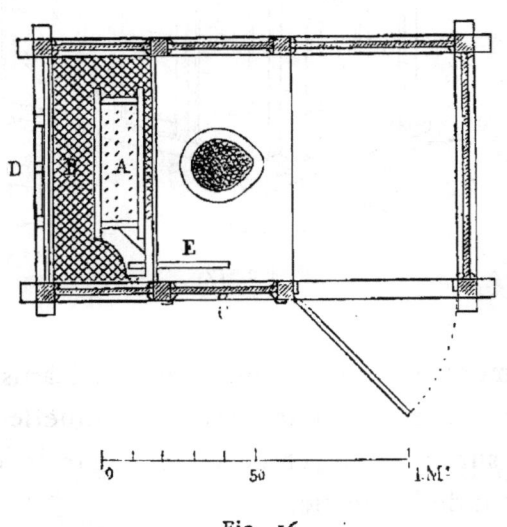

Fig. 16.

jour la tinette est enlevée. Les matières ainsi mélangées à la terre ou à la cendre ne fermentent pas et les gaz n'ont pas l'occasion de se produire. Dans l'appareil vu de face (fig. 15) nous voyons en B le tamis sur lequel se dépose la cendre retirée du foyer, en A le réservoir supérieur contenant la cendre tamisée, en E le bras de levier faisant mouvoir l'appareil, et en F la tinette recevant les matières.

Nous retrouvons dans le plan (fig. 16) l'indication de

Fig. 17.

l'emplacement des parties du même mécanisme, et nous voyons, en outre, en D la porte par laquelle on introduit la cendre sur le tamis et en C celle par laquelle s'opère l'enlèvement de la tinette.

Ces appareils se placent dans une succession de petits pavillons semblables à celui représenté figure 17; mais si plusieurs pavillons sont voisins, l'ouverture latérale nécessaire à l'extraction de la tinette doit alors être remplacée par une ouverture pratiquée sous le siége à l'intérieur du cabinet.

Un autre système en faveur en Angleterre exigerait, pour pouvoir être facilement appliqué chez nous, que les concierges de nos écoles, au lieu de se renfermer dans leur loge ou d'être tout le jour occupés loin de leur demeure, consentissent à remplir l'office du *house's keeper*

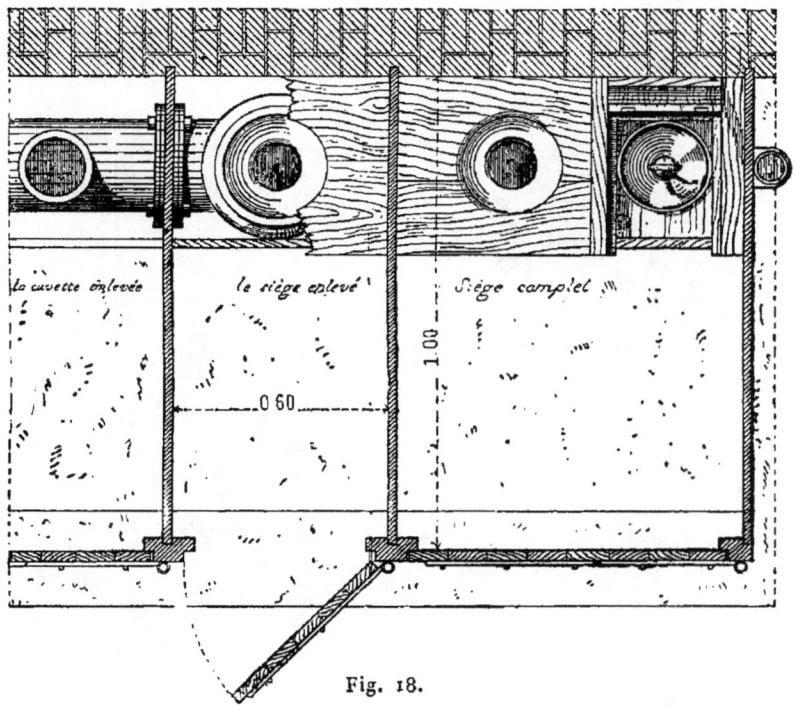

Fig. 18.

(gardien de la maison) des écoles anglaises, passant leur temps à aller dans toutes les parties de l'école surveiller le bâtiment, fermer ou ouvrir portes et fenêtres, balayer le préau couvert après chaque récréation, établir des courants d'air dans chaque classe quand les écoliers les quittent, nettoyer les lavabos et les closets, etc., etc... Le rôle de ce gardien est indispensable pour l'usage des appareils en question, car toute l'économie du système repose sur la mise en mouvement d'un mécanisme mis hors de l'atteinte de la main des enfants.

Les cabinets (fig. 18) ont en moyenne 0^m,60 de large sur 1 mètre de long : au fond se trouve un siége en bois garni de

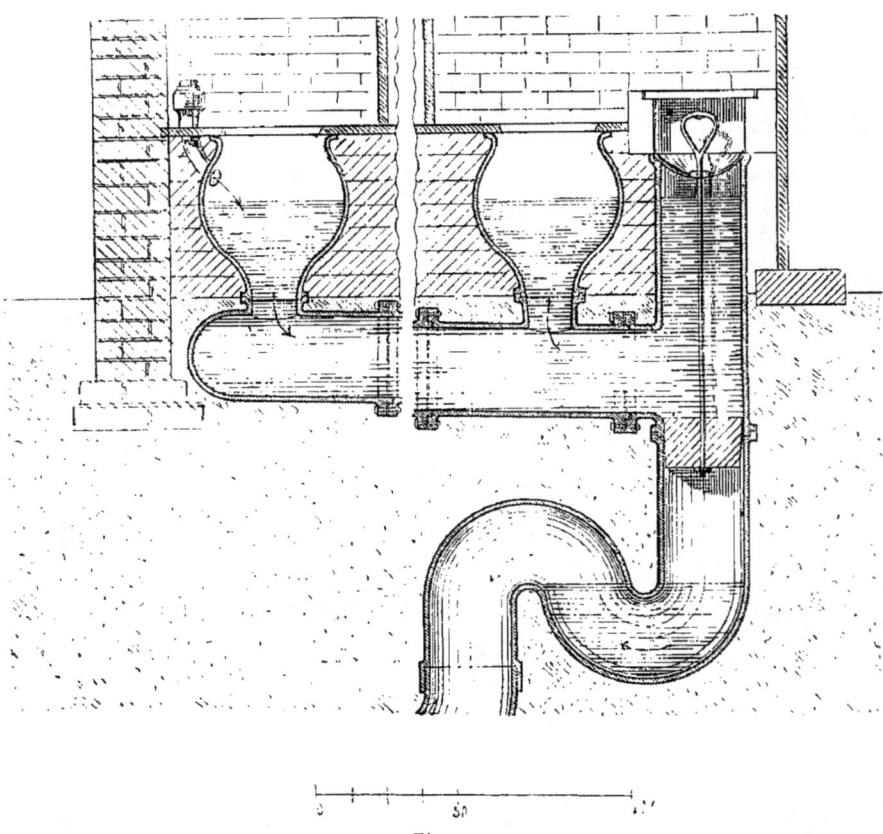

Fig. 19.

cuvettes en faïence; à l'une des extrémités se trouve le tuyau de conduite de l'eau qui arrive en abondance (fig. 19); cette eau se répand dans la cuvette où elle atteint une certaine hauteur fixée au moyen d'un repère; elle remplit en même temps un réservoir horizontal et une colonne verticale fermés par une soupape. Une fois la quantité d'eau nécessaire arrivée dans les cuvettes, le gardien ferme le robinet et l'appareil est

Fig. 20.

prêt à fonctionner; quand il a été utilisé (au bout d'un temps plus ou moins long et qui varie suivant les heures d'étude ou de récréation), le gardien revient, lève la soupape du conduit vertical placé à l'autre extrémité

de la ligne des cabinets, et la force de l'impulsion de
l'eau entraîne toutes les matières déposées dans les cuvettes (fig. 20); cette force est suffisante, du reste, pour

Fig. 21.

faire dépasser aux eaux malpropres le coude d'un siphon
rempli d'eau (fig. 19 et 21) qui se renouvelle à chaque opération et qui faisant complète obturation empêche par

conséquent les odeurs malsaines de la fosse de refluer à l'extérieur.

Cette disposition est simple et ingénieuse, elle ne demande pour être mise en pratique qu'un peu de soin et de surveillance; elle a obtenu un très-grand succès dans les écoles modernes de Londres où elle a été installée [1].

Quant aux urinoirs, mis à l'abri des chocs violents et des accidents auxquels ils sont exposés quand ils se trouvent au milieu d'une cour de récréation, ils peuvent sans inconvénient se composer d'une cuvette en faïence (fig. 22) : un filet d'eau les lave constamment et ils sont en outre plusieurs fois par jour nettoyés avec un liquide désinfectant.

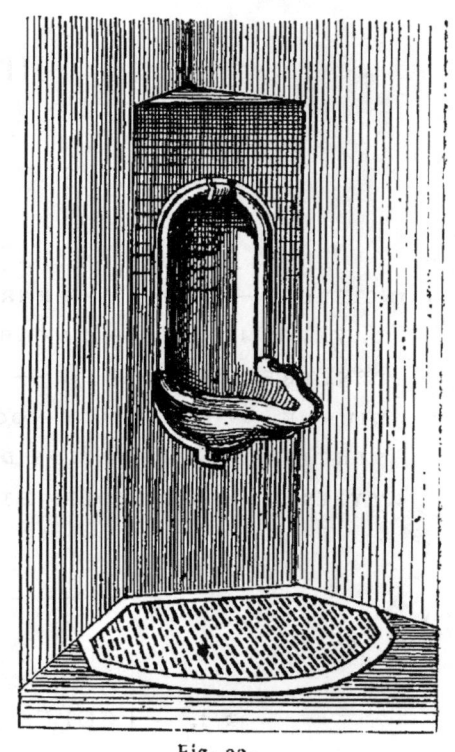

Fig. 22.

[1]. M. R. P. Spiers, architecte.

III

SERVICES INTÉRIEURS

CONCIERGE. — GARDIEN. — PARLOIR. — PRÉAU COUVERT. — LAVABOS ISOLÉS. — LAVABOS ADOSSÉS. — CLASSES. — FENÊTRES. — PORTES. — ESCALIERS. — ÉCLAIRAGE DIURNE. — ÉCLAIRAGE NOCTURNE. — CHAUFFAGE. — VENTILATION. — SALLES DE DESSIN. — OUVROIRS. — TYPES DIVERS D'ÉCOLES ET DE GROUPES.

---

§ I. — ÉCOLES FRANÇAISES.

Afin de fixer plus facilement les idées et d'avoir une base certaine comme point de départ des explications nécessaires, nous allons successivement passer en revue quelques plans de maisons d'école de ville ou de campagne que nous étudierons d'abord en détail dans toutes leurs parties et ensuite dans leur ensemble général.

Le plan (fig. 23) est celui d'une école de grande ville destinée à recevoir 500 enfants; elle est élevée en bordure d'une voie publique et se relie en arrière à d'autres bâtiments, destinés à recevoir une école de filles

SERVICES INTÉRIEURS.

et un asile, et dont l'ensemble forme un groupe scolaire complet.

CONCIERGE.

Le premier service qu'on rencontre dans une école est celui du concierge. Il doit naturellement être placé près de

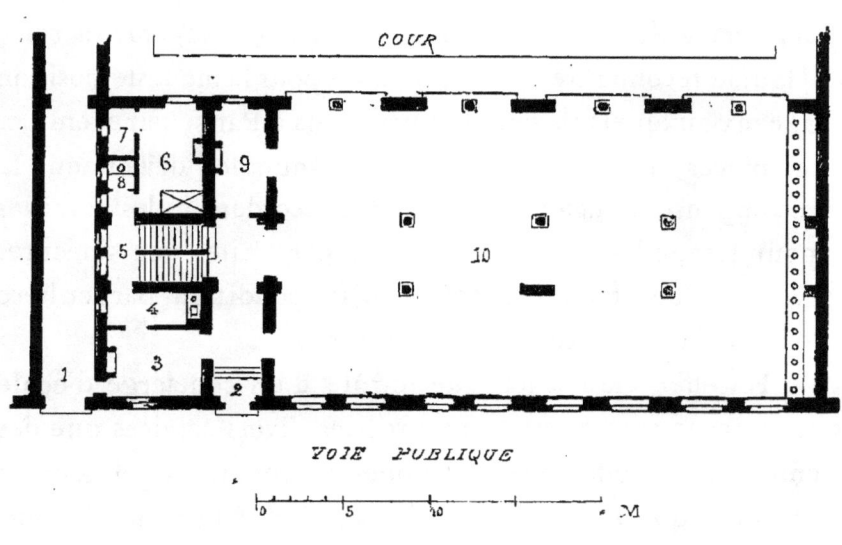

Fig. 23.

1. Entrée de l'asile et de l'école des filles.
2. Entrée des garçons.
3. Concierge ; loge.
4. — cuisine.
5. — passage.
6. Concierge ; chambre à coucher.
7. — cabinet.
8. — privés.
9. Parloir.
10. Préau couvert.

la porte d'entrée ; si l'école est un groupe comprenant divers bâtiments, il faut que de sa loge le concierge puisse surveiller le passage commun en même temps que l'entrée spéciale du bâtiment qu'il occupe. La figure 23 indique une des dispositions les plus fréquemment adoptées en pareil cas ; la loge 3 du concierge est placée entre le passage commun 1 et l'entrée particulière 2 ; quant au logement proprement dit, il comprend, outre la loge, une petite cuisine 4 éclairée sur le passage, une chambre à coucher 6 à laquelle on parvient au besoin en passant sous le palier de repos de l'escalier auquel est donnée une hauteur suffisante ($2^m,50$) pour rendre facile cette communication ; à cette chambre sont joints un cabinet 7 et des privés 8, ces derniers aérés et éclairés sur le passage. Ces logements sont, il faut le reconnaître, bien importants pour la modeste position de ceux auxquels ils sont destinés, mais à Paris, par exemple, les places de concierge d'écoles communales deviennent la récompense d'anciens services et s'accordent à des familles pour lesquelles elles constituent une retraite, une sinécure. Il faut donc tenir compte de cette condition particulière tout en la déplorant à juste titre.

En effet, c'est à tort que le rôle d'un concierge d'école est regardé comme une sinécure ; les divers services que des employés de cette sorte sont appelés à rendre exigeraient au contraire qu'ils fussent choisis parmi des hommes jeunes, valides, actifs et donnant tout leur temps à l'administration qui les paye. Il faudrait que le concierge, outre la surveillance de la porte (assurée le plus souvent par sa femme), fût chargé d'entretenir la propreté générale de l'établissement, nettoyât, et cela plusieurs fois par jour, les cours, escaliers, préaux couverts, et classes, visitât les lavabos, les privés, ouvrît les fenêtres des classes, aussitôt après le départ des élèves, les fermât avant leur rentrée, allumât et éteignît les poêles. Cette tâche multiple est confiée à plusieurs mains ; elle est remplie avec négligence et presque toujours d'une façon irrégulière, le plus souvent insuffisante, quelquefois par les élèves eux-mêmes.

PARLOIR.

Le parloir est la pièce dans laquelle le directeur ou les professeurs reçoivent les parents des élèves, inscrivent les noms des nouveaux venus, écoutent les réclamations qui leur sont adressées, et appellent les enfants auxquels ils ont une réprimande à adresser. Cette pièce 9 (fig. 23) doit être indépendante, se trouver près de l'entrée et en communication directe avec le préau couvert. Sa surface peut sans inconvénient être restreinte; presque toujours 10 mètres carrés suffiront amplement.

PRÉAU COUVERT.

Le préau couvert a remplacé, sans toutefois complétement changer de distination, l'ancienne salle de récréation consacrée aux ébats des enfants les jours où le mauvais temps les empêchait de sortir. Le préau n'est plus seulement une salle de jeux, c'est à la fois un vestibule, un vestiaire, une salle de propreté et même un réfectoire : satisfaire à ces diverses exigences est difficile, et pour qu'il remplisse convenablement des rôles aussi variés, le préau demande à être étudié d'une façon toute spéciale.

Il faut d'abord que le préau soit au rez-de-chaussée et qu'il ait une surface égale à celle de toutes les classes réunies ; or, comme ces classes sont dans la plupart des cas établies à plusieurs étages, qu'une partie du rez-de-chaussée est occupée par le parloir, le logement du concierge, etc., il faut, pour donner au préau la surface voulue, lui ajouter une annexe qui, bien que reliée au bâtiment principal, en soit indépendante et ne monte pas aux étages supérieurs. Une disposition très-heureuse, adoptée en pareil cas, consiste à placer cet excédant de largeur dans la partie du bâtiment en bordure de la voie publique : la façade en se retraitant aux étages supérieurs laisse un espace vide qui contribue à isoler les classes du bruit et du mouvement de la rue (fig. 23).

Quand il existe un escalier spécial pour les classes et que les logements en possèdent un distinct, cet escalier des classes est souvent placé dans le préau et contribue à lui donner l'apparence d'un vestibule. C'est dans le préau que les enfants pénètrent tout d'abord le matin en arrivant à l'école, c'est là qu'ils déposent leur manteau et leur casquette ; des patères sont à cet effet scellées dans le mur, et des rayons placés au-dessus reçoivent les paniers ; un des maîtres s'assure de l'état de propreté du visage et des mains des enfants à leur arrivée, il les fait passer devant le lavabo sur lequel ils trouvent eau, savon, éponge et serviettes. Cette opération préliminaire accomplie, le préau reste vide, car il ne doit jamais être habité aux heures de récréation quand le temps rend possible les jeux à l'extérieur. Aux heures de repas, le préau se convertit en réfectoire, il est dans ce but muni de bancs et de tables. A ce sujet, on a plusieurs fois soulevé la question de savoir si le préau devait être chauffé et fermé sur ses deux faces ou bien être clos seulement sur une face et rester libre sur l'autre. Cette dernière disposition est la plus favorable à la propreté et à la salubrité, mais elle a des conséquences bien rigoureuses pour de jeunes enfants obligés pendant l'hiver de prendre un repas souvent peu réconfortant dans une grande salle froide et ouverte à tous les vents. La ville de Paris a récemment proposé[1] d'adopter pour les préaux une clôture mobile placée aux ouvertures d'une des faces. Cette clôture mobile serait installée pendant l'hiver et supprimée pendant l'été ; on pourrait, il semble, arriver plus facilement au même résultat en chargeant le concierge d'ouvrir les portes des grandes faces donnant sur la cour quand il fait chaud, et de les fermer quand il fait froid ; cette combinaison éviterait les embarras et les dépenses inhérents au montage et démontage de boiseries, vitres, etc., faciles à briser.

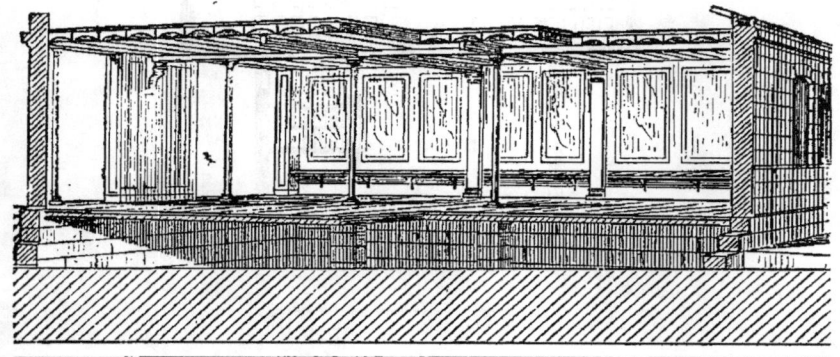

Fig. 24.

Il faut que le préau offre une surface parfaitement libre et un grand espace vide, régulier, sans retraites ni saillies pouvant gêner la surveillance ; ainsi, les points d'appui doivent avoir le moins d'importance possible et ne présenter que les dimensions strictement nécessaires : c'est pour cela que les colonnes en fonte, quand les piles en pierre ne sont pas indispensables pour relier des murs entre eux, rendent en pareil cas de très-sérieux services (fig. 24).

Les préaux des écoles rurales sont disposés d'une façon plus simple ; ils ont rarement une surface aussi grande que

1. Conseil municipal de Paris, séances d'avril 1875.

celle que nous avons indiquée, parce qu'ils ne servent guère que de vestiaires ; ils sont à cet effet toujours placés près de l'entrée de la classe dont ils forment une dépendance (fig. 25); ils doivent dans tous les cas être très-aérés, facilement ventilés, afin d'éviter que les odeurs des vêtements

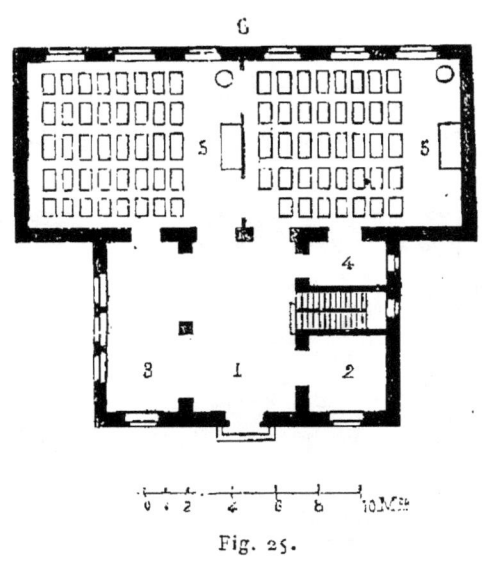

Fig. 25.

1. Vestibule.
2. Parloir.
3. Vestiaire.
4. Cabinet du maître.
5. Classe pour 88 élèves.
5 bis. Classe pour 86 élèves.
6. Préau découvert.

humides ou malpropres, mélangées aux émanations des provisions contenues dans les paniers, ne deviennent bientôt une cause d'insalubrité. La figure 26 indique les dispositions générales d'un préau de ce genre.

La hauteur du préau, du sol au plafond, doit être de 4 mètres ; on peut cependant, dans les écoles rurales, tolérer une hauteur moindre. Toutes les dispositions de détail applicables aux classes, comme éclairage, aérage, forme des fenêtres, etc., sont également applicables aux préaux.

Le sol doit être en parquet de chêne posé sur bitume, mais par économie on y substitue fréquemment un pavage en asphalte et cette modification n'offre aucun inconvénient.

Les observations qui précèdent supposent un préau établi

Fig. 26.

au rez-de-chaussée; c'est là, en effet, le seul emplacement favorable qu'il convient de lui donner, à moins de circonstances exceptionnelles et d'impossibilité absolue.

LAVABOS.

Les lavabos sont placés dans le préau couvert, le plus souvent à l'une des extrémités, afin d'occuper le moins de place possible; dans ce cas, ils sont adossés à un mur : un réservoir, scellé au-dessus du sol à une hauteur convenable, contient l'eau nécessaire à la consommation d'un jour au moins.

Une cuvette suffit en moyenne au service de vingt enfants; un ou plusieurs robinets font arriver à la fois l'eau dans toutes les cuvettes, ou dans un nombre déterminé d'entre elles, si toutes ne doivent pas être utilisées en même temps; les soins de propreté une fois accomplis, un second robinet ouvre d'un seul coup toutes les soupapes ménagées au fond des cuvettes, et celles-ci se vident en même temps, déversant leur contenu dans un conduit unique placé sous la partie inférieure et par lequel les eaux malpropres sont entraînées au branchement de l'égout extérieur (fig. 27). Munir chaque cuvette d'un robinet d'arrivée et d'un robinet de départ compliquerait la manœuvre et multiplierait les chances d'accident en laissant les appareils à la libre disposition d'enfants souvent maladroits et toujours peu soigneux.

Fig. 27.

On remplace parfois, surtout dans les salles d'asile, les lavabos adossés par des lavabos isolés, placés au milieu des

SERVICES INTÉRIEURS.

préaux; mais cette disposition offre l'inconvénient de gêner la circulation et de nuire à la surveillance. Les lavabos de ce genre se composent (fig. 28) d'un socle assez haut, circulaire ou à pans coupés, contenant 8 à 10 cuvettes; le réservoir est placé au centre et domine l'appareil; un système analogue au

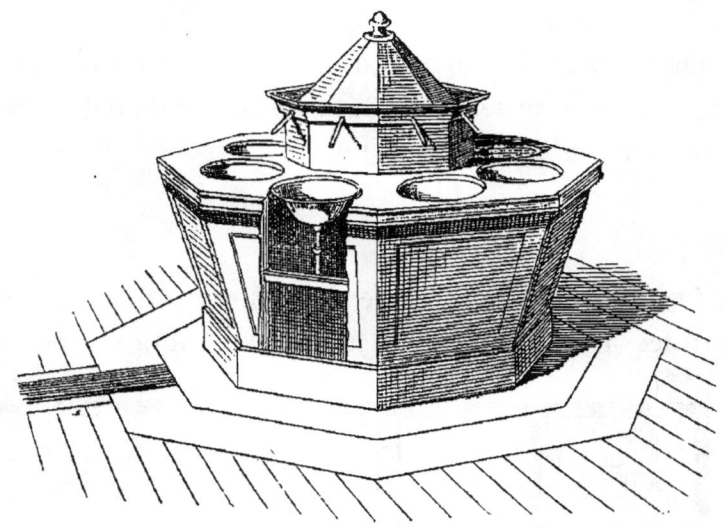

Fig 28.

précédent fait arriver l'eau en quantité suffisante dans toutes les cuvettes à la fois et la retire de même en soulevant une soupape placée au fond[1]; cette disposition donnée aux lavabos les convertit en meubles d'apparence confortable, mais dans lesquels les assemblages de bois rendent l'entretien de la propreté moins simple et moins facile que dans le système précédent.

PROPORTION DU NOMBRE D'ÉLÈVES PAR RAPPORT A LA POPULATION.

Le nombre des enfants en âge de fréquenter l'école est

[1]. M. Uchard, architecte.

120   LES ÉCOLES PUBLIQUES.

naturellement en proportion avec le chiffre de la population du quartier, de la commune ou du hameau dans lequel elle doit se trouver. On admet que les deux dixièmes de la population représentent le nombre d'enfants en âge de fréquenter l'école : le nombre des garçons est un peu supérieur à celui des filles.

Dans les écoles mixtes, c'est donc le total de ces deux dixièmes qui doit servir de base pour le calcul de la population scolaire d'une commune.

CLASSES.

Les classes doivent être isolées et indépendantes les unes des autres; il ne faut jamais être obligé d'en traver-

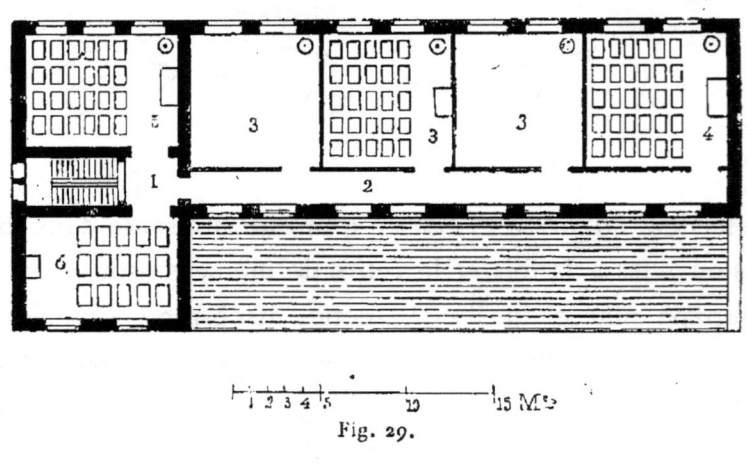

Fig. 29.

1. Palier.
2. Galerie de dégagement des classes.
3. Classes pour 50 élèves.
4. Classe pour 60 élèves.
5. — 48 —
6. — 30 —

ser une pour arriver aux suivantes : une galerie de dégagement (fig. 29) est donc nécessaire. Cette galerie sert, en outre, à placer les enfants en ordre avant de les faire entrer dans les classes ou après qu'ils en sont sortis, et à éviter ainsi dans les salles toutes causes de trouble et de dérangement.

Une classe doit offrir environ $0^m,80$ ou 1 mètre de surface libre par enfant, compris les passages, l'emplacement des bancs-tables et bureau du maître; mais il faut se garder de tenir compte de cette seule condition, pour calculer la surface d'une classe : ce serait se ménager sûrement de sérieux mécomptes pour le moment où elle devra être habitée. La disposition des portes, des fenêtres, du poêle ou de la cheminée, les passages et surtout l'emplacement des bancs doivent être calculés, indiqués à l'avance et servir de point de départ pour déterminer les dimensions et la forme de la classe. On comprend, en effet, que, suivant la position donnée à une porte, à une fenêtre ou à une cheminée, une pièce de dimension restreinte peut être plus facilement utilisable que telle autre plus vaste, mais dans laquelle on n'a pas songé à tenir compte des meubles qu'elle devait contenir. Il ne faut pas non plus qu'une classe soit trop vaste, d'abord pour éviter la place perdue, ensuite parce que le maître se consume dans ce cas en efforts infructueux et pénibles pour se faire entendre et que, répartis sur un trop grand nombre d'enfants, sa surveillance et ses soins deviennent insuffisants, malgré sa bonne volonté, et l'empêchent d'atteindre le résultat espéré.

LA CLASSE. — SA SURFACE. — SA FORME.

Nous avons dit que la surface de la classe devait offrir environ $0^m,80$ ou 1 mètre carré par enfant; ce premier élément, qui sert de point de départ pour le calcul des surfaces générales, se complète en tenant compte du nombre et de la disposition des bancs par suite desquels on arrive facilement à déterminer d'une façon précise la dimension en longueur et en largeur à donner à chaque salle.

Les classes trop nombreuses sont mauvaises. Il ne faudrait jamais qu'elles continssent plus de 20 élèves, mais malheureusement, au contraire, le plus souvent les classes des écoles actuelles contiennent soixante ou quatre-vingts

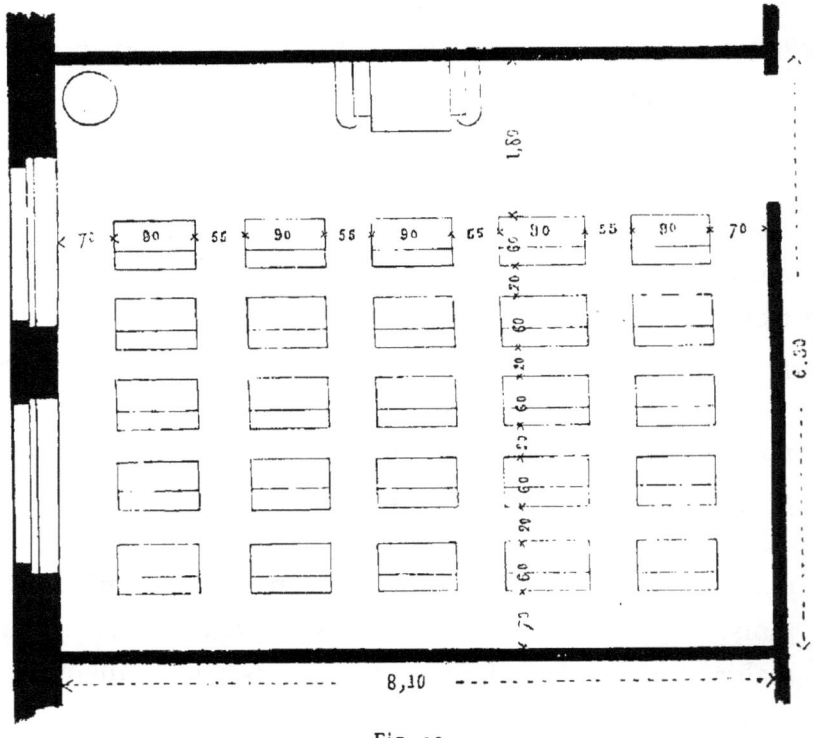

Fig. 30.

élèves et les classes de quarante ou cinquante sont l'exception. Une telle agglomération est fâcheuse à tous égards : la surveillance devient impossible et l'enseignement ne peut plus, dans de telles conditions, avoir lieu d'une façon utile et réellement profitable. Toutefois, nous ne pouvons pratiquement indiquer les meilleures dispositions à donner à une classe qu'en prenant pour terme de comparaison un type semblable à ceux d'une application constante parmi nous ; c'est donc une classe contenant 50 élèves, moyenne déjà de beaucoup trop grande, que nous allons décrire (fig. 30).

Bien que les bancs le plus en usage soient des bancs à 3, 4 et 5 places, nous admettrons que, se conformant à une amélioration impérieusement réclamée, la classe dont nous nous occupons ne contient que des bancs à deux places seulement ; une ligne de dix élèves n'est pas trop grande pour pouvoir être surveillée par le regard du maître, et la longueur de bancs nécessaires sera de $4^m,50$, chaque enfant occupant, assis à table, $0^m,45$; puis, comme il faut entre chaque banc un passage de $0^m,60$ ou $0^m,55$ au moins, et à chaque extrémité un autre passage de $0^m,70$, nous aurons :

5 bancs à $0^m,90 = 4^m,50 + 2$ passages extrêmes de $0^m,70 = 1^m,40 + 4$ passages intermédiaires à $0^m,55 = 2^m,20$

Soit :

$$4^m,50 + 1^m,40 + 2^m,20 = 8^m,10$$

comme dimension nécessaire en largeur à la classe.

La longueur s'obtient de la même façon. Un passage de $0^m,70$ doit être réservé à l'extrémité ; chaque banc a en profondeur $0^m,60$ et $0^m,20$ d'intervalle entre chaque ligne successive ; cet intervalle ne sert pas de passage, et toute la circulation se fait par les intervalles latéraux. Chaque ligne de bancs contenant 10 places, il faut 5 lignes pour loger les 50 élèves ; de plus, il faut réserver en tête de la classe $1^m,80$ ou 2 mètres pour l'emplacement de l'estrade, pour le poêle et les mouvements de la porte d'entrée ; nous aurons :

Passage extrême $0^m,70$ + 5 bancs à $0^m,60$ = 3 mètres
+ 4 intervalles entre les bancs de chacun $0^m,20$ = $0^m,80$
+ espace réservé = $1^m,80$,
soit : $0^m,70 + 3^m,00 + 0^m,80 + 1^m,80 = 6^m,30$

comme dimension nécessaire en longueur à la salle.

Or, $6^m,30$ de longueur multiplié par $8^m,10$ de largeur donnent 51 mètres de surface, ce qui établit une parfaite concordance entre les deux procédés employés, afin d'obtenir d'abord la surface de la salle (en la calculant par le nombre d'élèves multiplié par 1 mètre), ensuite les dimensions à lui donner en longueur et en largeur.

Il faut remarquer, en outre (car on ne saurait trop insister sur cette grave question), que l'espace libre ménagé en avant des bancs pour recevoir l'estrade du maître facilite le développement de la porte d'entrée et celui de la porte de communication entre deux classes, porte nécessaire à la surveillance du directeur; cet espace laisse également libre la place du calorifère destiné au chauffage et à la ventilation et permet aux enfants d'entrer, de gagner leur banc ou de sortir sans encombre et sans embarras. La proportion donnée ainsi à la classe est commode pour l'enseignement du maître, rend plus facile sa surveillance, ses élèves ne sont ni trop près ni trop loin de lui, il peut les voir et se faire entendre sans efforts et sans fatigue.

La figure 31 représente l'intérieur d'une classe contenant 45 élèves, assis sur trois bancs de face chacun de 3 places.

Quant aux mécomptes dont nous parlions en commen-

Fig. 31.

çant et qui sont le résultat de précautions ou d'études insuffisantes, on peut juger de leur importance par ce seul fait que, en prenant des données équivalentes à celles de la classe précédente, une salle de 6^m,80 × 7^m,50, par exemple, ayant par conséquent 51 mètres de surface, c'est-à-dire une surface supérieure à celle nécessaire, ne pourrait contenir que 20 bancs à deux places, c'est-à-dire 40 élèves.

Dans le calcul de l'emplacement des bancs il faut toujours avoir soin de supposer un rang de bancs dans l'axe de l'estrade et ne pas y laisser un passage, car cette partie de la salle étant celle où la surveillance du maître s'exerce naturellement de la façon la plus active, il serait fâcheux que cette surveillance s'exerçât dans le vide.

SOL.

Le sol des classes, quand elles ne sont pas situées au rez-de-chaussée, et que par économie ou tout autre motif il est impossible de creuser des caves en dessous, doit être surélevé de 1 mètre ou 0^m,80 au-dessus du sol extérieur et établi en matériaux propres à en assurer la parfaite salubrité. Le sol des classes, qu'elles soient établies au rez-de-chaussée ou au premier étage, doit toujours être en parquet de chêne : le sapin s'use trop vite et fait trop de poussière, les carreaux en terre cuite ou en ciment sont froids et humides, adhèrent mal à la surface des planches et nécessitent de fréquentes réparations. Un parquet en chêne, au contraire, enduit d'une préparation à base de caoutchouc[1], reste facilement propre et acquiert une durée presque illimitée.

1. Le kamptulicon, employé dans les salles de la banque d'Angleterre, dans celles du musée britannique, etc...

PLAFONDS.

Les plafonds doivent être unis. Les ondulations formées par la succession de petites voûtes construites entre les solives d'un plancher en fer peuvent, en pareil cas, être considérées comme une surface unie, car elles ne sont pas assez accentuées pour offrir un abri à la poussière ou aux insectes ; mais les plafonds bombés, les voûtes ogivales ou en plein cintre sont prohibés à cause des difficultés qu'ils présentent pour être convenablement aérés par un courant d'air dans leur partie supérieure. Les corniches, moulures ou décorations quelconques appliquées sur les plafonds, au centre ou au pourtour, sont d'abord une dépense parfaitement inutile, ensuite une cause de malpropreté et une sujétion d'entretien qu'à tous les points de vue il est préférable d'éviter. Les plafonds des classes n'ont pas besoin d'être blancs, ils peuvent être légèrement teintés, mais toujours rester clairs.

PLANCHERS.

Suivant les contrées dans lesquelles s'élève l'école et suivant la nature des matériaux mis à la disposition de l'architecte, les planchers peuvent indifféremment être construits en bois ou en fer, pourvu qu'ils aient la force et la solidité nécessaires et ne permettent pas au bruit de se propager d'un étage à l'autre.

Les planchers en fer offrent sur ceux en bois l'avantage considérable de faciliter les grandes portées, en permettant la suppression, sinon totale, du moins partielle des points d'appui intermédiaires. Quand ces points d'appui sont indispensables, ce qui arrive fréquemment, il faut les loger soit dans les cloisons, soit, si on ne peut faire mieux, au milieu des passages ménagés entre les bancs des élèves, de façon à gêner le moins possible la circulation et la surveillance des maîtres. Les colonnes en fonte sont heureusement employées en pareille circonstance. On peut toutefois suppléer d'une façon absolue aux points d'appui intermédiaires en adoptant un système de bielles formant liens, scellées dans les murs et soulageant la portée des poutres sur lesquelles reposent les solives. Ce système excellent a été adopté dans diverses écoles de Paris[1], mais il donne lieu, à cause des soins qu'il importe de donner aux assemblages, à un chiffre de dépenses trop élevé pour qu'il puisse être d'un emploi fréquent.

PEINTURE DES MURS.

Les parties de murs et de cloisons laissées libres entre les fenêtres et les portes offrent de grandes surfaces, faciles à utiliser pour l'instruction des enfants ; au lieu de recouvrir ces surfaces de tons unis ou décorés avec plus ou moins de bonheur, il est facile d'y tracer des cartes géographiques[2]; le contour, les divisions, la forme des diverses contrées, ainsi constamment placées sous les yeux des enfants, se gravent dans leur esprit sans fatigue et sans travail. Aux cartes géographiques on peut, suivant la destination des classes, substituer l'inscription de préceptes de morale, des indications usuelles, la représentation d'objets que leur grande dimension permet

---

1. M. Cordier, architecte.
2. La plupart des écoles d'Allemagne sont décorées de cette façon.

aux enfants de comprendre et d'étudier dans toutes leurs parties plus facilement que sur les dessins ordinairement petits d'échelle mis à leur disposition. C'est ainsi qu'on peut dessiner sur les murs : une locomotive, un bateau à vapeur, un gazomètre, une charrue, etc...; la coupe d'un puits de mine, d'un haut fourneau, d'un four à porcelaines, d'une maison, toutes choses usuelles, pratiques, dont l'enfant entendra constamment parler plus tard autour de lui dans la vie, au milieu desquelles il vivra peut-être et dont il saura bien mieux saisir le côté utile, le but pratique, quand il aura, dès son jeune âge, été familiarisé avec leur représentation figurée. Cette reproduction d'objets connus, mais dont l'enfant ne comprend souvent ni la disposition ni la construction, frappe son esprit, le force à réfléchir et à raisonner.

Ces peintures doivent être simplement faites; les complications en rendraient dans la plupart des cas l'intelligence moins facile et seraient l'occasion d'une dépense qui souvent en ferait repousser l'application.

Le conseil municipal de Paris, très-préoccupé de tout ce qui touche aux questions scolaires, s'est montré fort disposé à entrer dans cette voie, et l'une de ses commissions[1] a demandé que les murs des écoles, au lieu de rester froids et nus, fussent recouverts de peintures historiques, de scènes familières.

« Pourquoi dans toutes les nouvelles mairies, où les murs à décorer ne manquent pas, pourquoi dans nos écoles n'appelle-t-on pas des artistes en leur désignant des sujets propres à élever les esprits, retraçant les scènes de notre

---

1. Séance du 2 août 1875, M. Viollet-le-Duc, rapporteur.

histoire municipale ou des exemples faciles à saisir, des faits qui se graveraient dans les esprits et y laisseraient une saine empreinte?

« Dans nos écoles, nos meilleurs artistes seraient heureux de tracer des frises, ne fût-ce que de simples silhouettes qui mettraient sans cesse sous les yeux des enfants des scènes de famille, des fables, des moralités faciles à comprendre et qui laisseraient certainement dans leur esprit une empreinte durable, tant au point de vue du goût qu'au point de vue de l'exemple présenté. »

FENÊTRES.

Les dispositions données aux fenêtres des classes ne sont pas sans influence sur la salubrité de la salle et la santé des élèves. C'est, en définitive, par les fenêtres que se fait non-seulement l'éclairage des salles, mais encore l'aération la plus constante, la plus efficace et la plus effective. Dans nos écoles françaises, aucune étude n'a cependant encore été dirigée de ce côté et aucun des moyens employés n'a donné de résultats satisfaisants qui soient de nature à indiquer la voie dans laquelle il serait sage d'entrer à ce sujet.

Les fenêtres des écoles sont souvent les simples fenêtres ordinaires en usage dans les maisons d'habitation, s'ouvrant toutes grandes, laissant directement arriver à la fois une énorme masse d'air sur la tête des enfants, quand elles sont ouvertes, et les privant de tout renouvellement d'air extérieur quand elles sont fermées. On a essayé d'un système à bascule (fig. 32) qui constituait une amélioration dans laquelle l'air extérieur, dirigé en haut, ne gênait pas les enfants à son entrée dans la salle et balayait les miasmes de l'atmosphère; mais il exigeait des fenêtres de petites dimensions et par suite ne rendait pas les services qu'on était en droit d'attendre ; de plus la manœuvre était difficile, l'appareil, sujet à des dérangements, rendait les réparations fréquentes. On

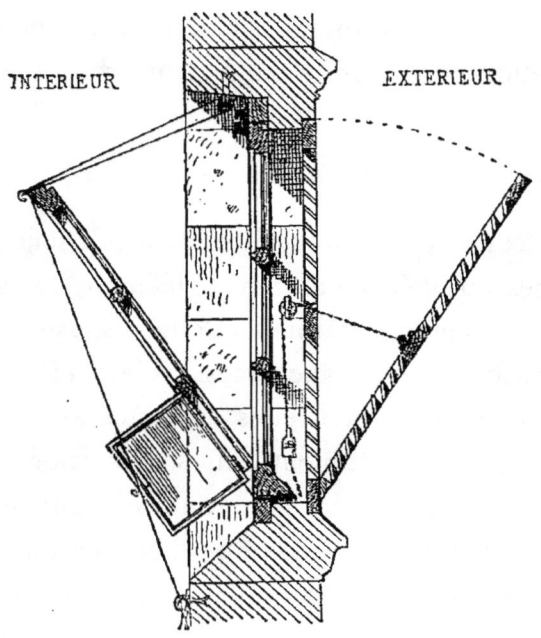

Fig. 32.

a aussi essayé de châssis mobiles autour d'un axe placé à leur milieu, la partie inférieure s'élevant quand la partie supérieure s'abaissait, combinaison qui évidemment ne remédiait à aucun des inconvénients signalés. Le système actuellement le plus en usage consiste à rendre fixe la partie inférieure de la fenêtre jusqu'à l'imposte placée aux deux tiers de la hauteur environ, et à laisser mobile la partie supérieure, ouverte soit par des battants, soit par des vasistas ; ce système consiste donc tout simplement à placer une petite fenêtre dans une grande et ne présente aucun avantage sérieux sur tout ce qui a été fait jusqu'à ce jour.

Nous verrons un peu plus loin, dans les écoles anglaises, la description d'un système d'une application facile au moyen duquel on remédierait aux inconvénients signalés et dont l'emploi constituerait sinon la perfection, du moins une amélioration inconstestable et un progrès sensible.

PERSIENNES. — VOLETS.

Les écoles de certaines villes du Midi sont pourvues de persiennes ou volets destinés à défendre les salles contre l'ardeur des rayons du soleil. Cette disposition est surtout avantageuse dans les anciennes écoles : elle perd de son importance dans les nouvelles où, grâce aux soins apportés à l'orientation des bâtiments, ils sont rarement exposés au plein midi. L'emploi des persiennes ne peut donc présenter d'utilité sérieuse et positive que dans certains cas, formant l'exception, et presque toujours il est préférable de laisser la lumière arriver dans les salles sans gêne et sans autre obstacle qu'un rideau vert, si elle est trop vive.

Dans les parties très-exposées au soleil, on a cependant parfois installé avec succès des jalousies extérieures ou, ce qui est bien préférable, des stores intérieurs placés comme dans les écoles autrichiennes à la partie inférieure de la fenêtre, et qui, mus par un ressort mécanique analogue à celui en usage dans les wagons de chemins de fer, montent au lieu de descendre et laissent une ouverture plus ou moins grande suivant les nécessités du moment.

Cette disposition, très-ingénieuse, non-seulement atténue

la lumière quand elle est trop vive, mais la force à arriver de haut et par suite lui fait éclairer la partie supérieure de la classe d'où elle se distribue d'une façon utile et profitable au travail des élèves.

PORTES.

L'emplacement des portes a, nous l'avons dit en commençant, une grande importance pour la bonne installation des classes et de leur mobilier. Suivant la place qu'elles occupent, le nombre de bancs peut se trouver augmenté ou diminué et la circulation est plus ou moins facile. Il faut autant que possible ouvrir la porte principale d'entrée en tête de la classe, c'est-à-dire dans l'espace destiné à recevoir l'estrade du maître et où les enfants peuvent rompre et reformer leurs rangs; il est également prescrit d'ouvrir une porte dans la cloison de séparation élevée entre les classes, afin de faciliter la surveillance du directeur en lui permettant de passer rapidement d'une classe dans l'autre. Cette porte est également utile, quand, par suite d'une cause fortuite, un même maître est momentanément chargé de la direction de deux classes.

Ces portes n'ont pas besoin d'être d'une très-grande largeur : la dimension ordinaire de $0^m,80$ à 1 mètre suffit au passage de deux enfants. Les portes à deux vantaux se manœuvrent moins facilement que les portes à un vantail, et il faut les ouvrir toutes grandes pour arriver à obtenir la largeur nécessaire. Les portes du préau, celles de la cage d'escalier et des services généraux, ont besoin d'une largeur supérieure à 1 mètre; il faut donc leur donner la plus grande ouverture possible, puisqu'à certains moments elles livrent passage à un grand nombre d'enfants, se poussant en tumulte les uns contre les autres.

La fermeture de ces portes se fait de deux façons, soit par le système de paumelles ordinaires jouant sur des gonds, soit (ce qui, pour les portes des classes, par exemple, paraît

Fig. 33.

préférable) au moyen de galets sur lesquels la porte glisse latéralement (fig. 33). Ce dernier procédé fait moins de bruit que le premier; il permet aux portes à deux vantaux de s'ouvrir rapidement et de modifier, suivant les besoins du moment, l'écartement des battants; enfin, contrairement à ce qui arrive pour les portes se mouvant sur un axe, il n'est la cause d'aucune perte de place dans les salles.

ESCALIERS.

Les escaliers d'une école dont les classes sont à des

SERVICES INTÉRIEURS. 135

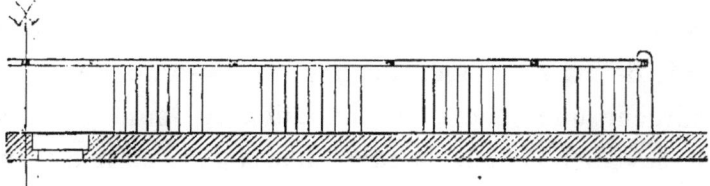

Fig. 34.

Fig. 35.

étages différents remplissent un service important, car ils servent de passage pour l'entrée et la sortie des classes, constituent une gêne à la circulation de jeunes enfants et sont souvent pour eux la cause d'accidents qu'il est indispensable d'éviter au moyen de sages précautions.

Quand l'école n'est élevée que d'un étage au-dessus du rez-de-chaussée et que cet étage est exclusivement consacré aux classes, l'escalier par lequel on y parvient est souvent placé dans le préau; on peut alors lui donner tout le développement désirable, l'établir à deux volées avec un large palier de repos intermédiaire (fig. 34). Une volée de 10 à 15 marches est le nombre maximum; si on le dépassait, on exposerait les enfants à éprouver une sorte de vertige en voyant un trop grand vide ouvert devant eux et ils pourraient, par suite, faire des chutes dangereuses (fig. 35).

Quand l'escalier dessert plusieurs étages, cette disposition n'est plus praticable, et alors l'escalier est simplement placé dans une cage à laquelle on donne les plus grandes dimensions possibles (fig. 36 et 37). Dans tous les cas, les degrés doivent : — avoir 0^m,15, ou au plus 0^m,16 de haut, 0^m,30 de foulée et 1^m,50 de largeur; — monter droit sans revenir sur eux-mêmes par une courbe dans aucune de leurs parties; — présenter des paliers larges sur lesquels le repos est facile; enfin, le noyau intermédiaire entre les volées doit être plein, sans vide

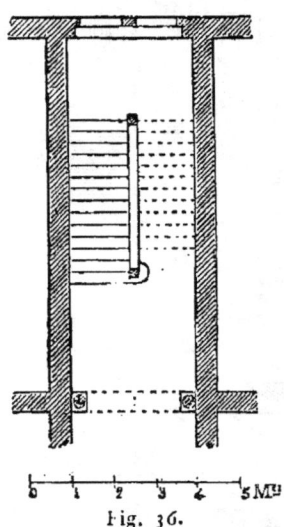
Fig. 36.

sous la main courante, disposition triste et sombre peut-

Fig. 37.

être et que, pour cette raison, on remplace le plus souvent par une rampe en fer ou en bois, dont les axes n'auront pas plus de 0^m,10 ou 0^m,12 de distances. Sur la main courante on scelle, à tous les mètres environ, des boutons saillants en bois ou en métal, destinés à empêcher les enfants de se mettre à cheval sur cette rampe et de la descendre à califourchon.

CLOISONS DE SÉPARATION.

Les cloisons de séparation élevées entre les classes peuvent être en matériaux légers, plâtre, bois et briques tubulaires, et n'avoir que l'épaisseur suffisante pour que le bruit fait dans une pièce ne se propage pas dans la pièce voisine. La partie supérieure de ces cloisons, à partir de 1^m,50 ou 2 mètres au-dessus du sol, est vitrée; du côté du couloir de dégagement, ces châssis vitrés sont mobiles, afin de pouvoir rester ouverts et de laisser ainsi s'établir un courant d'air constant, pendant tout le temps des récréations, moment où les classes restent inoccupées. Ces mêmes châssis vitrés se répètent dans les cloisons séparatives, élevées entre les classes au droit de la chaire de chaque professeur, pour aider ceux-ci à surveiller non-seulement leur propre classe, mais encore la voisine; cette double surveillance, sur laquelle les enfants ne comptent pas, a souvent dans la pratique donné de très-bons résultats.

Il existe encore une autre sorte de cloison en usage dans les écoles, c'est celle admise, en France, dans les écoles mixtes pour séparer d'une façon absolue les enfants des deux sexes. Cette séparation, pratiquée d'une façon aussi complète, n'existe pas en tous pays; dans certaines villes d'Amérique, par exemple, les enfants sont élevés en commun; dans bien des écoles anglaises, les enfants

SERVICES INTÉRIEURS.

jouent tous ensemble, ou sont répartis dans des cours séparées par des claires-voies.

Cette réunion non-seulement n'est pas admise chez nous pendant les heures de récréation, mais, dans les rares écoles rurales ou le même maître enseigne à la fois les filles et les garçons, une boiserie pleine de $1^m,20$ de haut doit séparer les uns des autres. Il semble cependant qu'il est au moins superflu de séparer d'une façon aussi absolue, pendant qu'ils sont sous l'œil du maître, des enfants qui, une fois la classe finie, vont en toute liberté jouer sur les grands chemins.

MURS. — BARBACANES.

Il est indispensable de donner aux murs une épaisseur suffisante pour mettre l'intérieur des bâtiments à l'abri des

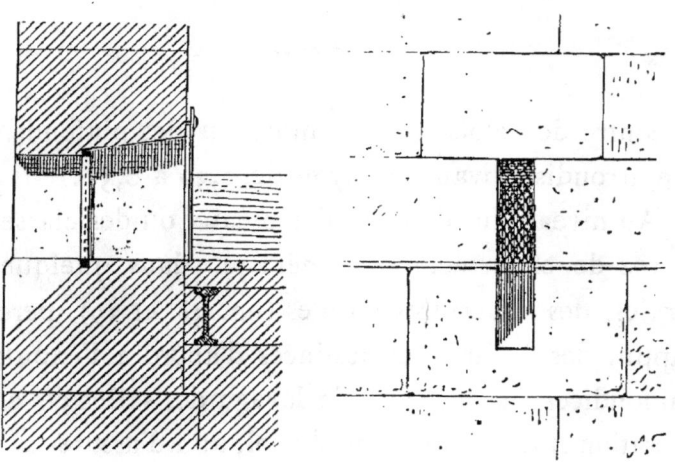

Fig. 38.

brusques variations de la température. Cette épaisseur dépend de la nature des matériaux employés, et, comme ces derniers varient suivant chaque pays, chaque localité, il est impossible d'établir à cet égard de règles fixes et certaines : c'est à l'expérience et au savoir du constructeur qu'il faut avoir recours en pareille circonstance.

Afin de faciliter l'entretien de la propreté et d'éviter l'accumulation de la poussière, les angles formés par la

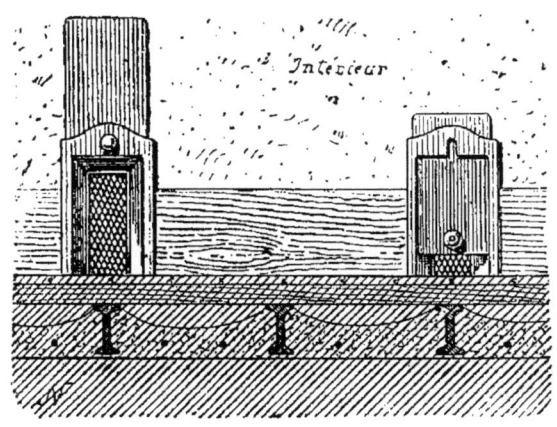

Fig. 39.

rencontre des cloisons, des murs ou des plafonds, doivent être arrondis suivant un rayon de 0,30 à 0,50.

Au niveau du plancher des préaux ou des classes situées au rez-de-chaussée, on a ménagé, dans quelques écoles rurales, des ouvertures étroites (fig. 38 et 39), percées sous l'appui des fenêtres, et destinées d'abord à l'expulsion des immondices ou des eaux de lavage des salles et, ensuite, à l'aération et à la ventilation du sol, afin d'assurer sa prompte siccité quand il a été lavé à grande eau. Ces barbacanes se ferment au moyen d'un mécanisme analogue à celui des bouches de calorifères et constituent un appareil peut-être un peu naïf, mais, cependant, utile en bien des circonstances.

SERVICES INTÉRIEURS. 141

SALLES DE DESSIN.

Les nouvelles écoles de villes comprennent toutes maintenant une salle destinée à l'enseignement du dessin. Ces salles servent non-seulement aux enfants de l'école, mais encore aux adultes qui viennent le soir y travailler sous la direction d'un professeur spécial.

Ces salles doivent donc être assez vastes pour recevoir un nombre d'élèves qui varie suivant l'importance de l'école et le genre d'industrie du quartier ou de la ville elle-même. La figure 40 indique l'emplacement le plus ordinairement assigné à la salle de dessin dans le bâtiment scolaire,

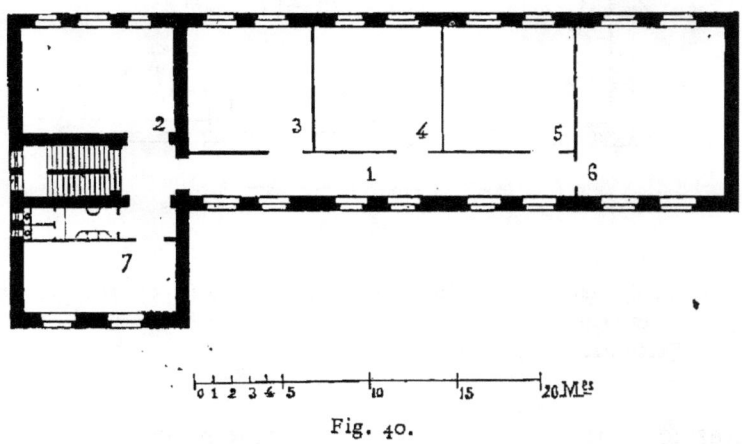

Fig. 40.

1. Galerie des classes.
2. Petite classe.
3. Grandes classes.
4. Id.
5. Grandes classes.
6. Salles de dessin.
7. Dépôt.

et la figure 41 la disposition la plus généralement adoptée pour que les élèves aient une place suffisante, afin de travailler sans se gêner les uns les autres.

L'estrade du modèle vivant ou du modèle ronde bosse

est dressée dans la partie adossée au plus grand panneau, les siéges des dessinateurs se groupent en demi-cercle tout autour, les sellettes des modeleurs viennent ensuite et occupent les intervalles. Le long des murs sont placées les tables des dessinateurs d'aquarelle et de lavis, et, enfin,

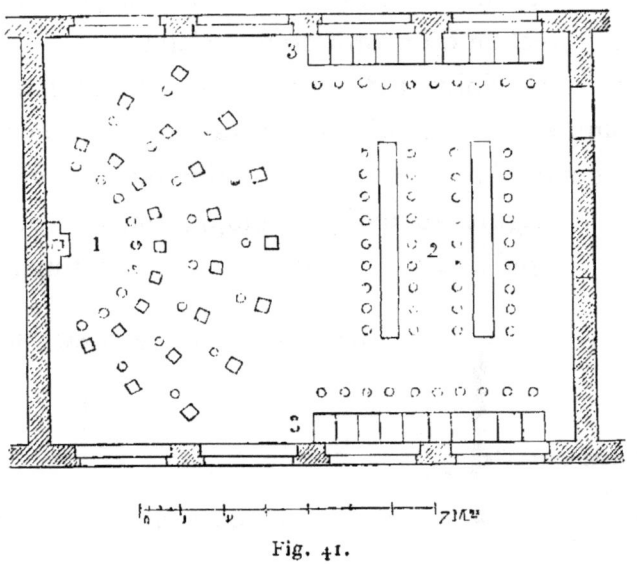

Fig. 41.

1. Dessinateurs d'après nature ou les plâtres.
2. Dessinateurs d'après modèle.
3. Dessinateurs de motifs d'architecture et de lavis.

dans le centre, s'installent les chevalets des élèves copiant un dessin. Nous indiquons au chapitre *Mobilier* la forme et la dimension des divers meubles en usage.

OUVROIRS.

Les ouvroirs sont des salles destinées, dans les écoles de filles, à servir de lieu de réunion pour l'enseignement des ouvrages à l'aiguille et des divers travaux auxquels doivent spécialement se consacrer les femmes. L'importance et l'utilité de cette pièce est donc très-grande ; mais, par malheur, l'ouvroir tend à être remplacé par la salle de dessin : c'est une disposition fâcheuse. Quels que soient en effet les avantages que présente pour les femmes l'enseignement du dessin, il n'a bien souvent pour elles quand il n'est pas donné avec discernement, d'autre résultat que d'en faire de faux artistes et par suite des déclassées (il en existe dans toutes les classes de la société), impropres aux soins du ménage et aux occupations que notre état social leur réserve.

Il faudrait donc développer la création des ouvroirs, varier et augmenter les diverses matières d'enseignement pratique et usuel, et réserver l'initiation aux arts, aux seules jeunes filles douées de dispositions exceptionnelles bien accusées et bien réelles.

Dans tous les cas, les ouvroirs, véritables ateliers de couture, ne sont en définitive qu'une classe semblable aux autres et dont le mobilier se compose d'une grande table centrale, entourée d'un plus ou moins grand nombre de siéges à dossiers.

ÉCLAIRAGE DIURNE ET NOCTURNE.

L'éclairage diurne se fait par les fenêtres ; celles-ci doivent être percées dans un des murs latéraux, de façon à ce que la lumière arrive aux enfants du côté gauche. En effet, la lumière qui arrive à droite porte l'ombre de la main sur la table où est déposé le livre ou le cahier ; celle qui arrive par derrière offre le même inconvénient, mais à un degré plus fort ; celle qui arrive en avant éblouit et fatigue les yeux : celle de gauche est donc la seule favorable. Nous reproduisons plus loin, à propos des écoles anglaises, l'étude faite à ce sujet par le docteur Liebreicht : nous n'entrerons [donc pas ici dans de plus longs développements. Il faut toutefois insister sur les classes éclairées

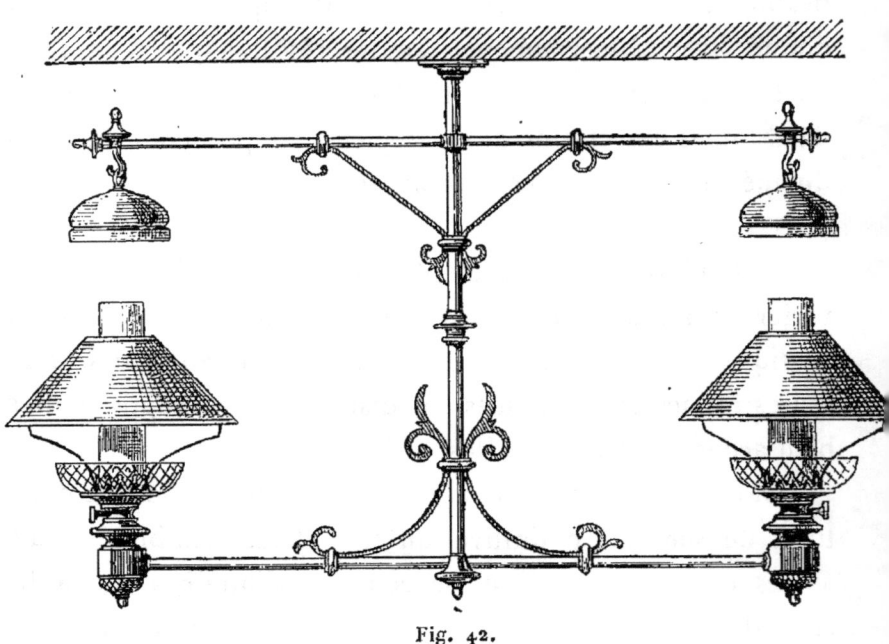

Fig. 42.

par le plafond, pour les proscrire d'une façon absolue ; elles sont sombres, tristes, mal aérées, mal ventilées, et même mal éclairées, car en hiver la neige obstrue les vitres et en été le soleil convertit ces classes en cloches sous lesquelles la température est insupportable.

L'éclairage nocturne doit autant que possible être fait dans le même sens et suivant la même direction que l'éclairage diurne. Quand il ne peut avoir lieu au moyen d'appareils à gaz, il faut employer les huiles végétales, à l'exclusion de toutes huiles minérales qui présentent de graves inconvénients au point de vue des odeurs et des chances d'explosion. Qu'on emploie l'éclairage au gaz ou l'éclairage à l'huile, les appareils les plus simples sont les meilleurs (fig. 42); dans les deux cas, on doit placer de petites corbeilles en treillis métallique autour des tubes de verre, de façon à empêcher, qu'en cas de rupture, les débris de ces tubes ne tombent sur la tête des enfants placés au-dessous.

CHAUFFAGE ET VENTILATION.

Le chauffage et la ventilation sont deux opérations connexes qui se complètent l'une l'autre, qu'il est difficile de séparer, et que, pour ce motif, nous traiterons simultanément.

Cette double question du chauffage et de la ventilation des établissements d'instruction primaire ou secondaire est depuis longtemps l'objet de sérieuses et patientes recherches, mais les résultats obtenus jusqu'à ce jour sont loin d'être concluants d'une façon absolue et ne constituent que des améliorations souvent même très-contestées.

Des savants autorisés ont prétendu que les miasmes par lesquels était viciée l'atmosphère augmentaient son poids et que, par suite, cet air vicié tombait, se rapprochant ainsi du sol; c'était donc dans les parties inférieures d'une salle qu'il s'accumulait et par là qu'il devait être expulsé. Mais d'autres savants, non moins autorisés que les précédents, ont à leur tour prétendu que l'air vicié, étant plus chaud que l'air pur, devait monter au lieu de descendre, qu'il s'accumulait dans les parties hautes et que c'était, par conséquent, au moyen d'orifices ménagés dans le plafond, qu'on devait s'en débarrasser. On comprend combien un accord aussi complet sur le point de départ d'une question doit en rendre la solution prompte et facile !

Les appareils les plus variés, les systèmes les plus ingénieux ont consciencieusement été mis en œuvre pour arriver au même résultat par les moyens les plus opposés : les uns ont percé des ouvertures d'accès au niveau du plafond, des ouvertures de départ au niveau du sol ; les autres ont fait le contraire, et tous, supposant une certaine bonne volonté à l'air atmosphérique, ne lui demandaient que de vouloir bien entrer d'un côté et sortir de l'autre. Quand l'air se prêtait à ce manége, tout allait bien ; mais si, par exemple, l'air rentrait au lieu de sortir à propos, on gelait à l'intérieur et, s'il sortait au lieu de rester, on étouffait.

Un maître auquel nous demandions un jour comment il ventilait sa classe, se contenta d'ouvrir les fenêtres ; cet homme naïf n'était pas aussi loin de la vérité qu'on pourrait le supposer au premier abord. Une classe percée de larges et hautes fenêtres montant jusqu'au plafond, une classe dont les fenêtres seraient ouvertes toutes grandes dès que les élèves se trouveraient absents, une classe qui serait soigneusement balayée, nettoyée, époussetée chaque jour, ne serait jamais malsaine, et, dans les communes rurales où l'installation de certains appareils de chauffage et de ventilation est souvent impossible, les simples précautions que nous venons d'indiquer sont suffisantes.

De grands établissements publics, hôtels, théâtres, etc., ont installé des appareils de ventilation qui consistent à emmagasiner l'air dans des réservoirs, à le comprimer et à le distribuer là où il est nécessaire au moyen d'une canalisation analogue à celle de l'eau et du gaz ; l'air d'une pièce paraît-il vicié, on presse un bouton et instantanément arrive un courant d'air *parfumé*, chaud, froid, sec ou humide suivant les besoins. La dépense d'une installation de cette nature rend son emploi impossible dans une école primaire, et il est hors de propos d'en parler plus longuement.

Dans la plupart des écoles actuelles le chauffage et la ventilation s'opèrent simultanément au moyen d'un poêle-calorifère placé à une extrémité de la classe; le tuyau de fumée en tôle monte verticalement; arrivé à une certaine hauteur, il traverse la salle et va rejoindre la gaîne d'une cheminée divisée en trois compartiments; la fumée arrive dans celui du milieu; les deux autres, échauffés par le contact de la cheminée, font appel et aspirent l'air des parties inférieures, considéré comme vicié; cette triple gaîne s'élève jusqu'au-dessus du comble et peut ainsi avoir un grand tirage; pendant l'été, quand le poêle n'est pas allumé, on supplée à la chaleur absente par un bec de gaz allumé à la place du foyer.

Les inconvénients de ce système sont de gêner par le rayonnement de la chaleur du poêle les enfants qui se trouvent assis auprès, de laisser les autres trop loin du foyer, d'échauffer, grâce au tuyau de fumée, les parties supérieures de la classe et d'établir par suite un courant d'air dans les parties inférieures, résultat tout opposé à ceux qu'on doit exiger d'un chauffage établi dans de bonnes conditions; en outre, le bec de gaz qui pendant l'été doit suppléer à la chaleur du poêle n'est jamais régulièrement allumé et, par suite, aucune ventilation ne se produit au moment où elle serait précisément le plus nécessaire.

Une autre disposition, d'une application également assez fréquente et dont les résultats ne sont pas de beaucoup préférables aux précédents, consiste à séparer le chauffage de la ventilation; le premier s'exécute avec un appareil ordinaire et la seconde est assurée au moyen de ventilateurs percés dans le plafond. Ces ventilateurs se réunissent tous en une gaîne unique, dépassant le sommet des combles, et sont munis à leur extrémité d'un appareil giratoire qui accélère l'ascension de l'air vicié, déterminé du reste par une rampe à gaz allumée au point de jonction de tous les conduits.

Pour que ce système puisse fonctionner d'une façon efficace, il faut admettre que l'air vicié monte au lieu de descendre, ce qui est contesté; puis même en admettant cette condition, une installation de cette nature offre un grave inconvénient, celui d'écouler par les ventilateurs, à mesure qu'il se produit, tout l'air chaud de la pièce : cet air chaud, plus léger que l'air froid, s'élève naturellement et disparaît d'autant plus vite qu'il est à une température plus élevée; le chauffage est donc par suite rendu presque impossible.

Quant au mode de chauffage au moyen d'un calorifère unique, il exige une consommation considérable de combustible et par suite une grande dépense, à cause de l'obligation d'allumer le calorifère quel que soit le nombre des pièces à chauffer, sans pouvoir modérer, accélérer ou supprimer le chauffage de certaines salles autrement qu'en fermant les bouches de chaleur, ce qui peut bien diminuer l'élévation de la température, mais non la dépense générale; de plus, l'emploi de ce procédé laisse le problème de la ventilation sans solution nouvelle.

Toutes les écoles ne sont pas cependant chauffées par des procédés aussi imparfaits, et le système récemment mis en œuvre dans un grand établissement scolaire[1] de Paris indique un progrès réel de la question. Aussi, bien que ce procédé ait été employé dans un établissement d'instruction secondaire et non dans une école primaire, nous croyons devoir le faire connaître en reproduisant un extrait du rapport présenté à ce sujet au conseil municipal[2] :

« Le volume d'air à chauffer peut être estimé à environ
« 70,000 mètres carrés, mais les locaux n'ont pas tous besoin
« d'être chauffés en même temps, de sorte que par l'alter-
« nance du chauffage le volume d'air à chauffer se réduit
« à environ 35,000 mètres carrés.

« Il fallait non-seulement trouver un mode de chauffage
« efficace, mais aussi qui pût se prêter sans perte de calories
« à cette alternative.

« Le système de chauffage à air chaud est jugé aujourd'hui
« et il n'est pas besoin d'insister sur les inconvénients qui
« résultent de son emploi, dont le plus grave est de désa-
« gréger l'air en lui enlevant ainsi des qualités respirables,
« dont le moindre est d'exiger des réparations continuelles et
« le remplacement des appareils de chauffe tous les 5 ou
« 6 ans au moins.

« Le système de chauffage à eau chaude présente de
« son côté d'autres inconvénients : il exige une pression qui
« est la cause d'accidents fréquents, une construction dis-
« pendieuse, et, quoi qu'on fasse, il donne un chauffage peu
« régulier.

1. Collége Rollin, M. Roger, architecte de la Ville.
2. Rapport présenté par M. Viollet-le-Duc, au nom de la 5ᵉ commission, sur le chauffage et la ventilation des nouveaux bâtiments du collége Rollin.

« Le système proposé pour le chauffage du collége Rollin
« a cet avantage sur les deux précédents de n'avoir aucune
« influence sur la quantité de l'air respirable, de pouvoir être
« réglé à volonté, de transmettre la chaleur instantanément
« à des distances considérables, de ne nécessiter que des
« réparations insignifiantes une fois qu'il a été bien établi,
« de pouvoir être surveillé facilement et de faciliter la ven-
« tilation sans provoquer les courants d'air que donne le
« chauffage à air chaud.

« Ce système est en principe d'une extrême simplicité;
« un générateur envoie, sous une très-faible pression, de la
« vapeur dans des tuyaux qui reviennent après leur parcours
« de chauffe au même générateur en ramenant au foyer la
« vapeur refroidie ou l'eau condensée. Cette circulation de la
« vapeur à 100° donne une chaleur constante et douce et
« permet, au moyen de l'ouverture ou de la fermeture de
« quelques robinets, de porter les calories sur un point ou sur
« un autre à volonté ; par ces différences établies entre les
« températures des pièces d'un même établissement, elle
« facilite singulièrement la ventilation.

« Nous avons vu fonctionner ces appareils, nous avons
« examiné leur construction, enfin nous avons expérimenté
« leur fonctionnement et nous devons dire au conseil que
« le résultat de cet examen et de cette expérience a été des
« plus satisfaisants.

« Le rapport de l'architecte, en faisant ressortir de son
« côté les avantages du système qu'il propose d'adopter,
« décrit en quelques mots et avec une grande clarté le dis-
« positif du mode de chauffage, mais laisse malheureuse-
« ment de côté ce qui est relatif à la ventilation.

« Une colonne ascendante part du générateur, s'élève

« jusque dans les combles et poursuit sa course horizontale
« dans toutes les parties du monument, distribuant dans son
« parcours la vapeur aux embranchements qui desservent
« les salles.

« La vapeur monte, sillonne tous les bâtiments, puis
« descend pour alimenter les poêles où elle se détend, et
« l'eau du condensateur continue sa chute pour retourner
« au générateur et redevenir vapeur.

« Ce simple exposé résume tout le système, l'économie
« de son emploi est notable, plus n'est besoin de cette cana-
« lisation dispendieuse dans les murs des bâtiments, de cette
« quantité de foyers de calorifères à air chaud, plus de dé-
« perdition notable de calorie qui se fait dans les canaux
« en maçonnerie ou en tôle. — En quelques secondes la
« vapeur porte sa chaleur à 500 mètres et, en se détendant
« dans les récipients, elle en chauffe les surfaces qui à
« leur tour échauffent l'air par rayonnement. Refroidie au
« contact des surfaces de ces récipients, la vapeur se con-
« dense, descend en eau dans des conduits spéciaux pour
« être rendue au générateur, pendant que le courant de
« vapeur continue à affluer dans ces récipients pour en
« chauffer la surface.

« Aucun système, jusqu'à ce jour, n'a présenté une sim-
« plicité aussi manifeste et par conséquent plus de garantie
« d'un bon fonctionnement.

« Ce système, malgré ses avantages incontestables, soulève
« cependant trois graves objections : d'abord l'insuffisance de
« la façon dont il assure la ventilation, ensuite le danger des
« explosions de la vapeur dans les conduits, et enfin le chiffre
« de la dépense. »

Une commission[1] récemment chargée par la ville de Paris d'étudier cette importante question du chauffage et de la ventilation des établissements scolaires, a résumé ses travaux dans un rapport que nous croyons devoir donner *in extenso;* nous le faisons suivre du mémoire présenté à l'appui d'un projet dans lequel se trouvaient appliquées les mesures prescrites par l'administration et dont un essai a été réalisé dans une des grandes écoles de Paris[2].

Direction des travaux de Paris. Commission de chauffage et de ventilation.

INSTRUCTION RELATIVE A L'ÉTABLISSEMENT DU CHAUFFAGE ET DE LA VENTILATION DES ÉCOLES COMMUNALES.

Le chauffage et la ventilation d'une école constituent un problème qui comporte des données variables suivant les conditions générales de construction des bâtiments, et l'on conçoit que la puissance et le mode d'installation des appareils de chauffage, ainsi que la dépense du combustible, dépendent essentiellement de la nature et de l'épaisseur des murs, de la disposition des classes et des galeries qui y donnent accès, de l'importance des surfaces vitrées, etc...; aussi est-il impossible de déterminer d'une manière exacte

---

1. Commission composée de MM. de Fontanges, ingénieur des ponts et chaussées ; Davioud, architecte ; Ser, ingénieur civil ; Bourdais, ingénieur-architecte.
2. *Groupe scolaire, rue Curial,* M. Félix Narjoux, architecte.

les formes et les dimensions des appareils à employer sans être fixé à l'avance sur les formes et dispositions des salles à chauffer.

Cependant ce problème comporte des données générales dans lesquelles tous les projets d'établissements scolaires doivent se renfermer et qui permettent de formuler, sinon des règles précises, du moins des instructions générales auxquelles il convient de se conformer pour obtenir un chauffage et une ventilation rationnels et économiques.

Chauffer un local, c'est maintenir constamment ce local à une température déterminée supérieure à celle du dehors, c'est par conséquent lui fournir en chaque instant une quantité de chaleur égale à celle qu'il perd pendant le même temps; le ventiler, c'est extraire en chaque instant l'air vicié par ses habitants et le remplacer par la quantité d'air pur nécessaire à l'hygiène.

On peut employer bien des procédés divers pour atteindre ce résultat : sans entrer dans la comparaison des différents systèmes, on peut dire, au point de vue spécial des écoles primaires, qu'il conviendra d'employer le chauffage dit à air chaud, c'est-à-dire par circulation d'air au contact de l'enveloppe du foyer et du tuyau de fumée, parce qu'il est à la fois plus économique et plus simple d'établissement que le chauffage à eau chaude ou à vapeur et qu'il se prête mieux aux conditions d'un chauffage intermittent.

Mais le chauffage par l'air chaud peut s'obtenir de manières différentes, soit par un calorifère général chauffant un ensemble de classes, soit par autant d'appareils indépendants qu'il y a de classes à chauffer.

La commission n'a pu encore faire les expériences et réunir les éléments nécessaires pour se prononcer sur le meilleur des deux systèmes; toutefois, sans écarter d'une manière absolue le premier mode de chauffage, qui dans certains cas peut présenter des avantages, elle incline à penser que le dernier devra être plus généralement employé, parce que, avec l'appareil de combustion placé dans la classe même à chauffer, on évite les pertes assez notables de chaleur qui ont lieu dans le parcours de la canalisation d'arrivée et aussi parce que les dépenses d'installation sont beaucoup moins élevées.

Quel que soit le système, les conditions les plus importantes auxquelles les appareils doivent satisfaire sont les suivantes :

Régularité du chauffage, c'est-à-dire uniformité de température dans toutes les parties habitées de la classe et aux diverses heures de l'occupation ; régularité de ventilation, c'est-à-dire passage d'air en quantité égale autour de chaque élève.

Pour satisfaire à la première condition, quand l'appareil est placé dans la classe même, on comprend que le rayonnement de la surface doive être très-modéré, afin que son action ne se fasse pas sentir trop vivement sur les places voisines, au préjudice des places les plus éloignées ; par conséquent, il faut que l'appareil soit muni d'une enveloppe peu conductrice.

Le tuyau de fumée apparent qui, dans beaucoup d'écoles, traverse les classes, présente de nombreux inconvénients et doit être abandonné. Mais comme ce tuyau constitue une notable partie de la surface de chauffe, il faut trouver un moyen d'en développer ailleurs l'équivalent. Or, si l'on observe que l'air chaud qui provient de l'appareil tend toujours à monter directement au plafond, qu'il y soit ou non conduit par une enveloppe fermée, on comprendra que rien n'est plus facile que d'utiliser au développement des surfaces de chauffe tout ou partie de l'espace vertical situé au-dessus de la surface que cet appareil occupe sur le sol.

L'appareil se composera ainsi d'un foyer et d'une surface de chauffe placée au-dessus, le tout enfermé dans une enveloppe peu conductrice ouverte à la partie haute pour laisser échapper l'air chaud qu'elle contient.

Il sera muni d'une ou, mieux, de deux prises d'air extérieur, percées sur les faces opposées du bâtiment.

Pour le premier étage, où les classes sont ordinairement situées, ces prises d'air pourront être en général pratiquées directement dans l'épaisseur des planchers et à travers les murs extérieurs lorsque les rues ou les cours voisines présenteront de bonnes conditions de salubrité ; mais, lorsque les classes ou salles d'asile seront à rez-de-chaussée, les prises d'air prenant accès près du sol et des ruisseaux pourraient donner lieu à des entrées d'air chargé d'odeurs incommodes ou de miasmes insalubres ; dans ce cas, il sera utile de reporter les prises à une certaine hauteur, en des points présentant les meilleures conditions de salubrité.

Telles sont les dispositions à prendre pour assurer le chauffage et l'introduction dans les classes de l'air pur venant du dehors.

Pour enlever régulièrement l'air vicié par chaque élève, il faudra établir des bouches de départ en aussi grand nombre que possible communiquant avec une canalisation réservée dans l'épaisseur même du plancher et aboutissant à une cheminée d'appel.

Pour assurer une bonne répartition, il convient que chaque groupe de quatre élèves soit pourvu d'une bouche de départ. La forme et la disposition de ces bouches demanderont une étude attentive pour ne gêner ni le balayage ni la circulation d'air sous les tables.

Les divers branchements de la canalisation dans le plancher se raccorderont avec les conduits principaux par des coudes arrondis pour aboutir enfin à la base de la cheminée d'appel, large conduit vertical qui, traversant le bâtiment dans toute sa hauteur, débouchera hors comble et sera recouvert d'un chapeau.

Pour que cette cheminée d'appel fonctionne régulièrement, il faut chauffer l'air qu'elle contient afin de lui donner une vitesse d'ascension qui soit autant que possible à l'abri des influences du vent, et le moyen le plus simple pour cela consiste à placer au milieu de cette cheminée le tuyau de fumée de l'appareil de chauffage.

Comme le tirage d'une cheminée augmente avec sa hauteur, on comprend qu'il sera utile de faire entrer le tuyau de fumée dans la cheminée d'appel au point le plus bas, c'est-à-dire près du plancher de la classe; la circulation de la fumée devra donc être disposée de telle façon que le départ ait lieu finalement par le bas; toutefois, comme il pourrait se faire que l'allumage fût rendu difficile par une telle disposition, il faudra ménager un moyen facile de mise en marche, par exemple, une clef de réglage, dite clef de pompe d'appel.

Les dimensions à donner aux différentes parties des appareils dépendront, nous l'avons dit, de la nature même des constructions ; elles pourront, en général, être comprises entre les chiffres indiqués ci-après :

Centimètres carrés par élève.

1° Section libre de prises d'air extérieur de. — 35 à 45
2° Section libre du canal vertical d'air chaud et des bouches d'arrivée au plafond de. . . . . — 35 à 45
3° Section libre des bouches de départ sous le parquet de. . . . . — 60 à 80
4° Section de la canalisation dans le plancher de. . . . . — 40 à 60
5° Section de la cheminée d'appel de. . . — 30 à 40
6° Surface de chauffe pour les classes cubant 4 mètres cubes par élève, suivant les conditions de déperdition plus ou moins grande de chaleur à travers les parois et surtout les parties vitrées et le plafond de . . . . — 400 à 800

Si dans les appareils il est employé des surfaces de chauffe à nervures, celles-ci ne devront jamais être comptées pour leur développement extérieur réel, mais seulement pour une fraction de ce développement, fraction qu'il n'est pas possible d'indiquer exactement aujourd'hui, aucune expérience scientifique n'ayant encore déterminé le coefficient de transmission de la chaleur dans les appareils de cette nature.

Voici maintenant comment ont pu être appliqués les principes qui précèdent.

Le point de départ était d'assurer le chauffage et la ventilation d'un groupe scolaire de 1200 élèves : les calculs qui suivent sont établis pour une classe contenant 72 élèves chauffée par un poêle desservi par la galerie de communication, de façon à ce que l'allumage ou l'extinction du feu se fasse sans causer de dérangement pendant les heures de travail.

CHAUFFAGE.

Poêle-Calorifère.

Le système proposé est celui à air chaud, au moyen d'appareils chauffant chacun une seule classe.

Fig. 43.

Ces appareils se composent, comme l'indiquent les dessins ci-joints, de poêles-calorifères d'une construction spéciale[1],

---

1. Système Gaillard et Haillot.

permettant d'élever d'une façon uniforme la température

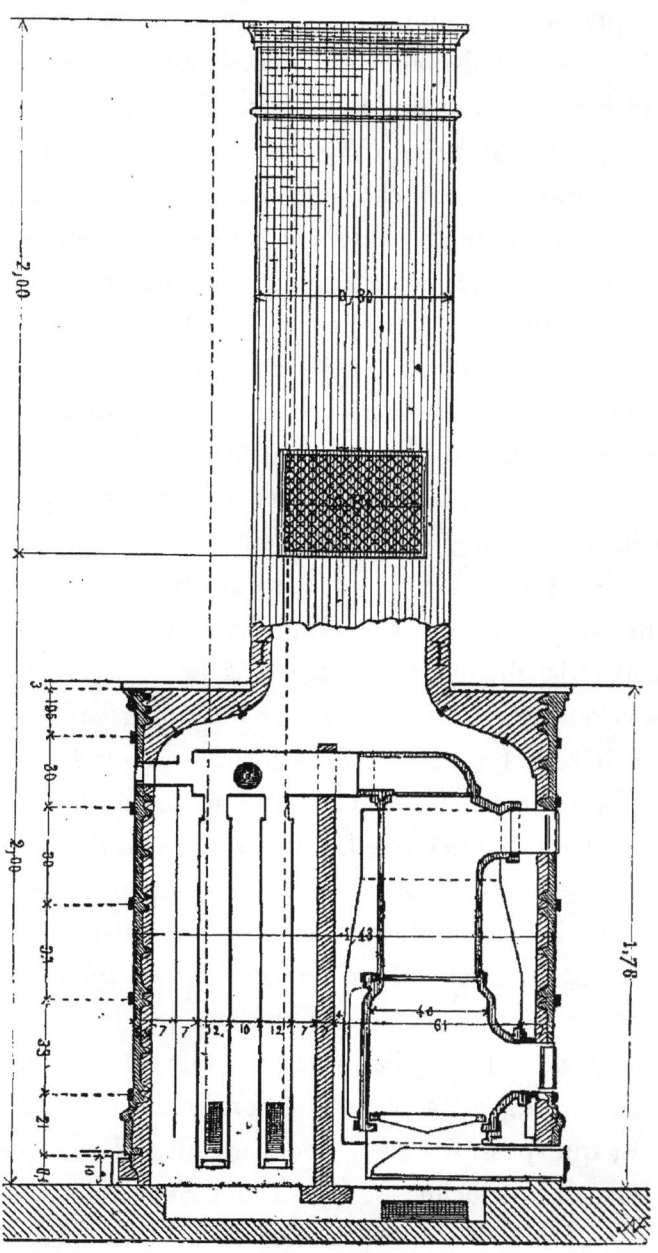

Fig. 44.

d'une classe et la propageant également aux extrémités, sans que les personnes placées près de l'appareil aient à souffrir de ce voisinage ou soient incommodées par le trop grand rayonnement de la chaleur.

Ce poêle-calorifère est à cet effet placé dans une enveloppe, construite en carreaux de faïence (fig. 43), garnie de tuiles et en outre renforcée d'une deuxième cloison de l'épaisseur d'une tuile; mais comme cette enveloppe s'échaufferait encore beaucoup, la cloche et le coffre sont entourés d'une chemise en tôle de 2 millimètres laissant entre elle et l'enveloppe extérieure en faïence un vide suffisant pour que l'air froid y circule facilement (fig. 44). Une cloison en brique sépare le foyer du coffre de circulation de fumée, pour éviter qu'il ne s'échauffe par le rayonnement direct du foyer. Un tuyau, formant pompe d'appel, muni d'une soupape, met en communication le haut de l'appareil avec la cheminée placée dans le mur; ce tuyau sera ouvert seulement au moment de l'allumage afin de le faciliter, il sera fermé quand le foyer sera en bonne marche afin d'établir la circulation normale sur toutes les surfaces de chauffe de l'appareil. Le tuyau d'évacuation de la fumée monte directement hors des combles, sans traverser horizontalement les salles d'une extrémité à l'autre; mais il est enfermé dans la cheminée de ventilation, où il abandonne à l'air vicié une partie de la chaleur que la fumée contient encore à sa sortie de l'appareil; il élève la température de cet air et active sa vitesse ascensionnelle. Pour abaisser autant que possible la température très-élevée des parois du foyer, la cloche est garnie extérieurement de 17 nervures en fonte, (fig. 45) : ces nervures augmentent dans une certaine proportion la surface de chauffe et donnent plus de solidité au foyer maintenu haut et bas par des frettes en fer forgé.

Le chargement du foyer se fait à volonté par l'une ou par l'autre des deux portes ménagées à cet effet sur la face principale du poêle; celle du haut permet de mettre en une seule fois assez de combustible pour suffire au chauffage pendant toute la durée moyenne d'une classe.

En comptant les nervures pour moitié seulement de leur

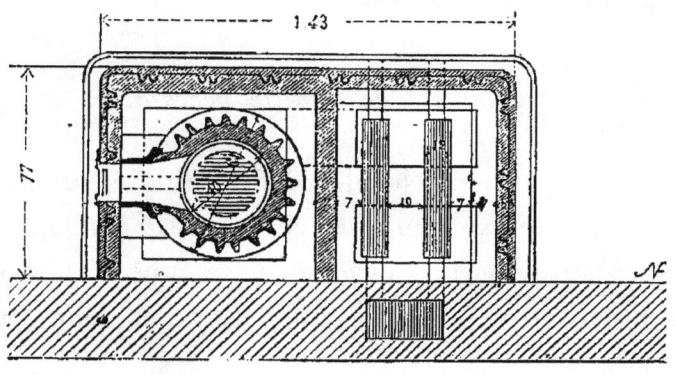

Fig. 45.

surface réelle, la surface de chauffe de l'appareil est de $3^m,60$, soit par élève $\dfrac{3,60}{72} = 0^{m2},050$; l'administration demande $0^{m2},040$ à $0^{m2},080$ par élève, chaque élève aura donc $\dfrac{0,050}{0,040}$ = 1 fois 1/4 le minimum demandé.

Prise d'air froid.

La prise d'air froid aura lieu par des ouvertures, ménagées au bas des allèges des fenêtres ou au-dessus de leurs linteaux et ayant $1^m,50$ sur $0^m,30$ de hauteur, ce qui leur donne

$0^{m^2},450$ de surface pour 72 élèves. Or, l'administration demande :

$$\text{au minimum } 72 \times 0^m,0035 = 0^m,252$$
$$\text{au maximum } 72 \times 0^m,0045 = 0^m,324$$

Nous sommes donc dans des conditions plus favorables que celles exigées, mais il faut tenir compte des grilles protectrices placées en avant des ouvertures et qui obstruent une partie de leur orifice.

Quantité de houille nécessaire.

En prenant le cas le plus défavorable et supposant que la température extérieure est de — 10°, la température intérieure étant de + 15°, chaque mètre cube d'air extrait par la ventilation emporte une quantité de chaleur correspondant à un écart de 25°.

$1^k,30$ étant le poids d'un mètre cube d'air, 0,25 la capacité calorifique et 25 l'écart entre la température extérieure et la température intérieure, nous avons par mètre cube :

$$1^m,30 \times 0,25 \times 25 = 8^{cal},125.$$

En donnant $20^m,^3$ au maximum par heure et par élève, nous aurons pour les 72 = 1440^{m3} enlevés chaque heure.

Les 1440^{m3} emportent donc $1440 \times 8,125 = 11700$ calories. Il se fait en outre une autre déperdition de chaleur par les murs et les vitres, perte supposée égale à celle produite par la ventilation, la perte totale sera donc $11700 \times 2 = 23400$ calories que l'appareil doit fournir par heure. Si cet appareil est bien disposé, son rendement sera d'environ 70 %.

Un kilogramme de charbon donne par sa combustion 7500 calories.

Le poids du combustible à employer sera donc
$$\frac{23400}{7500 \times 0{,}70} = 4^{kil.},500 \text{ environ, consommation maximum.}$$

Consommation moyenne.

La consommation maximum est donc de $4^{kil.},500$ par heure pendant les plus grands froids, mais la température moyenne de l'hiver à Paris est de + 5° ou + 7°, l'écart moyen qu'il s'agit de combler par le chauffage se trouve ainsi réduit à environ 15° température intérieure, moins 7° température extérieure, soit 8° seulement. La consommation *moyenne* sera donc par heure
$$\frac{4{,}500 \times 8}{25} = 1^{kil.},440.$$

En admettant le chauffage en plein feu, six heures par jour pendant une durée moyenne de 190 jours d'hiver, la consommation annuelle ne s'élèvera qu'à

$$1^{kil.},440 \times 6 \times 190 = 1641 \text{ kilogrammes.}$$

La houille coûtant en moyenne 45 francs la tonne, la dépense annuelle d'un poêle chauffant 72 enfants s'élèvera à 73 fr. 85, soit environ 1 fr. pour chacun.

VENTILATION.

(Les indications et les calculs qui suivent ont, comme ceux qui précèdent, été faits en prenant comme point de

164   LES ÉCOLES PUBLIQUES.

départ une grande classe de 72 élèves, chauffée par un poêle unique.)

Exposé général. — L'air extérieur, ayant été appelé dans le poêle-calorifère par la prise d'air dont il a déjà été

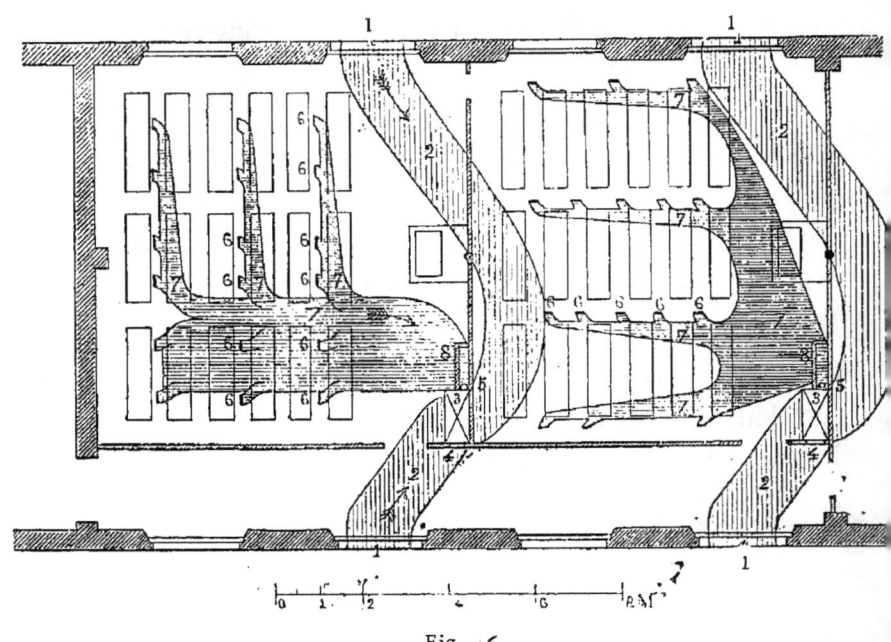

Fig. 46.

1. Prises d'air extérieures ouvertes sur chaque face du bâtiment pour pouvoir fonctionner quelle que soit la direction du vent.
2. Conduits d'air venant de l'extérieur.
3. Poêles chauffant chacun une classe.
4. Bouches de chargement des poêles, s'ouvrant sur la galerie en dehors de la classe.
5. Tuyau de fumée placé dans le conduit d'évacuation de l'air vicié.
6. Bouches d'évacuation de l'air vicié.
7. Conduites de l'air vicié, placées dans deux sens différents ; conduite centrale à la base ou au côté des conduites secondaires.
8. Cheminée d'expulsion de l'air vicié.

question et ayant été introduit dans les salles, converti en air chaud, il faut maintenant l'expulser quand il s'est chargé des miasmes par lesquels il se trouve vicié. A cet effet, des orifices sont ménagés dans le sol des classes à raison de 1 par 4 élèves; ces bouches aboutissent à un conduit général ménagé sous le parquet et qui va rejoindre une cheminée d'appel au travers de laquelle passe le conduit de fumée dont la chaleur détermine un courant ascendant qui entraîne au-dessus des combles l'air vicié extrait des salles (fig. 46).

Pendant l'été, époque durant laquelle le chauffage est supprimé, on supplée à la chaleur nécessaire à l'élévation de la température dans la cheminée d'appel par un appareil à gaz, installé à la base de cette cheminée.

Prises d'air. — Le nombre d'enfants réunis dans la classe étant de 72, la surface de l'orifice de la prise d'air sera, comme il a été dit, de 0,450, ce qui donne 0,0062 par enfant, moyenne supérieure au maximum demandé par l'administration; mais il faut tenir compte du treillis placé en avant de l'orifice. Ces prises d'air ont toujours lieu au-dessus du rez-de-chaussée, afin d'éviter de donner accès à un air vicié par les émanations du ruisseau; les deux prises d'air des préaux seules se font un peu au-dessus du sol, dans les cours intérieures, toutes salubres et bien aérées.

Bouches d'évacuation. — Ces bouches (fig. 46, *6*) seront surélevées de 0,02 au-dessus du parquet pour éviter l'introduction des ordures provenant du balayage; ces bouches seront en outre mobiles, afin de faciliter le nettoyage des conduits : elles auront 0,07 de surface vide, ce qui donne 0,0075 par élève.

Conduit horizontal. — Ce conduit (fig. 46, *7*), auquel

166   LES ÉCOLES PUBLIQUES.

aboutissent les bouches d'évacuation, aura o^m,36 de section, ce qui donne à chaque élève o^m2,0050.

Cheminée d'appel. — La cheminée d'appel (fig. 46, 8), à laquelle vient aboutir le conduit horizontal, aura 0,288 de section, ce qui donne o^m2,0040 par chaque élève.

Prise d'air. — Une difficulté à résoudre en pareil cas, est la forme à donner aux prises d'air, afin qu'elles puissent

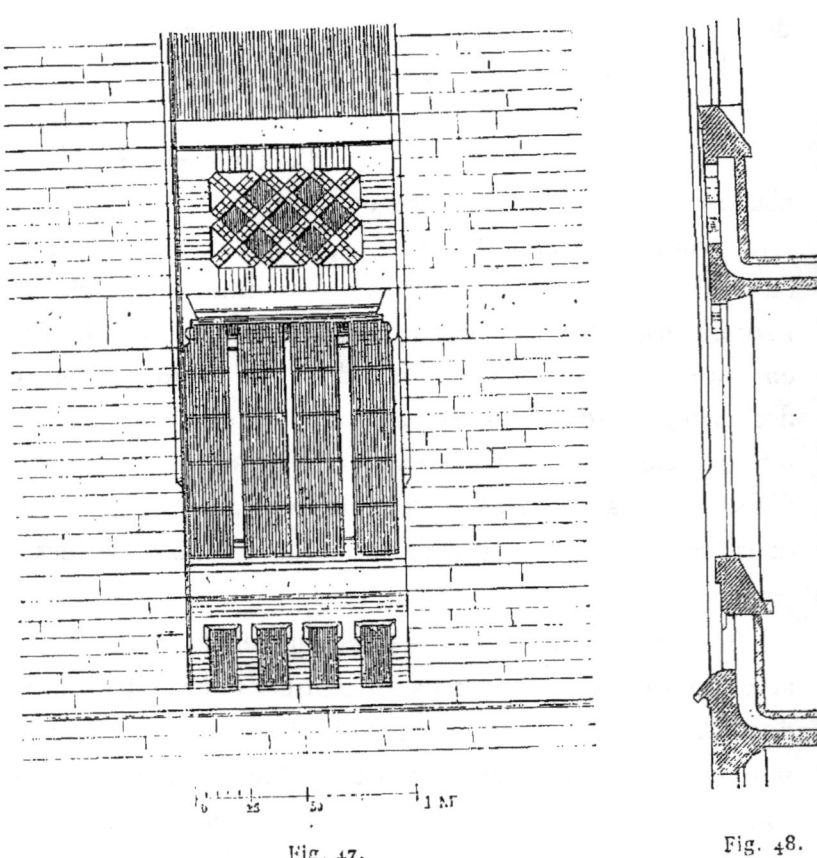

Fig. 47.   Fig. 48.

se combiner avec les dispositions architecturales de la façad
La fig. 47 indique la face, et la fig. 48 la coupe d'un a

adopté en pareil cas et qui permet de faire concourir les orifices de ces prises d'air à la décoration générale de la façade. Les vides trop grands laissés au-dessus ou au-dessous des fenêtres sont défendus au moyen de treillis métalliques, de découpures en métal, ou, si l'espace le permet, d'imbrications ou de poteries plus ou moins ornées.

Résumé. — Le système de chauffage et de ventilation qui vient d'être expliqué satisfait aux conditions énoncées dans l'instruction du 25 mai 1875.

Il assure dans la limite du possible la régularité du chauffage, l'uniformité de température dans les différentes parties des classes, supprime les tuyaux horizontaux en tôle scellés au plafond, et procure une ventilation théoriquement établie dans de bonnes conditions.

La dépense à laquelle a donné lieu la réalisation de ce projet est de 24,000 francs, soit pour 1,200 enfants 20 francs par chacun.

Dans un des groupes scolaires [1] récemment élevés à Paris, on a appliqué un système de ventilation indépendant des appareils de chauffage et pouvant dans une certaine mesure fonctionner sans leur concours.

Nous empruntons à l'intéressante notice publiée par l'auteur dans l'*Encyclopédie d'architecture* [2] les renseignements relatifs à cette installation.

Voici quelles dispositions ont été prises pour assurer le renouvellement de l'air des salles, en rapport

1. Rue du Pont-de-Lodi, M. Cordier, architecte.
2. Voir l'*Encyclopédie d'architecture*, 1876, pages 25 à 31.

168 LES ÉCOLES PUBLIQUES.

direct avec le nombre des élèves et indépendant des circonstances atmosphériques, indépendant conséquemment du chauffage des salles.

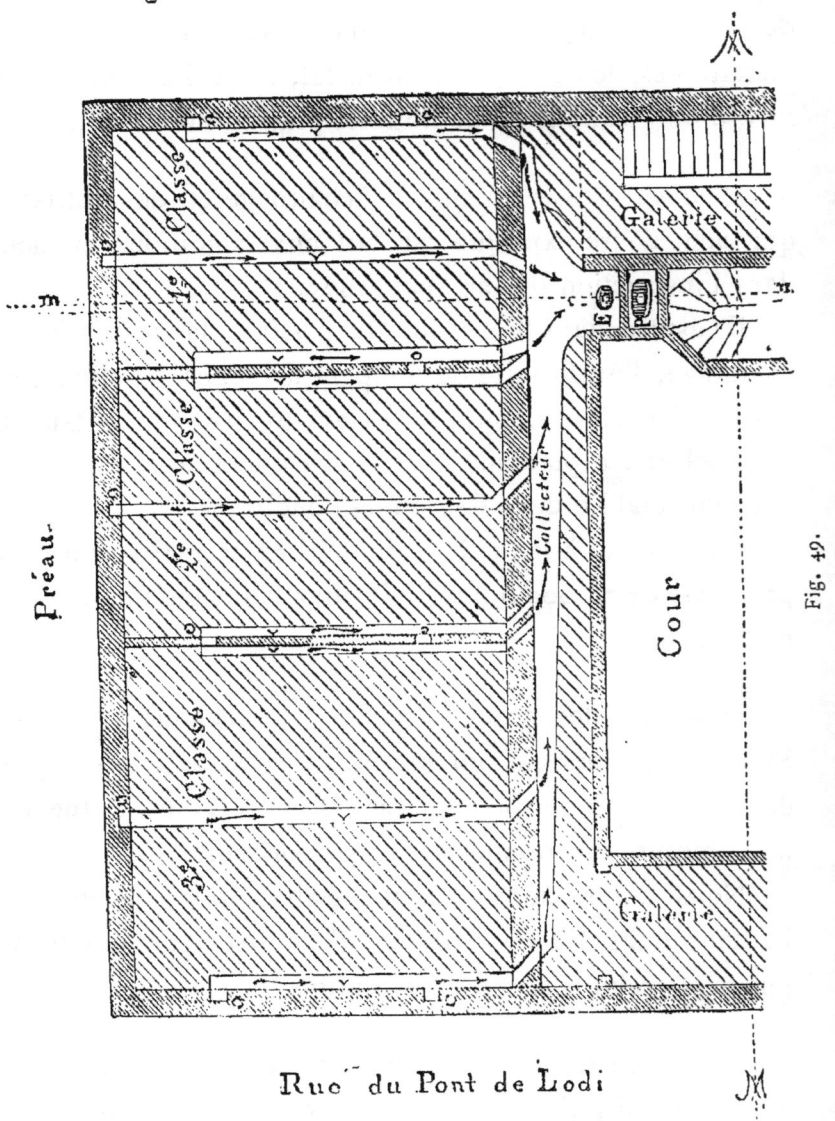

Fig. 49.

Les dispositions du circuit de ventilation étant fondées d'après les mêmes principes et sensiblement pour les mêmes

SERVICES INTÉRIEURS. 169

besoins, et pour l'asile et pour chacune des deux parties symétriques de l'école, il nous suffit de considérer l'une de ces dernières, par exemple celle à gauche de l'axe longitudinal de la cour centrale.

Ainsi que le montre le plan (fig. 49), des canaux $v, v, v,$ sont établis dans le plancher des salles, et des orifices d'accès à ces canaux sont ouverts, au bas des murs et dans les pieds des tables, pour le passage de l'air qui doit être évacué

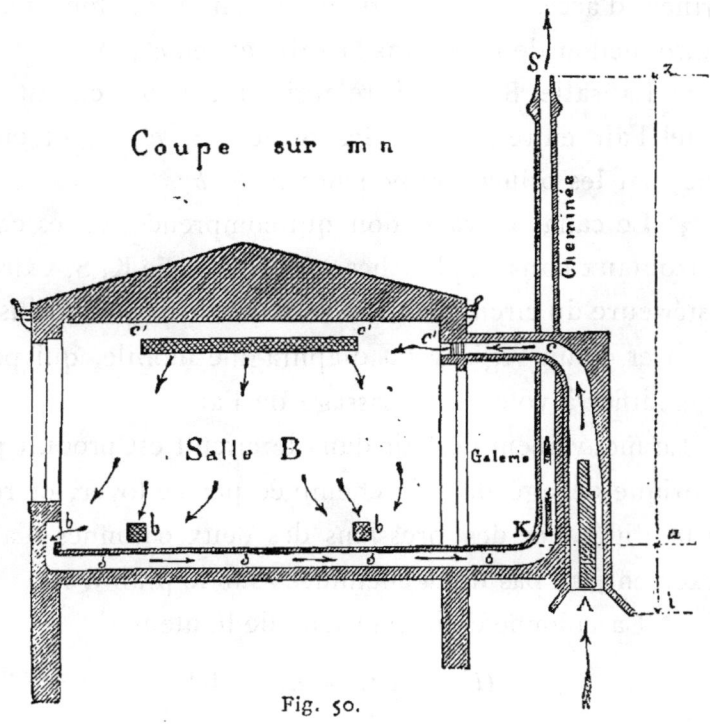

Fig. 50.

par ces canaux, et que ceux-ci versent dans un canal collecteur ménagé dans le plancher de la galerie latérale.

Par ce dernier canal l'air est conduit au bas d'une cheminée E qui l'expulse à l'extérieur.

Mais pour rendre plus sensible le circuit de ventilation et les circonstances du mouvement de l'air, on peut simplifier ce circuit en ramenant tous les canaux horizontaux à un canal unique, lequel serait pratiqué sur la trace *m, n* du plan (fig. 49) qui coupe verticalement les conduits d'accès et d'évacuation de l'air ; on a ainsi le profil très-simple du système (fig. 50) dans lequel le circuit se compose de trois parties distinctes :

1° Le canal d'accès ou partie antérieure A, *cc'*, dont l'orifice d'accès ou prise d'air est en A et dont l'orifice d'introduction de l'air dans la salle est en *c'* ;

2° La salle B, grand rélargissement du circuit dans lequel l'air entre pur par les orifices *c', c', c'*, et en sort vicié, par les orifices ou bouches *b, b, b* ;

3° Le canal d'évacuation qui comprend : et les canaux horizontaux dans le plancher, et la cheminée K, S, extrémité postérieure du circuit, au bas de laquelle en K sont installés un foyer et un registre ou diaphragme mobile, qui permet de modifier à volonté le passage de l'air.

Le mouvement de l'air dans le circuit est produit par le calorique dégagé dans la cheminée par ce foyer, et résulte de la différence des pressions des deux colonnes d'air qui s'exercent, au bas de la cheminée, sur le plan *a* K :

1° La colonne d'air extérieur de hauteur :

$$(iz - ia) = az = \mathrm{KS};$$

2° La colonne de fumée dans la cheminée de même hauteur, K S.

En d'autres termes, ce mouvement résulte de la dilatation ou raréfaction de l'air dans cette cheminée, raréfaction qui croît avec la consommation du combustible dans le foyer.

Les différentes sections du circuit étant proportionnées,

d'après les lois du mouvement de l'air de ventilation, pour un volume maximum d'air à écouler dans un temps donné, et pour une vitesse minimum d'écoulement de cet air, on est alors absolument maître, au moyen du registre et du foyer, de régler à volonté le mouvement de l'air de la salle.

Cependant il ne faudrait pas croire que le problème fût aussi simple et aussi aisé qu'on pourrait le supposer d'après ce qui précède ; mais il serait difficile d'en développer ici en quelques mots les circonstances complexes. Il faut simplement remarquer que pour diminuer les effets du frottement de l'air, qui peut modifier les résultats du calcul, et pour tenir compte des pertes de l'aspiration dans les canaux qui précèdent la cheminée de ventilation ou d'appel, on a augmenté l'aire des sections des canaux et des bouches d'évacuation en raison de leur éloignement du lieu de cette aspiration.

Le registre placé au bas de la cheminée suffirait pour régler la ventilation du circuit simplifié (fig. 50), mais dans l'application, en raison de la complication du circuit (fig. 49), il eût été convenable de placer, dans le collecteur, un registre correspondant à chacune des salles. Ne pouvant compter sur la régularité des soins à donner à ces registres, ils ont été jugés inutiles et remplacés par un registre unique, mais on n'en fait pas plus usage que du foyer d'appel E.

Remarquons (fig. 50) maintenant le canal d'accès dans lequel est placé en A un appareil de chauffage, disposé particulièrement pour le chauffage de l'air de ventilation.

L'air, en traversant cet appareil et en passant sur toutes ses surfaces extérieures ainsi que sur les parois du canal, échauffées par le rayonnement de l'appareil, s'échauffe lui-même et entre dans la salle à la température nécessaire pour la maintenir à la température voulue, en réparant les pertes faites par les parois de cette salle. Cette disposition est le complément du système de ventilation dont il s'agit ici.

Pour diminuer les frais de ventilation et utiliser une partie du calorique perdu par le tuyau à fumée de l'appa-

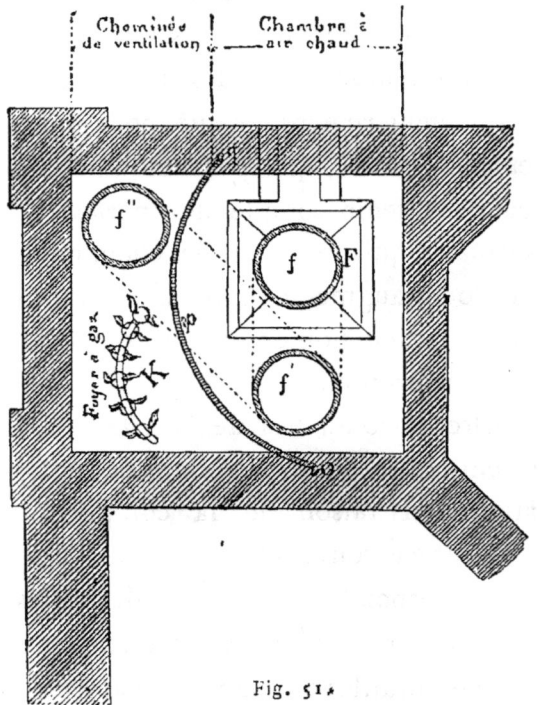

Fig. 51.

reil de chauffage, et aussi pour pourvoir le système de toutes les circonstances susceptibles de faciliter la ventilation, il lui est donné des dispositions particulières telles que cette ventilation puisse se produire à volonté, soit exclusivement par l'appareil de chauffage, soit par le concours simultané du foyer de la cheminée d'appel et de celui du canal d'accès, soit enfin par le foyer de la cheminée de ventilation.

Ces dispositions particulières (fig. 51) consistent principalement dans l'établissement du diaphragme métallique o, p, q, qui sépare le canal d'accès de la cheminée d'appel, ainsi que dans le tuyau à fumée $f f' f''$ qui du canal d'accès passe dans la cheminée d'appel dont il suit toute la hauteur.

Dans les grands froids, ces deux éléments de chauffage suffisent surabondamment à l'évacuation de l'air vicié, et lorsque les froids se tempèrent, on a la faculté d'allumer selon les circonstances un ou plusieurs des becs du foyer à gaz, K, de la cheminée d'appel, pour développer l'énergie de la ventilation.

Ce foyer K, dont les becs sont au nombre de huit, suffit à lui seul à l'extraction de l'air vicié des salles par les temps les plus doux. Cependant comme moyen auxiliaire et aussi pour répartir plus uniformément le calorique dans la cheminée d'appel, au bas du tuyau f a été installé un petit foyer à houille.

Toutes ces dispositions évidemment logiques permettaient d'obtenir des résultats très-satisfaisants, et, en ce qui touche la ventilation, les expériences ont donné les résultats suivants :

Durant les expériences, le chauffage de l'air de ventilation correspondait, pour les différentes salles, à une température moyenne de celle-ci, de 16 à 17 degrés environ à $1^m,75$ du sol.

La température extérieure était de. . .	3 degrés.
Celle de la cheminée, de.	35 —
L'écart par suite était de. . .	32 degrés.

Le registre était complétement ouvert.

Dans ces circonstances, qui ont très-peu varié en six expériences faites à différents jours, le volume d'air écoulé par la cheminée d'appel, par heure et par élève, a été de 30 mètres, plus du triple du volume nécessaire.

En fermant le registre, il était aisé de réduire l'importance de cette ventilation.

Dans les mêmes circonstances, les volumes d'air écoulés sont comme les racines carrées des écarts; il suit de là que pour un écart seulement de 8 degrés, on écoulerait par ce même circuit un volume d'environ 12 mètres par heure

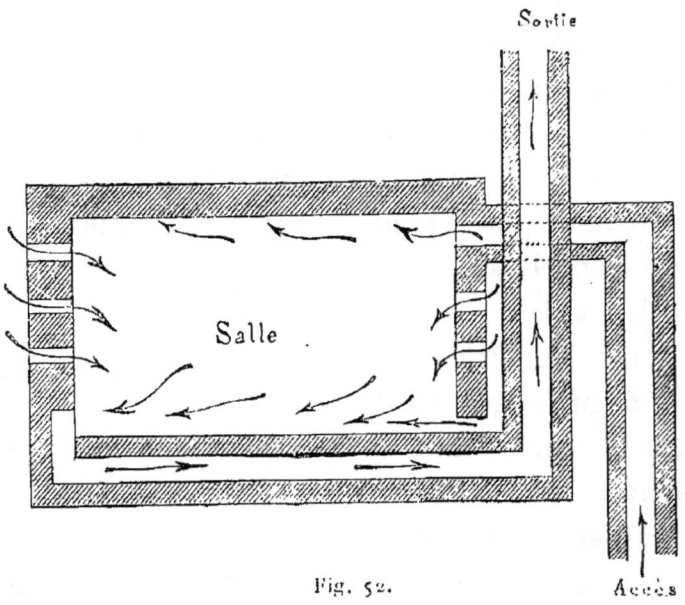

Fig. 52.

et par élève et qu'en conséquence, le chauffage étant très-réduit, il suffit encore seul à l'extraction de l'air vicié des salles sans le secours de foyer à gaz de la cheminée d'appel.

Dans les expériences dont il est question, on a constaté encore que, le volume d'air extrait étant de 30 mètres, celui d'air introduit dans le même temps, par les orifices d'accès de l'air chaud, n'était que de 10 mètres ; et en second lieu, que, le volume d'air extrait n'étant que de 23 mètres, celui d'air introduit était encore de 10 mètres ; en abaissant encore le volume d'air extrait, le volume d'air introduit demeurait toujours le même.

Ces résultats, qui sembleraient anomaux si le circuit était continu et sans solution partielle de continuité, s'expliquent cependant très-bien si l'on considère attentivement ce circuit (fig. 50 et fig. 52) et les solutions de continuité qui existent dans sa partie élargie.

En effet, différentes circonstances résultant de la construction des salles et de leurs annexes, de la direction obligée des foyers par les maîtres ou adjoints de l'école, ainsi que l'influence de l'opinion d'auteurs accrédités en cette matière, aussi bien que le désir d'éviter aux enfants les inconvénients des courants d'air chaud dans les parties inférieures des salles, ont conduit à établir les foyers à niveau du plancher des salles et à faire entrer l'air neuf à l'extrême partie supérieure de ces salles.

Il résulte de cette dernière disposition que, comme dans les expériences rapportées précédemment, lorsque l'air entre à une température très-élevée dans ces salles (de grande hauteur), les couches supérieures de celui-ci, dans toutes ces salles, sont constamment maintenues à une température élevée, à peu près double de celle des couches inférieures près du sol.

L'air conserve donc dans ces couches supérieures une force ascensionnelle par laquelle il résiste à l'appel de la cheminée d'évacuation.

L'aspiration s'exerce donc par les nombreuses jointures

des portes et croisées, sur l'air extérieur qui, par sa densité, concourt de lui-même à son introduction dans les salles; de là des rentrées d'air dans les salles et les canaux d'évacuation, complétement étrangères à l'air chaud de ventilation introduit dans la salle par le canal d'accès, rentrées d'autant plus considérables que l'appel est plus puissant et que la température de l'air chaud de ventilation est plus élevée.

Ainsi s'explique l'excès du volume d'air extrait sur le volume d'air introduit, constaté dans les expériences qui ont eu lieu.

Mais en réglant l'appel, au moyen du registre, de manière à rendre sensiblement égaux les volumes d'air introduit et d'air appelé ;

Mais en évitant les températures trop élevées de l'air à son introduction dans les salles, ce qui serait aisé si l'on voulait commencer le chauffage quotidien à une heure plus matinale, de manière à ne pas être obligé, pour vouloir mettre trop promptement les salles à la température voulue, de pousser le feu outre mesure ;

Il est évident, les résultats des expériences le prouvent, que, sans diminuer de 10 mètres par heure et par élève le volume d'air introduit dans les salles, on réduirait considérablement, sinon complétement, les rentrées d'air extérieur et on effectuerait le chauffage et la ventilation de ces salles régulièrement et plus économiquement.

Maintenant ces diverses solutions sont-elles à l'abri de toute critique? Nous ne le pensons pas, et le plus grave comme le plus juste reproche qu'on puisse leur adresser est d'être plus théoriques que pratiques.

En effet, pour que ces systèmes fonctionnent d'une façon efficace, il faut admettre que leur influence s'exerce dans un espace clos, qu'aucune cause extérieure ne vient modifier le tirage du poêle ni le fonctionnement des appareils de ventilation. Mais les moments pendant lesquels ces conditions peuvent être remplies ne sont-ils pas l'exception, et alors que devient toute l'économie du système? Quand on ouvre une fenêtre ou quand on laisse une porte ouverte, l'aspiration de l'air extérieur n'a plus lieu par les orifices disposés à cet effet, l'évacuation ne se produit plus par les cheminées d'appel et le résultat atteint est tout autre que celui attendu.

La conclusion à tirer de ce long article est donc que les moyens employés pour le chauffage et la ventilation de nos écoles, comme ceux en usage dans nos habitations et nos établissements publics, ne donnent pas encore pleine satisfaction, mais offrent à bien des points de vue des solutions incomplètes et insuffisantes.

ÉLÉVATIONS. — FAÇADES.

Pour compléter ce que nous venons de dire des écoles publiques françaises, de leur mode de construction, de leur installation intérieure, il reste encore à examiner la forme et l'aspect donnés à leurs façades, et pour cela, il faut mettre sous les yeux du lecteur quelques-uns des types élevés en ces derniers temps, dans les conditions moyennes comme dépense et comme dispositions générales.

La figure 53 indique l'élévation d'une école dont les figures 23, 29 et 40 ont fait connaître les plans ; cette école est construite avec un certain luxe dans l'emploi des matériaux : le socle est en pierre de roche, les pieds-droits et les linteaux des ouvertures sont en pierre de taille, et les parements des murs en moellons piqués jointoyés. Un des mérites de cette façade est de montrer et de rendre sensible

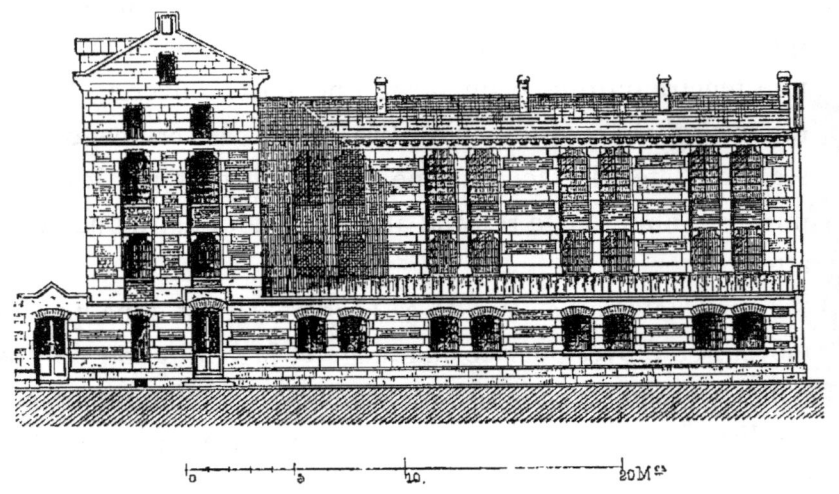

Fig. 53.

à l'extérieur les distributions de l'intérieur. Les préaux sont franchement accusés au rez-de-chaussée par des fenêtres de forme cintrée; il en est de même pour les classes situées au deuxième étage et pour les logements placés au troisième. On reconnaît, à la dimension des fenêtres et à leur forme, la destination des différentes pièces qu'elles éclairent. Les arcs de décharge, le remplissage sous les appuis de ces fenêtres, les bandeaux placés au droit des planchers sont en briques, dont la couleur anime l'ensemble et souligne les parties saillantes. Les façades de cette école sont gaies, agréables à voir et doivent causer une impression favorable à l'enfant qu'on y conduit.

SERVICES INTÉRIEURS. 179

Des essais ont été fréquemment tentés à Paris afin de ramener à ses plus strictes limites la dépense de construc-

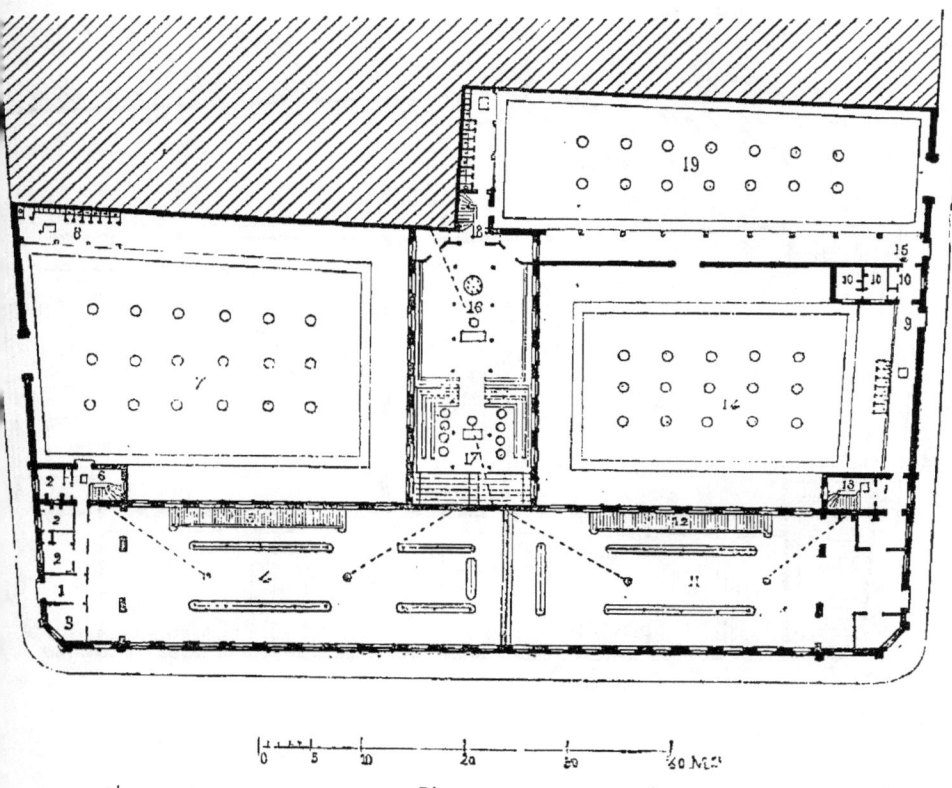

Fig. 54.

1. Entrée des garçons.
2. Logement du concierge.
3. Parloir.
4. Préau couvert.
5. Escalier des classes.
6. — des logements.
7. Préau découvert.
8. Privés.

9. Entrée des filles.
10. Concierge.

11. Préau couvert.
12. Escalier des classes.
13. — des logements.
14. Préau découvert.

15. Entrée de l'asile.
16. Préau couvert.
17. Salles d'exercices.
18. Escalier des logements.
19. Préau découvert.
20. Privés.

tion des maisons d'école. Ne pouvant économiser sur la surface nécessaire, on a cherché à simplifier les façades en supprimant d'abord toute espèce de décoration et en repoussant ensuite l'emploi de tous matériaux qui, par leur nature,

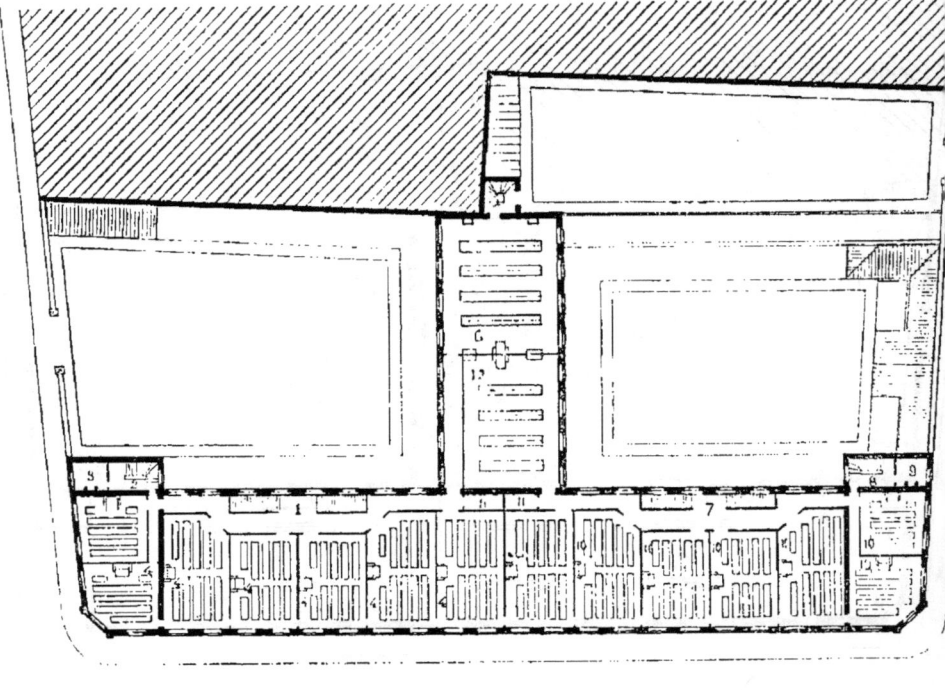

Fig. 55.

1. Escalier des classes (garçons).
2. —   des logements.
3. Cabinet du directeur.
4. Classes.
5. Dépôt.
6. Salle de dessin.

7. Escalier des classes (filles).
8. —   des logements.
9. Cabinet de la directrice.
10. Classes.
11. Dépôt.
12. Salle de dessin.

pouvaient augmenter le prix de la construction. Une des tentatives les plus heureuses dans ce sens est celle réalisée au groupe scolaire de la rue d'Alésia[1]. Les figures 54 et 55 in-

[1]. M. Vaudremer, architecte.

diquent les dispositions principales des plans, l'installation des salles, l'emplacement des services groupés sur le terrain de façon à l'utiliser aussi complétement que possible. La légende qui accompagne ces plans fait connaître la destination de chaque pièce et rend sensibles les moyens employés

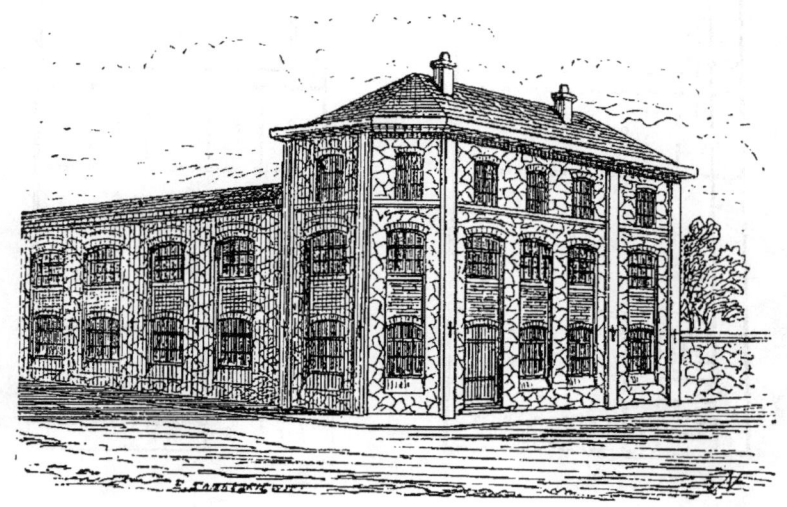

Fig. 56.

pour arriver à la complète satisfaction du programme imposé. Les façades (fig. 56) sont en meulières apparentes; cette pierre au parement brutal, à la couleur uniforme, donne à l'ensemble un aspect un peu fruste qui ne prévient pas en sa faveur, mais les bâtiments sont à l'intérieur étudiés avec un soin scrupuleux, grâce auquel, tout en restreignant la dépense à ses dernières limites, l'architecte a pu donner aux maîtres et aux élèves un local vaste, commode, parfaitement approprié à sa destination et dans lequel les moindres détails comme couleur et comme forme ont été raisonnés, étudiés, sans jamais être abandonnés au hasard.

Une autre tentative du même genre (fig. 57 et 58), a été

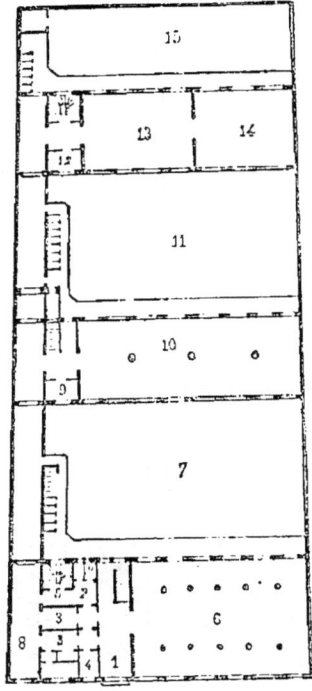
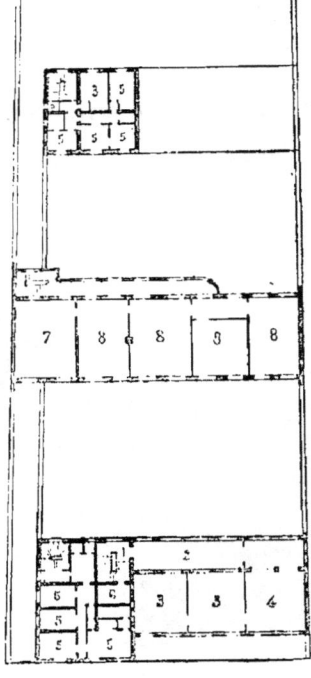

Fig. 57. — Rez-de-chaussée.   Fig. 58. — 1ᵉʳ étage.

Rez-de-chaussée.

1. Entrée des garçons.
2. Dégagement.
3. Concierge.
4. Parloir.
5. Escalier des logements.
6. Préau couvert des garçons.
7. Préau découvert.

8. Entrée de l'asile et de l'école (filles).
9. Parloir.
10. Préau couvert.
11. — découvert.

12. Parloir de l'asile.

13. Préau couvert.
14. Salle d'exercices.
15. Préau découvert.

Premier étage.

1. Escaliers des classes de garçons.
2. Galerie d'accès des classes.
3. Classes des garçons.
4. Salles de dessin des garçons.
5. Logement du directeur ou de la directrice.
6. Dépôt.
7. Salle de dessin des filles.
8. Classes des filles.

faite à l'école de la rue Barbanègre[1]; mais, trop préoccupé de la question économique, l'architecte a donné involontairement à ses façades une apparence monotone résultant de l'uniformité de dimensions, d'appareil et de couleur des matériaux employés, ainsi que de la répétition d'ouvertures

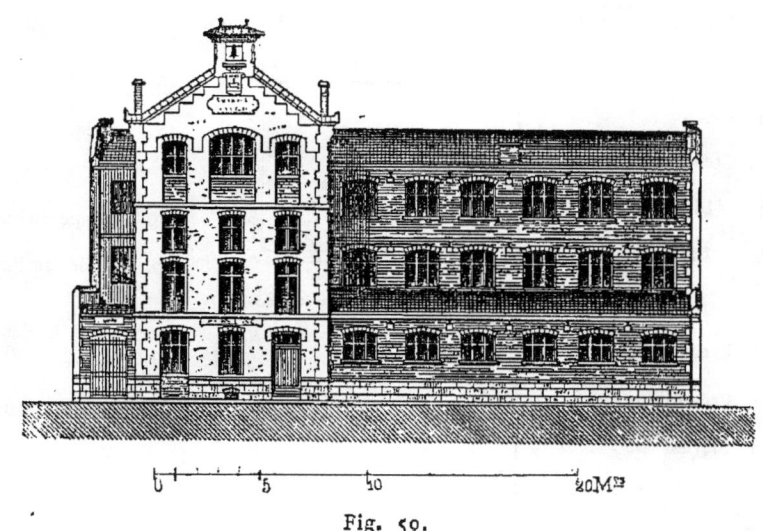

Fig. 59.

de mêmes proportions pour tous les étages, classes et préaux. Cette façade (fig. 59) offre un parti très-heureux, séparant d'une façon bien accusée la partie purement scolaire des bâtiments de celle consacrée au logement des maîtres.

Les figures 60 et 61 indiquent les plans du rez-de-chaussée et du premier étage d'un groupe scolaire rue Curial[2], destiné à recevoir 1,200 enfants.

Le bâtiment de l'école des garçons s'élève en bordure de la rue, celui de l'école des filles et celui de l'asile sont

1. M. Hedin, architecte.
2. M. Félix Narjoux, architecte.

placés à l'intérieur; on y parvient au moyen d'une longue galerie latérale. Les préaux, placés au rez-de-chaussée, ont

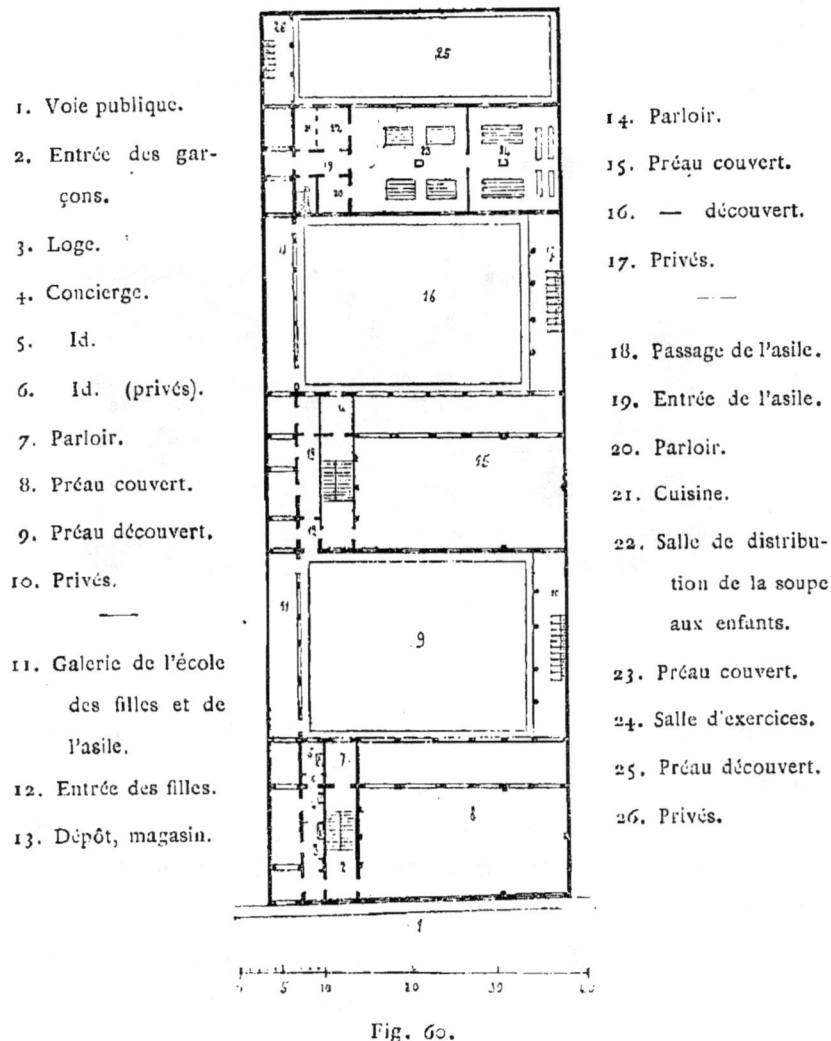

1. Voie publique.
2. Entrée des garçons.
3. Loge.
4. Concierge.
5. Id.
6. Id. (privés).
7. Parloir.
8. Préau couvert.
9. Préau découvert.
10. Privés.

11. Galerie de l'école des filles et de l'asile.
12. Entrée des filles.
13. Dépôt, magasin.

14. Parloir.
15. Préau couvert.
16. — découvert.
17. Privés.

18. Passage de l'asile.
19. Entrée de l'asile.
20. Parloir.
21. Cuisine.
22. Salle de distribution de la soupe aux enfants.
23. Préau couvert.
24. Salle d'exercices.
25. Préau découvert.
26. Privés.

Fig. 60.

acquis l'excédant de largeur dont ils avaient besoin pour offrir la surface nécessaire au moyen d'une annexe prise sur le préau découvert et ne montant qu'à la hauteur du rez-de-chaussée. Les privés sont abrités sous un petit

SERVICES INTÉRIEURS.

comble et les enfants y arrivent à couvert de l'intérieur de l'école.

Le parti général des façades (fig. 62) est très-simple. Au

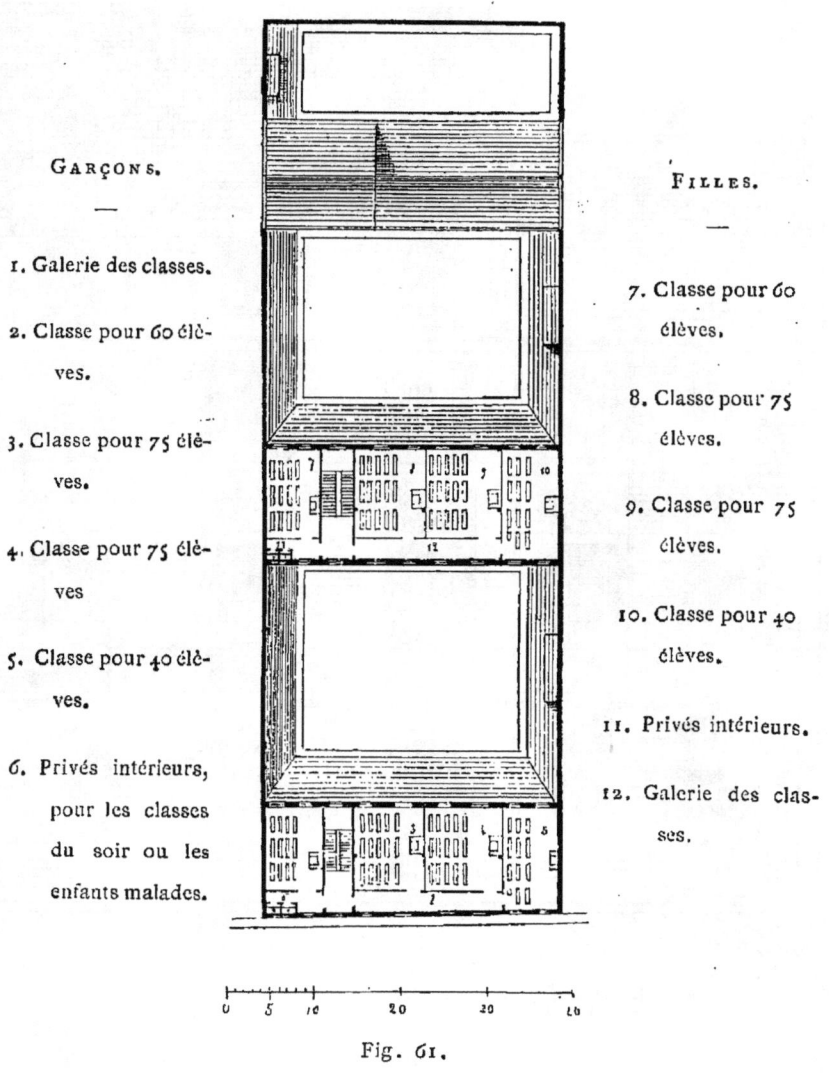

Garçons.

1. Galerie des classes.
2. Classe pour 60 élèves.
3. Classe pour 75 élèves.
4. Classe pour 75 élèves
5. Classe pour 40 élèves.
6. Privés intérieurs, pour les classes du soir ou les enfants malades.

Filles.

7. Classe pour 60 élèves.
8. Classe pour 75 élèves.
9. Classe pour 75 élèves.
10. Classe pour 40 élèves.
11. Privés intérieurs.
12. Galerie des classes.

Fig. 61.

droit des portes et fenêtres sont des linteaux et des bandeaux en pierre, des moellons piqués forment les parements des murs; quelques imbrications et les orifices des prises d'air de la ventilation franchement accusés décorent seuls l'ensemble. Les ouvertures ont une forme particulière sui-

Fig. 62.

vant qu'elles éclairent les préaux, les classes ou le logement des maîtres. Ces logements, eux, occupent le troisième étage, élevé seulement dans la partie centrale des bâtiments, s'accusant et se séparant ainsi franchement du reste de la construction.

Le groupe scolaire de la rue Laugier[1], bâti à l'angle de deux rues, offre une disposition particulière, en ce que l'asile occupe le rez-de-chaussée (fig. 63) d'un des bâtiments et

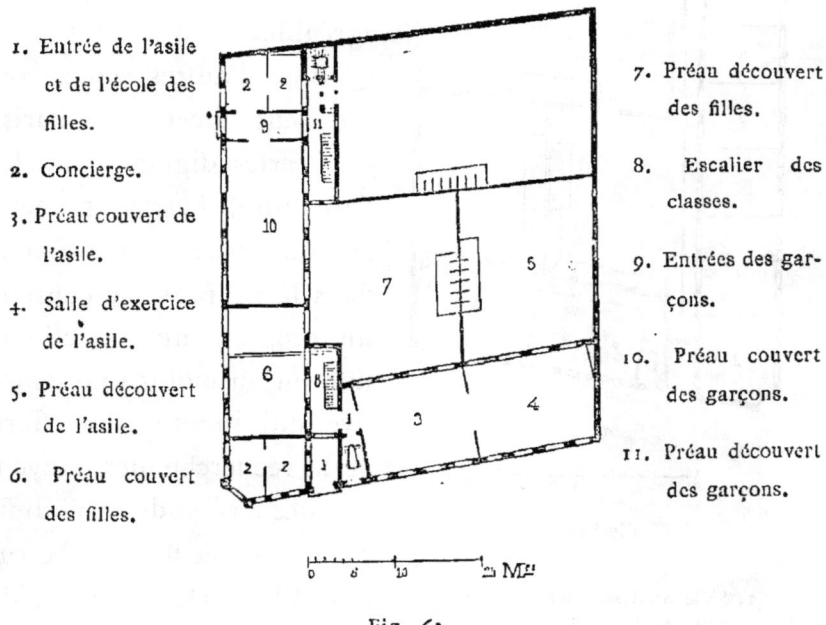

1. Entrée de l'asile et de l'école des filles.
2. Concierge.
3. Préau couvert de l'asile.
4. Salle d'exercice de l'asile.
5. Préau découvert de l'asile.
6. Préau couvert des filles.
7. Préau découvert des filles.
8. Escalier des classes.
9. Entrées des garçons.
10. Préau couvert des garçons.
11. Préau découvert des garçons.

Fig. 63.

l'école des filles, l'étage au-dessus (fig. 64). Les logements ont un escalier distinct et séparé de celui des classes, et les trois préaux sont contigus. Les services ne se trouvent donc pas aussi nettement divisés et séparés les uns des autres que dans les groupes précédents.

Quant aux façades (fig. 65), elles sont traitées avec une certaine richesse, la pierre de taille et la brique seules sont employées; les classes et les préaux s'accusent par les

1. M. Cordier, architecte.

différentes formes de leurs ouvertures; les proportions de l'ensemble sont heureuses ; les détails ont été l'objet d'une étude qui peut-être sent un peu la recherche, mais ils sont bien à leur place et donnent à l'ensemble de ces bâtiments un aspect gai et agréable.

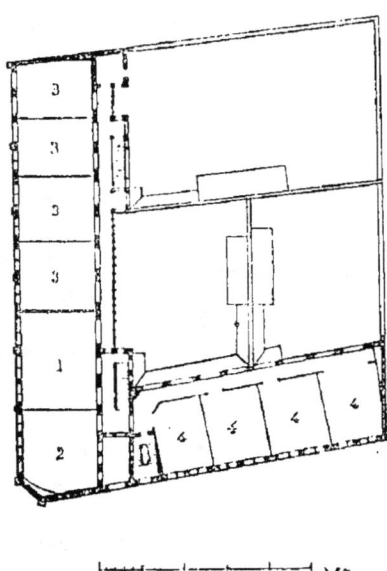

Fig. 64.

1. Salle de dessin des garçons.
2. Salle de dessin des filles.
3. Classes des garçons.
4. Classes des filles.

Bien d'autres écoles, récemment élevées à Paris, sont certes dignes d'appeler l'attention, beaucoup méritent une visite et un examen; dans la plupart on constate un progrès, une amélioration ou au moins une tentative qui indique des efforts et la recherche des moyens propres à résoudre une difficulté. Les écoles de la rue des Billettes[1], de la rue du Pont-de-Lodi, de l'avenue Daumesnil[2] sont remarquables par les ingénieuses dispositions qu'elles offrent à l'intérieur; le seul reproche qu'on puisse adresser aux dernières est le chiffre élevé de la dépense qu'elles ont atteint.

Les écoles construites à Paris, dans les conditions ordinaires comme bonne exécution des travaux et sage choix

---

1. M. Salleron, architecte.
2. M. Cordier, architecte.

des matériaux, ont coûté en moyenne 400 et 500 francs par

Fig. 65.

enfant. On a souvent cherché à diminuer ce chiffre, mais

les tentatives dans ce genre n'ont pas été heureuses et on a reconnu que les économies réalisées n'avaient été obtenues qu'en faisant à la bonne exécution des divers ouvrages des sacrifices dont les fâcheuses conséquences ont, un peu plus tard, donné lieu à de tardifs regrets.

Les écoles rurales doivent encore exagérer, s'il est pos-

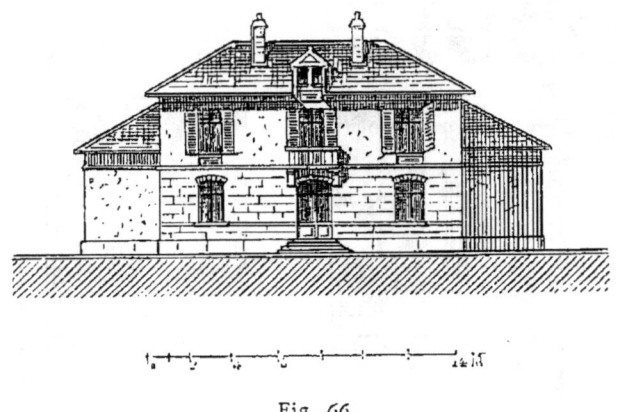

Fig. 66.

sible, le caractère de calme et de simplicité qui convient aux

Fig. 67.

écoles de villes. La figure 66 représente la façade d'une de ces modestes écoles de village dans lesquelles les matériaux du pays sont seuls employés[1]. La partie administrative du bâtiment est parfaitement distincte de la partie scolaire et la figure 67 indique les dispositions intérieures prises pour le vestiaire et les salles de classe.

La dépense de constructions de ce genre varie, suivant les localités, de 100 à 130 francs le mètre carré de surface couverte[2].

§ II. — ÉCOLES ANGLAISES.

La disposition qui établit la différence la plus tranchée entre les écoles françaises et les écoles anglaises est l'installation dans un même bâtiment des trois divisions consacrées aux enfants de l'asile, à l'école de filles et à l'école de garçons ; chacune de ces divisions occupe en général l'étage d'un bâtiment, tandis que chez nous, au contraire, elles sont presque toujours placées dans un bâtiment distinct et séparé.

Deux systèmes sont en présence et régissent la constitution des écoles anglaises. L'un, dit *système anglais*, réunit un certain nombre de classes dans une grande salle et les sépare au moyen de cloisons mobiles ou de tentures ; chacune des subdivisions est sous la direction d'un élève-maître, l'ensemble des subdivisions sous celle d'un sous-maître, et le maître en chef exerce sa surveillance générale

[1]. École de Sully-la-Tour (Nièvre).
[2]. Voir, pour les types divers de maisons d'écoles rurales : *Architecture communale*, par Félix Narjoux. Morel, 1870.

sur toutes les classes. L'autre système, dit *système prussien*, sépare les classes d'une façon complète, les répartit dans une pièce séparée et réunit tous les élèves dans une grande salle, où ils reçoivent en commun un enseignement général et se livrent à quelques exercices qui sont les mêmes pour toute l'école.

Voici dans leur ensemble deux exemples de types d'écoles, conçus dans chacun de ces systèmes.

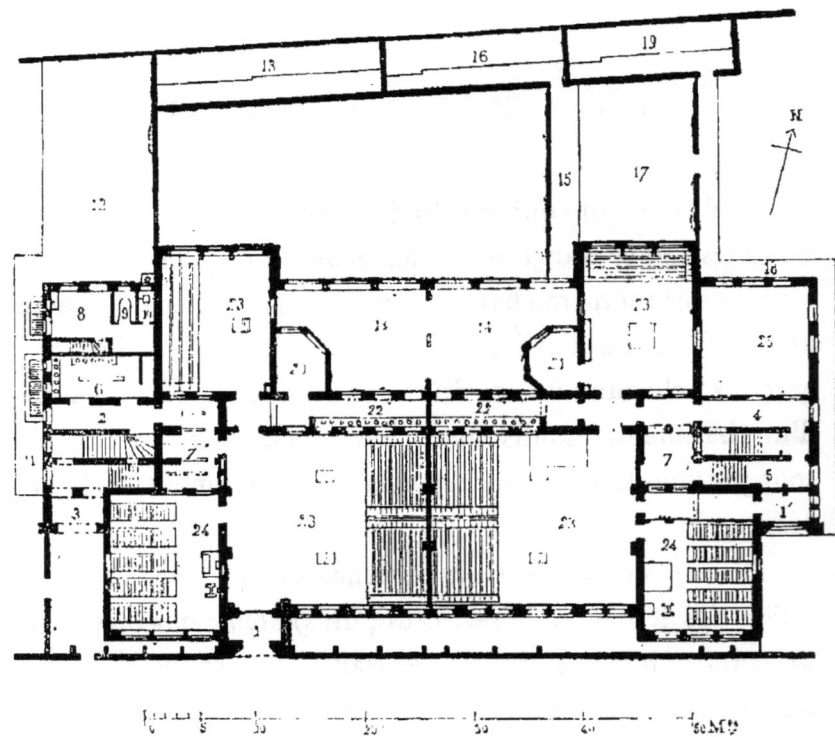

Fig. 68.

La figure 68 représente le plan du rez-de-chaussée d'une école système prussien[1].

1. M. Roger Schmidt, architecte.

L'entrée de l'asile pour les tout jeunes enfants (babies) a lieu en 1, et en 1′ pour ceux plus âgés (infants); l'entrée des garçons senior est en 2 et celle des garçons junior en 3; l'entrée des filles junior est en 4 et celle des filles senior en 5; le lavabo des jeunes garçons est en 6 et le vestiaire de l'asile en 7. La partie au-dessus de ces services est entresolée et contient le logement du gardien, une salle réservée aux maîtres et dans laquelle ils prennent leurs repas, puis le lavabo des filles grandes et petites, ainsi que le lavabo des garçons grands. En 8 est placée la salle des surveillantes de l'asile, en 9 leur lavabo-vestiaire et en 10 leurs privés. Une galerie couverte, 11, conduit au préau couvert et aux privés des garçons placés en 13 sous le préau couvert 12. Le préau couvert de l'asile est en 14; une galerie couverte, 15, conduit aux privés de l'asile 16. En 17 est le préau couvert des filles, en 18 la galerie couverte conduisant aux privés des filles 19, en 20 la pièce destinée à la maîtresse de l'asile, en 21 celle de la maîtresse en chef, en 22 les lavabos de l'asile, en 23 les salles d'exercices (gallery) des plus jeunes enfants (babies) de l'asile, en 24 la classe (classroom) des enfants plus grands (infants) de l'asile; au-dessus, les différentes classes de petites filles, et celles des grandes; au-dessus des classes des filles, celles des petits garçons et celles des grands, enfin les vestiaires. Dans les combles sont distribuées les pièces réservées aux sous-maîtres, aux élèves-maîtres, non pour les loger (car ils n'habitent pas l'établissement), mais pour leur servir de vestiaire, de salle à manger et de salle de travail; c'est dans cette dernière salle qu'ils reçoivent les leçons et les instructions du maître en chef. Les ailes du bâtiment principal sont surélevées d'un étage et contiennent des salles de dessin distinctes pour les garçons et les filles. Au-dessus de la salle d'exercice de l'asile, établie au rez-de-chaussée, est installée la grande salle d'assemblée générale, occupant la hauteur de deux étages.

Cette école peut contenir environ 1,300 enfants.

Voici maintenant (fig. 69) le plan général d'une école anglaise *système anglais*[1].

Le rez-de-chaussée est consacré à l'asile, le premier étage à l'école des filles, le second à l'école des garçons.

En 1 est l'entrée des enfants de l'asile et celle de l'école

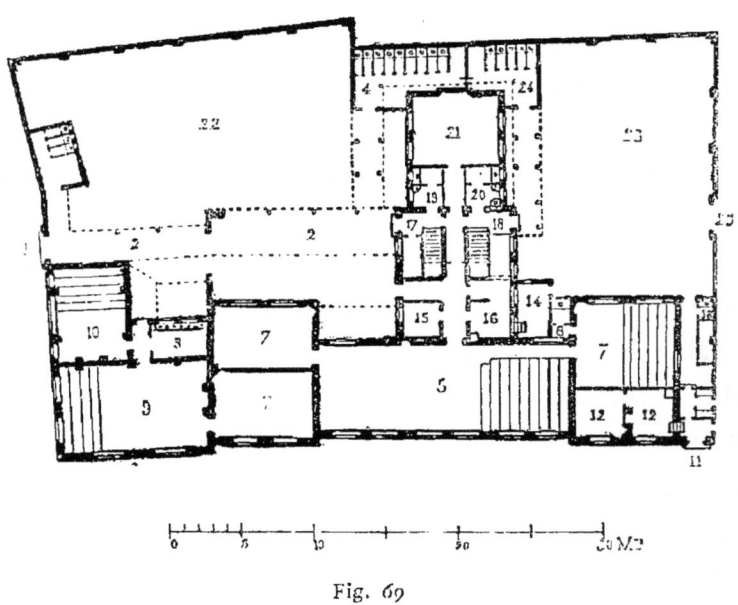

Fig. 69

des filles, en 2 une galerie couverte servant de préau couvert et conduisant aux lavabos 3, aux privés de l'asile 3' et aux privés des filles 4. Les *galeries* des petits enfants sont en 5, 9, 10, les classes des enfants un peu plus grands

1. M. R.-P. Spiers, architecte.

en 7. L'entrée des garçons a lieu en 11, le logement du gardien est en 12, les privés des enfants malades sont en 8 près des salles; en 14, 15, 16 se trouvent les pièces des surveillants, en 17 l'escalier qui monte aux classes des filles, en 18 celui qui monte aux classes des garçons; les privés et lavabos des maîtres sont en 19 et 20; en 22 est le préau découvert des filles et des enfants de l'asile, en 23 celui des garçons.

Après avoir vu les dispositions générales des établissements scolaires anglais, il nous faut examiner les dispositions de détail. Nous insisterons seulement sur ceux de ces détails qui offrent quelques différences avec ce que nous faisons nous-mêmes; il serait oiseux, en effet, de répéter à propos de l'Angleterre ce qui a déjà été dit à propos de la France.

GARDIEN

(House's keeper).

Le gardien, dont le rôle répond à celui de notre portier, n'a pas cependant les mêmes attributions. Au lieu de borner son rôle à l'ouverture et à la fermeture des portes, il est chargé non-seulement de la garde de la maison, mais encore de la surveillance subalterne de ses différentes parties; c'est lui qui balaye les cours, passages, galeries, salles de toutes sortes, et cela plusieurs fois par jour; il ratisse le sable des cours et les arrose pendant l'été. Dans les écoles importantes, l'ouvrage qui lui incombe rend nécessaire l'adjonction d'un ou de deux domestiques; c'est ce personnel qui est chargé d'allumer les feux, de s'assurer, pendant la durée des classes, du degré de température qui règne dans les salles, d'ouvrir les fenêtres aussitôt après le départ des élèves afin d'assainir et d'aérer les locaux pendant qu'ils sont inoccupés; c'est également à ce personnel qu'il appartient d'entretenir en parfait état de propreté les privés, urinoirs et lavabos. On voit, par cet exposé, l'importance et la multiplicité des soins confiés au *house's keeper* et combien il serait à désirer qu'un service de ce genre fonctionnât régulièrement dans nos propres écoles.

Le gardien est le seul employé logé dans l'établissement. Aux heures d'entrée et de sortie de l'école, lui ou ses aides se tiennent près des portes, le reste du temps ils sont partout; une cloche, placée sur un point central, sert à les appeler là où leur présence immédiate est nécessaire. Le logement du gardien, le plus souvent placé dans les combles, se compose de deux ou trois pièces, y compris une cuisine. Ces pièces n'ont pas de dimensions fixes et déterminées; elles ont une surface suffisante pour être facilement habitables, et, comme dans toutes les demeures anglaises, la place de chaque meuble y est rigoureusement prévue et indiquée.

PARLOIR.

La pièce que nous désignons sous ce nom n'existe pas, à proprement parler, dans les écoles anglaises : elle est remplacée par le cabinet de travail de la directrice ou du directeur (*head master*), dans lequel ces fonctionnaires reçoivent les parents de leurs élèves, adressent des remontrances à ceux de ces derniers qui les méritent et préparent les leçons qu'ils professent eux-mêmes. Ce cabinet de travail n'est pas placé à l'entrée de l'école, mais au centre et dans une partie des bâtiments propre à aider la surveillance ; il consiste souvent dans une loge vitrée permettant au regard de s'étendre de tous côtés.

PRÉAU COUVERT
(Play ground covered).

Les préaux couverts, ou mieux cours de récréation couvertes, ne sont guère que des abris couverts, mais libres, sur une ou plusieurs de leurs faces ; ils ont des dimensions relativement restreintes, car on laisse les enfants constamment jouer en plein air, à moins de pluies violentes et continues.

Ces préaux ne servent qu'aux jeux, et ne sont pas, comme les nôtres, des vestiaires, des réfectoires, en même temps que des salles de propreté et de récréation. Comme les écoles anglaises sont très-souvent des fondations privées ayant leur administration propre et leurs fonds personnels, elles ne se trouvent pas toutes régies en certains côtés par les mêmes conditions ni les mêmes règles. C'est ainsi qu'en bien des cas les enfants sont nourris à l'école, aux frais de l'école, et y prennent gratuitement leur repas du milieu du jour ; un fourneau est à cet effet installé près de la grande salle d'assemblée et sert à préparer une soupe chaude, du thé, des aliments simples et substantiels que les enfants consomment assis à des tables dressées dans la grande salle. Cette organisation très-philanthropique est bien préférable aux conditions habituelles qui laissent l'enfant, dans une grande salle glaciale en hiver, manger debout des aliments froids et parfois, hélas ! insuffisants, apportés de la maison paternelle. C'est surtout dans les écoles dites *système prussien* que cette combinaison de nourrir les enfants pendant le jour est pratiquée avec le plus de succès; dans celles dites *système anglais*, les enfants quittent souvent l'école au milieu du jour pour aller prendre leur repas dans leur famille.

SALLES D'EXERCICES.

C'est dans cette pièce qu'a lieu, comme nous l'avons déjà dit, la réunion de tous les élèves d'une même divi-

Fig. 70.

sion, filles ou garçons, et parfois même de toute l'école, filles et garçons; ils se livrent là à des exercices intellectuels et moraux, y reçoivent des leçons d'un égal intérêt pour tous, y écoutent des lectures, des instructions religieuses, professées par le *head master* ou le révérend de la paroisse voisine.

Le système d'éducation en usage chez nos voisins laisse à la jeune fille, à quelque classe sociale qu'elle appartienne, une très-grande liberté dans ses rapports avec les jeunes hommes ; cette facilité dans les relations commence dès le jeune âge : à certains jours on réunit donc dans la même salle les garçons et les filles, sans crainte, sans danger, et sans croire nécessaire de les séparer par une barrière au moins inutile.

Les salles d'assemblée, d'exercices, n'existent que dans les écoles système prussien ; elles occupent la hauteur de deux et trois étages, on leur donne souvent une apparence monumentale, on les décore et on s'efforce par leurs dispositions d'impressionner d'une façon agréable l'esprit et les yeux des enfants.

La figure 70 indique l'aspect qu'affectent quelques-unes de ces salles[1].

LAVABOS.

Les lavabos occupent une pièce servant également de vestiaire et dans laquelle sont disposés d'un côté les cuvettes, de l'autre les portemanteaux et les rayons. La figure 71 montre l'aspect d'une salle de ce genre : le rang des cuvettes occupe le fond et est adossé le long du mur, tandis que les portemanteaux sont scellés sur des cloisons placées perpendiculairement par rapport aux lavabos; tous

---

[1]. *Jonhson street school.* M. Roger Schmidt, architecte.

les enfants n'entrent pas à la fois dans cette pièce désignée sous le nom générique de lavabos; ils y pénètrent au fur et à mesure de leur arrivée à l'école, par escouades de vingt environ, ils ont trois minutes pour déposer leurs coiffures, se

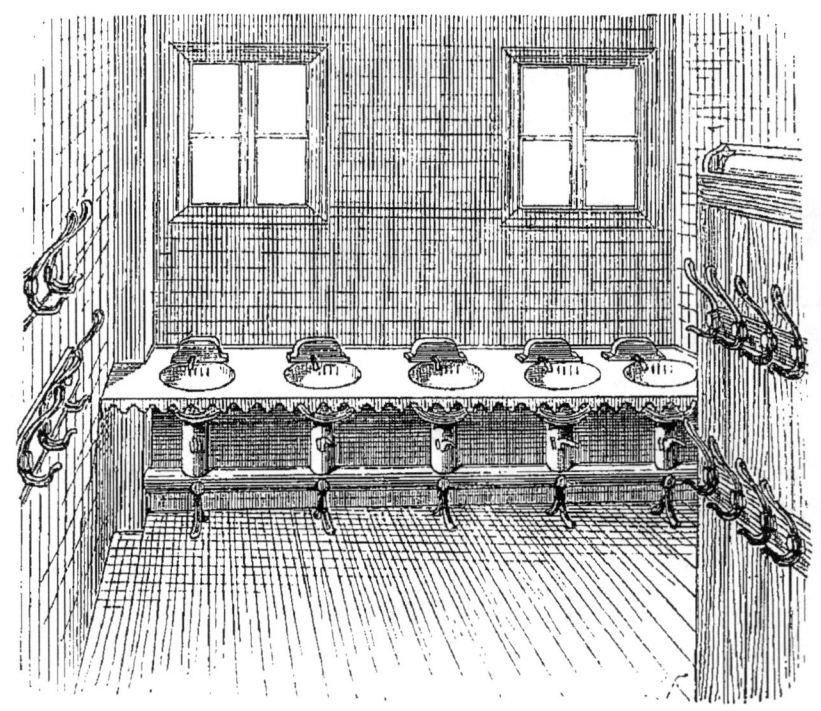

Fig. 71.

laver la figure et les mains; ils retournent ensuite prendre rang dans la salle de récréation, où ils attendent que leurs camarades, ayant accompli la fonction dont ils viennent de s'acquitter, les aient rejoints pour se rendre en classe avec eux.

Le détail des consoles scellées au mur et supportant les cuvettes, la disposition de ces cuvettes ainsi que celle des robinets et des conduites, sont indiqués figure 72.

SERVICES INTÉRIEURS.

Les systèmes adoptés pour l'établissement des cuvettes, la conduite des eaux propres et l'expulsion des eaux sales, sont nombreux et variés, mais, dans tous ou à peu près, chaque enfant a la libre disposition de l'eau qui lui est

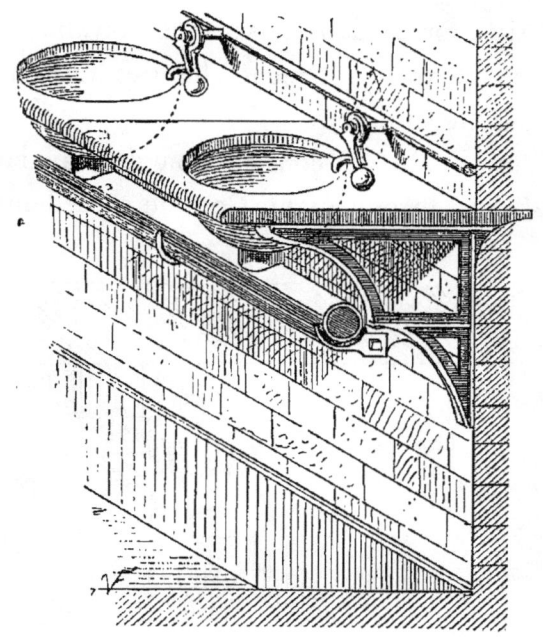

Fig. 72.

nécessaire; il ouvre et ferme lui-même le robinet par lequel l'eau s'écoule, plonge la tête dans l'eau, la frotte avec ses mains et s'essuie à un linge accroché au vestiaire et portant son nom; pendant ce temps-là, un mécanisme fait mouvoir la soupape placée au fond de la cuvette, les eaux sales s'écoulent laissant la cuvette propre, prête à recevoir un nouvel arrivant.

Mais la propreté n'est pas le privilège de l'enfant, à quelque nation qu'il appartienne, et, bien que l'opération de nettoyage soit répétée plusieurs fois par jour, le dépôt des détritus laissés par les eaux de lavage, après les heures de récréation par exemple, quand l'école est située près de quelque usine, devient considérable et suffit souvent pour produire des engorgements dans les tuyaux de service; de là, suspension forcée dans l'usage des lavabos, réparations coûteuses et gênantes, et recherche des moyens propres à remédier à cette situation.

Voici un mode de construction des lavabos (fig. 73), qui obvie à cet inconvénient. Comme précédemment, l'eau

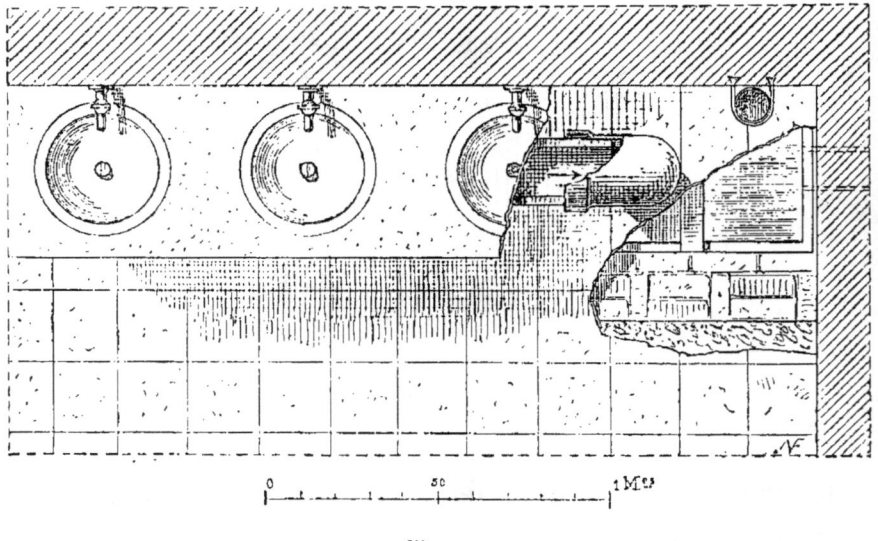

Fig. 73.

propre est laissée à la disposition des enfants et un même mécanisme ouvre à la fois toutes les soupapes par où s'écoule l'eau sale; mais ces eaux sales, au lieu de s'écouler dans un tuyau fermé, s'écoulent dans une conduite ouverte (fig. 74), ayant la forme et l'aspect d'une gouttière; les matières, sables, terre, charbon, dont les mains sont salies, se déposent au fond de cette conduite, et, quand leur amas est devenu assez considérable pour gêner la circulation de l'eau, un outil en demi-lune est traîné dans la longueur de la conduite qu'il débarrasse promptement et facilement des immondices qui l'obstruent.

Les eaux sales ainsi débarrassées, sinon entièrement, du moins en partie, tombent dans un réservoir en maçonnerie divisé par une cloison dont la partie inférieure est libre; la case opposée à l'arrivée contient l'orifice du tuyau de décharge, le niveau des eaux s'établit naturellement (fig. 75), et aucune mauvaise odeur ne peut, du canal servant d'égout, remonter dans l'intérieur de la pièce.

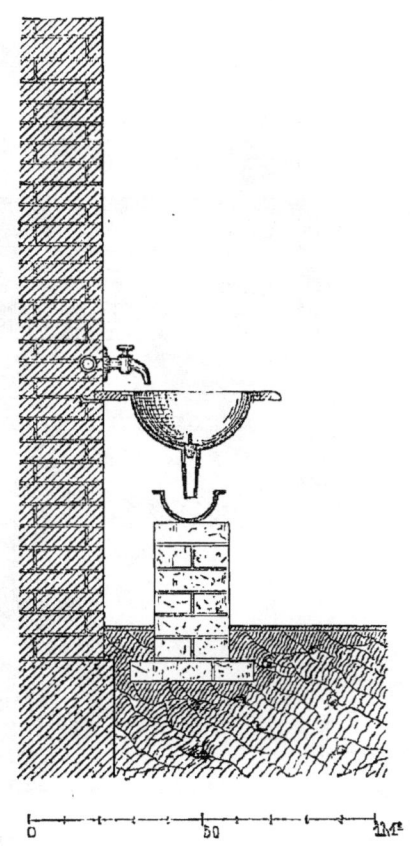

Fig. 74.

Remarquons à propos de ces lavabos combien, même pour un détail de cette nature, se manifeste l'esprit pratique des Anglais qui, tout entiers au but qu'ils se sont assigné, ne se préoccupent en aucune manière de la façon dont se présente et se résout leur pensée.

La disposition adoptée et que font connaître les

figures 74 et 75 [1], est ingénieuse et pratique; il eût été facile de la rendre agréable en lui donnant une forme moins brutale, une enveloppe moins grossière; le constructeur n'a pas même eu cette idée, il laisse son appareil libre, apparent,

Fig. 75.

établit de robustes points d'appui en brique pour soutenir une gouttière qu'une légère agrafe eût suffi à porter; aucune décoration, aucun charme ne paraît nécessaire à son travail : il réalise son programme, cela lui suffit.

Pour en finir avec les lavabos, c'est-à-dire avec les pièces

1. M. Roger Schmidt, architecte.

qui les contiennent, nous donnons (fig. 76) le dessin d'un des portemanteaux destinés à recevoir la serviette de l'enfant, sa coiffure et son paletot, s'il en possède un. Ces portemanteaux sont à deux crochets, solidement fixés à la clôture ou au mur, et de dimensions qui leur permettent de résister à un choc violent.

Les vestiaires ne sont pas très-vastes, mais toujours très-bien aérés, de façon à ce que les mauvaises odeurs n'y séjournent pas et que l'humidité, résultant de l'évaporation de l'eau

Fig. 76.

forcément répandue sur le sol à la suite du lavage, puisse promptement sécher.

CLASSES.

La forme, les dimensions, la surface, la hauteur des classes anglaises ne nous offrent aucun point à signaler; la place assignée aux élèves par les divers règlements est supérieure à celle en usage chez nous, mais comme ces règlements ont prévu à la fois la surface nécessaire à l'élève, dans la classe et dans l'espace ménagé en avant, cette indication ne peut nous donner un utile renseignement ; quant à l'espace occupé par chaque élève dans la classe proprement dite, il est le même environ que celui adopté chez nous. Nous signalerons seulement deux dispositions bonnes à connaître : d'abord celle relative au petit nombre d'élèves dans chaque classe, les plus nombreuses en contenant 30 ou 40 au plus, puis l'éclairage de ces classes dans lesquelles le jour vient uniformément du côté gauche.

Dans les classes des écoles système prussien, nous

Fig. 77.

n'avons à signaler aucune différence notable avec les nôtres ; dans celles système anglais au contraire, il faut faire ressortir le mode de division des classes séparées entre elles seulement par une tenture (fig. 77) ou par une cloison mobile (fig. 78). Pour la leçon du *pupil teacher*, les cloisons mobiles se ferment, les tentures retombent et cependant les élèves restent toujours sous la direction du maître (*teacher*),

Fig. 78.

qui, placé en avant dans la partie ménagée à cet effet, inspecte à la fois plusieurs classes et surveille en même temps les élèves et les élèves-maîtres ; pour un exercice général, pour un enseignement commun, les séparations disparaissent et toutes les classes se réunissent pour n'en faire qu'une seule à la tête de laquelle se place le *head master* pour faire sa leçon.

Les figures 79 et 80 font comprendre la difficulté pratique que rencontre l'installation des bancs suivant les prescriptions réglementaires. Dans le premier cas (fig. 79), le

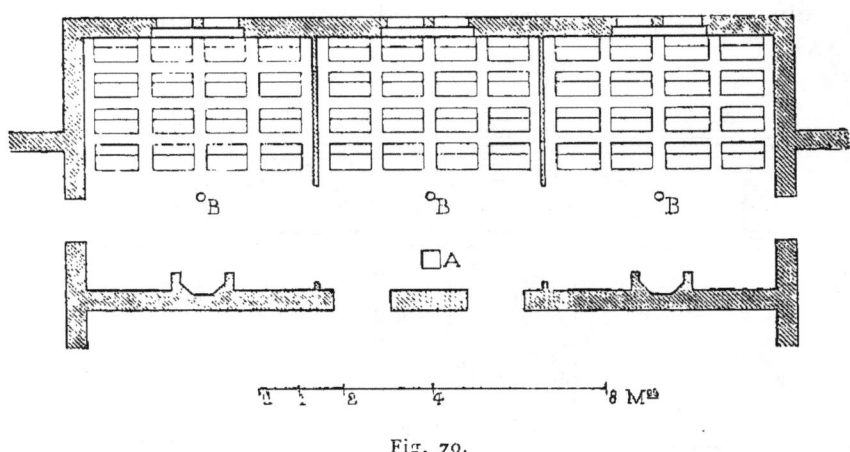

Fig. 79.

A. Siége du *teacher*.   B. Siége du *pupil teacher*.

jour vient en arrière et éclaire mal les élèves; dans le se-

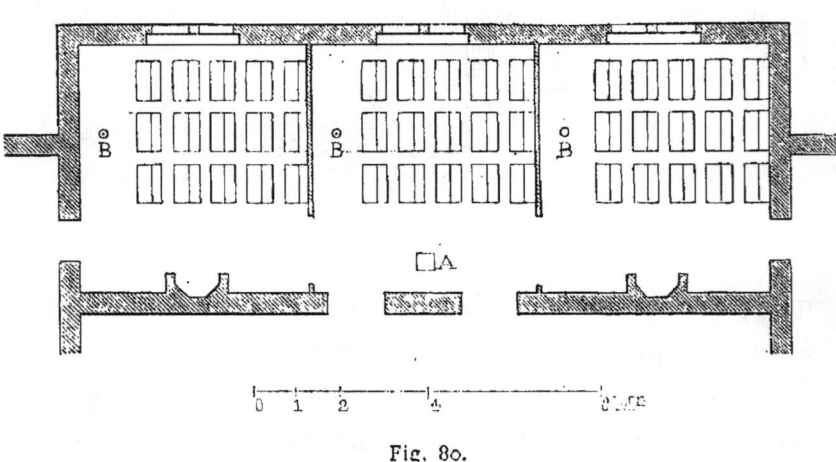

Fig. 80.

A. Siége du *teacher*.   B. Siége du *pupil teacher*.

cond cas (fig. 80), les élèves sont placés de côté, le *pupil teacher* est adossé à la cloison ou à la tenture et la surveillance du maître, du *head master*, s'exerce mal sur des lignes d'enfants dont les premiers cachent les suivants.

Ces observations ont leur importance, car elles montrent bien clairement la distinction qui existe entre les deux types d'écoles dits *système anglais* et *système prussien*.

Quant aux planchers, plafonds, murs, peintures, etc., nous n'avons rien à ajouter à ce qui a déjà été dit à ce sujet.

ESCALIERS.

Les escaliers sont toujours droits sans révolutions circulaires, les volées ne dépassent pas 12 marches et se trouvent arrêtées par des paliers, les noyaux sont pleins afin d'empêcher les enfants de passer les bras ou les jambes à travers les barreaux ; les marches ont 0,15 de hauteur moyenne sur 0,30 de foulée.

Ces escaliers ne sont pas uniques par bâtiment, il en existe toujours au moins un à chaque extrémité de l'édifice, et, afin de mettre les petits garçons à l'abri du contact et des mouvements un peu violents de leurs camarades plus âgés, les petits ont un escalier distinct de celui des grands.

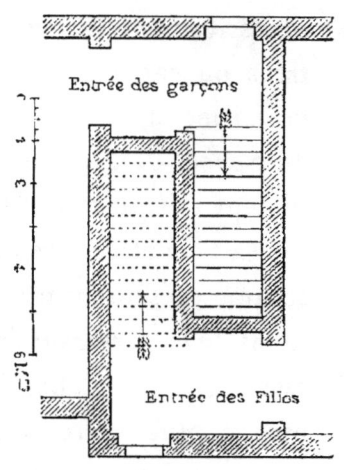

Fig. 81.

Quelques écoles, élevées dans les quartiers excessivement populeux, sont insuffisantes pour le nombre des élèves appelés à les fréquenter, alors les classes sont dédoublées, c'est-à-dire que pendant que la moitié des élèves est en classe, l'autre moitié est en récréation, et ainsi de suite ; les écoles de ce genre ont plusieurs escaliers afin d'obvier aux encombrements et aux rencontres d'un très-grand nombre d'enfants accumulés sur un même point.

Il arrive aussi parfois que les escaliers sont doubles ; la volée inférieure de l'un passe sous la volée supérieure de l'autre. Cette disposition (fig. 81) offre un certain avantage quand ces deux escaliers ont une destination différente et que, par exemple, l'un est destiné aux filles et l'autre aux garçons : le premier dans ce cas s'arrête à un étage laissant l'autre continuer plus haut.

FENÊTRES.

La forme des fenêtres des anciennes écoles anglaises est excessivement variée ; elles sont circulaires, ogivales, cintrées ou carrées sans autres raisons que le caprice ou la fantaisie ; dans les dernières écoles élevées par les soins du *School-Board*, ce désordre a cependant cessé et heureusement fait place à des dispositions raisonnées et étudiées.

Les fenêtres circulaires et ogivales ont été abandonnées, comme présentant une disposition vicieuse due au rétrécissement de la partie supérieure, qui, là où précisément arrivent avec le plus d'abondance l'air et la lumière, offrait un espace plus restreint et plus étroit. Les fenêtres rectangulaires n'offrent pas cet inconvénient, on élève leur linteau jusqu'au niveau du plafond et l'air et la lumière entrent librement par la partie supérieure, sans laisser d'étranglements obscurs servant d'abri à la poussière et aux miasmes malsains qui vicient l'atmosphère.

Quant aux modes de clôture de ces fenêtres, nous en examinerons trois seulement :

Dans le premier (fig. 82), la fenêtre est fixe à sa partie inférieure, la partie centrale au contraire est mobile et, au moyen d'une tringle métallique, s'ouvre de la même façon qu'une fenêtre ordinaire. Ce modèle est en outre sus-

Fig. 82.

ceptible d'une modification, par suite de laquelle toute la fenêtre reste fixe jusqu'à l'imposte, la partie supérieure seule devient mobile autour d'un axe et s'abat à l'intérieur ; l'ouverture et la fermeture de ce châssis se font également au moyen d'une tringle dont l'extrémité est scellée au mur à hauteur de la main. Ce système, en somme, ne montre, en fait d'innovation, que la manivelle servant à la ma-

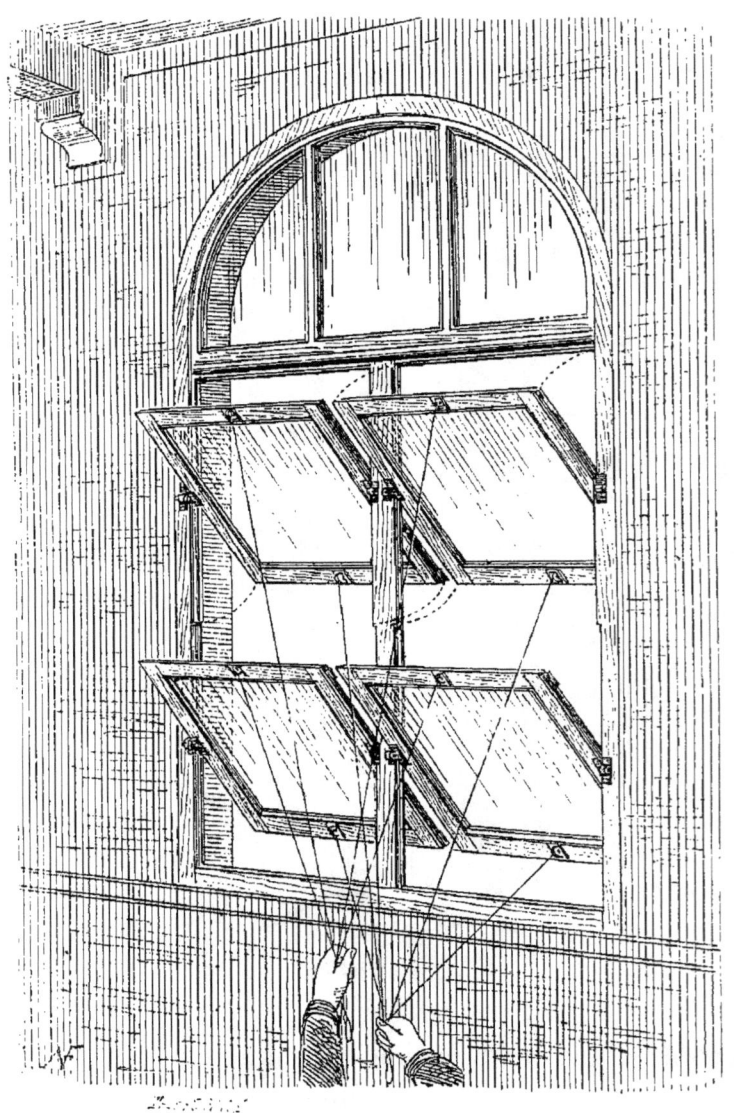

Fig. 83.

nœuvre des châssis, manœuvre devenue, par le moyen employé, facile et commode.

La figure 83 fait connaître un autre modèle en usage; il est appliqué à une fenêtre circulaire, mais comme l'imposte est fixe, rien ne serait plus aisé que d'employer la même disposition à une fenêtre carrée. Les panneaux sont mobiles sur un axe central (fig. 84), des câbles fixés haut et bas les font mouvoir sur cet axe et les entraînent suivant l'angle nécessaire; ces panneaux étant de grande dimension laissent arriver de grands flots de lumière; quant à l'air, s'il arrive que la moitié du panneau le dirige en haut, il faut reconnaître que nul obstacle ne l'empêche de passer au-dessous de l'autre moitié du battant et de se diriger en bas, de s'introduire par conséquent dans la pièce un peu comme il le ferait à travers une fenêtre ordinaire. Cependant ce système offre sur la fenêtre ordinaire l'avantage de laisser l'air arriver par couches horizontales atteignant diverses hau-

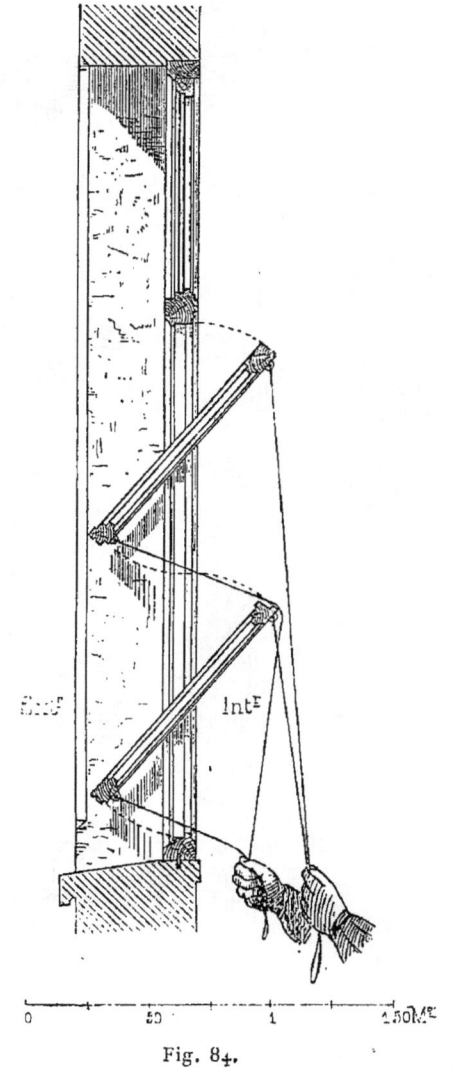

Fig. 84.

214   ÉCOLES PUBLIQUES.

teurs, tandis que par la fenêtre ordinaire il pénètre (
seule couche verticale dont il est difficile de déter
exactement l'importance et la force. Ajoutons aussi

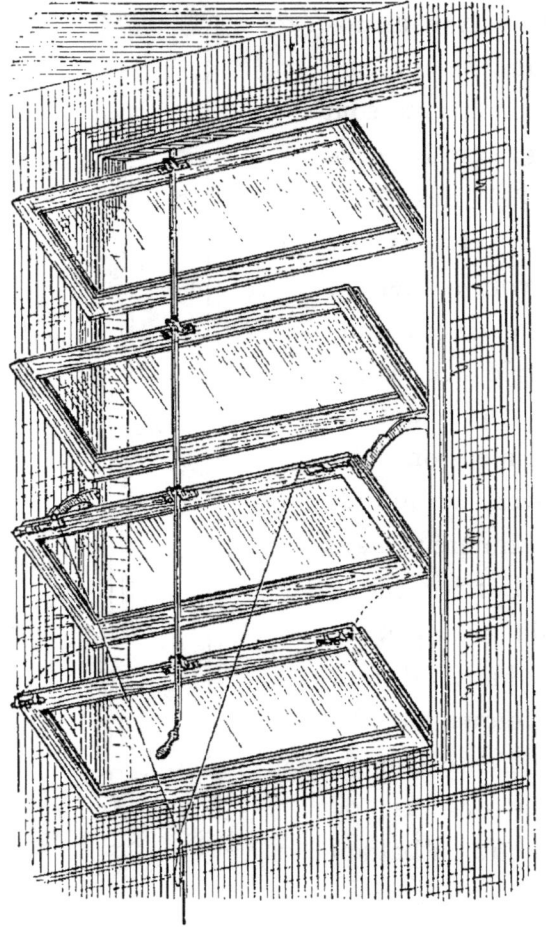

Fig. 85.

manœuvre des câbles n'est pas toujours facile et qu
ces ficelles s'embrouillent parfois assez ensemble po
ter d'une façon momentanée mais complète le fon
ment de l'appareil.

SERVICES INTÉRIEURS.

Le troisième système (fig. 85) est de beaucoup préférable aux précédents, car, tout en offrant les mêmes avantages, il n'offre aucun de leurs inconvénients. Récemment appliqué avec quelques modifications à une des grandes écoles de Paris, il a été reconnu comme présentant un progrès et un perfectionnement incontestables sur les résultats obtenus jusqu'à ce jour.

La fenêtre est rectangulaire, monte jusqu'au plafond et dans toute sa hauteur est munie de panneaux mobiles roulant sur un axe à leur extrémité inférieure et fixés à leur milieu sur une tige métallique les reliant tous ensemble, de sorte qu'en baissant cette tige, tous les panneaux s'entr'ouvrent et qu'en la levant tous se ferment; une crémaillère latérale guide le mouvement et empêche le châssis de dépasser l'extrême limite au delà de laquelle pourrait se produire une chute ou une rupture; deux

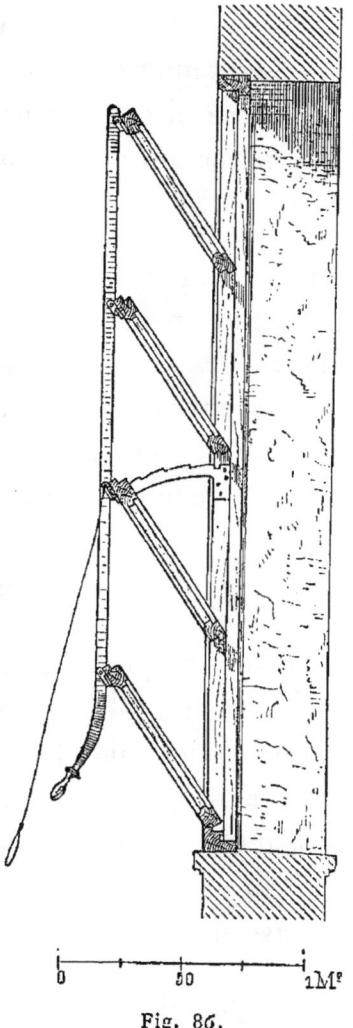

Fig. 86.

verrous placés à la hauteur de la main servent à consolider la fermeture quand la fenêtre est close (fig. 86); ainsi, quand il s'agit d'ouvrir la fenêtre, une manœuvre simple et facile fait baisser la tige, tous les panneaux s'entr'ouvrent suivant un angle variant de dimensions à l'infini, l'air arrive de bas en haut, va frapper le plafond et se mêle à l'atmosphère intérieure, sans jamais pouvoir arriver directement sur la tête des enfants, qu'ils soient assis ou debout.

Les panneaux des châssis sont aussi grands qu'on peut le désirer et n'opposent, par conséquent, aucun obstacle à l'introduction de la lumière.

Les contrevents, persiennes et toute fermeture extérieure, autre que les châssis des fenêtres, ne sont pas en usage, on a seulement recours pendant les jours les plus chauds de l'été à des tentures ou à des rideaux qui abritent contre les rayons du soleil les parties des classes s'y trouvant exposées. Ces beaux jours ont, du reste, une si courte durée que l'emploi de ce moyen est assez restreint.

ECLAIRAGE.

Nous ne pouvons mieux faire pour montrer quelle importance les Anglais attachent à l'éclairage des classes de leurs écoles, que de reproduire un extrait de la conférence faite à ce sujet à Londres, en 1873, par le docteur Liebreich. Ce texte a déjà été publié en différents recueils[1], mais sa valeur est telle que le lecteur nous saura gré de le mettre de nouveau sous ses yeux.

« Quand on examine le soin apporté pour assurer le développement physique des enfants dans les écoles anglaises,

---

1. *School life in its influence on sight.* A lecture delivered before the College of Preceptors at the Hall of the Society of Arts. July 13, 1872, by R. LIEBREICH. *(Ophthalmic surgeon and lecturer at Saint Thomas's Hospital.)* London, Churchill, 1872.

on est surpris de trouver, dans presque toutes, des dispositions plus ou moins préjudiciables à l'organe de la vision. Je suis porté à croire que cela tient à ce que les maîtres, les *architectes* et les autres personnes qui s'occupent de l'installation des écoles, ne connaissent pas suffisamment les premiers principes établis pour la conservation de la vue. Il semble même qu'on ne se soit jamais demandé ce qu'étaient ces principes.

« J'ai donc pensé qu'il était utile de présenter une étude complète de cette question au Collége des instituteurs. Je n'aurai pas à parler des diverses maladies de l'œil auxquelles l'enfance est sujette, et qui peuvent par conséquent se produire pendant le temps d'école, mais seulement de celles des altérations de l'organe visuel qui se développent directement sous l'influence de la vie scolaire. Il y en a trois :

1° Décroissance de la portée de la vue ;

2° Décroissance de l'acuité de la vision ;

3° Décroissance de ce que les Anglais appellent *indurance*, c'est-à-dire décroissance de la possibilité de continuer le travail pendant un temps suffisant.

1° La *décroissance de la portée (vue courte, myopie)* est cet état de l'œil dans lequel les rayons de lumière venant de l'infini, c'est-à-dire en parallélismes, convergent en avant de la rétine, par suite de l'extension de l'axe de l'œil. Pour voir distinctement, les rayons doivent être rendus moins convergents à l'aide d'un verre concave.

« La myopie se développe presque exclusivement pendant le temps d'école, rarement après, et encore plus rarement avant ce temps. Cette coïncidence est-elle accidentelle? c'est-à-dire la myopie apparaît-elle à l'époque vers laquelle les enfants vont à l'école, ou bien la vie d'école cause-t-elle la myopie? Des enquêtes statistiques prouvent que cette dernière hypothèse est la vraie, et que la moyenne des enfants myopes est plus grande dans les écoles établies d'une façon défavorable au point de vue de l'optique.

« La myopie exerce une influence fâcheuse sur la santé générale en faisant prendre l'habitude de se tenir penché. Son accroissement au point de vue national doit donc être considéré comme un mal sérieux. Autrefois, quand l'instruction scolaire était limitée à un petit nombre, cette question n'avait que peu ou point d'importance; mais maintenant, et surtout à un moment où l'Angleterre est sur le point d'étendre les bienfaits de l'instruction scolaire à un nombre beaucoup plus considérable de ses citoyens, la question de savoir comment la myopie peut être prévenue mérite la plus sérieuse attention.

2° *Décroissance de l'acuité de la vision. (Amblyopie.)* — Cet état fâcheux est, en général, le résultat de désordres positifs dans l'œil, désordres qui peuvent bien être exceptionnellement développés dans l'école, mais qui sont d'un caractère trop individuel pour être examinés ici. L'amblyopie d'un seul œil est cependant souvent le résultat d'une disposition défectueuse de l'appareil, ce qui dérange l'action commune des deux yeux et affaiblit l'œil qui n'est pas employé.

3° *Décroissance de la force (indurance.) Asthénopie.* — Cette affection très-fréquente provient surtout de deux causes. La première est un état cogénital appelé hypermétropie, que l'on corrige à l'aide de verres convexes, et qui ne peut, par conséquent, être mis sur le compte de la vie d'école. La deuxième est un trouble dans l'action harmonique des muscles de l'œil, infirmité très-difficile à soigner et qui est généralement causée par une position défectueuse prise par l'élève pendant son travail.

« Les trois anomalies que je viens de signaler ont toutes la même origine : insuffisance ou mauvaise combinaison de l'éclairage, fausse position pendant le travail.

« Un éclairage insuffisant ou mal disposé nous oblige à diminuer la distance entre l'œil et le livre pour lire ou pour écrire. Nous faisons de même si les siéges ou les pupitres n'ont pas une position convenable ou si leur forme et leurs proportions sont mauvaises.

« Quand l'œil regarde un objet très-rapproché, l'appareil propre à établir l'accord entre les yeux et les muscles qui les meuvent, de façon que leurs axes convergent vers le même objet, est amené à l'état de la plus grande tension, et cela doit être considéré comme la principale cause de la myopie et de son accroissement.

« Si les muscles de l'œil ne sont pas assez forts pour résister longtemps à cette tension, l'un des yeux est abandonné à lui-même, et pendant que le premier se dirige sur l'objet, l'autre dévie à l'extérieur, reçoit de fausses images, et sa vision devient indistincte, amblyopique. Les muscles résistent peut-être quelque temps à ces difficultés, puis ils se fatiguent, et c'est ainsi que se produit la diminution de la force visuelle.

« Comment ces maux peuvent-ils être prévenus ?

« La lumière doit être suffisamment forte, tomber sur la table du côté gauche et autant que possible d'en haut. Les enfants doivent être assis droits, et avoir leurs livres à une distance de l'œil d'au moins 10 pouces (25 centimètres). En outre le livre doit être incliné d'environ 20° pour écrire et de 40° pour lire.

« Ces règles sont-elles observées dans les écoles anglaises? Pour trouver la réponse à cette question, j'ai visité un grand nombre d'écoles et pris des informations sur les autres. Après cela, mon opinion, qui deviendra je pense aussi la vôtre quand je serai entré plus avant dans les détails, est qu'il existe à peine une école en Angleterre où ces règles soient observées d'une façon à peu près parfaite.

« La lumière convenable s'obtient plus facilement si la classe est de forme oblongue; les fenêtres devront dans ce cas être percées sur un des longs côtés, les tables posées parallèlement aux murs courts, de manière que la lumière arrive du côté gauche. Le pupitre du maître doit être placé près du mur court vers lequel regardent les écoliers.

« Cet arrangement si simple est en même temps le plus pratique, et aurait dû tout naturellement être adopté dans tous les pays. J'ai donc été très-étonné de ne le trouver en Angleterre qu'exceptionnellement, parfois dans une des salles de classe d'une grande école, parfois dans la seule chambre d'une petite école. Dans ces occasions, le maître s'excusait ordinairement en disant que je trouverais cet arrangement un peu *passé de mode*, et il exprimait son désir de le changer.

« J'ai donc eu à examiner : 1° si les arrangements des écoles anglaises étaient meilleurs ou pires que ceux qui sont adoptés ailleurs; et, 2° quels pouvaient être les motifs de cette exception à la règle. J'ai essayé de trouver le principe ou le système qui avait présidé à ces arrangements, mais j'ai bientôt reconnu qu'il n'y en avait pas, et que l'éclairage des salles dépendait entièrement de circonstances accidentelles. Quelquefois les fenêtres étaient sur un des côtés courts, quelquefois sur un des longs; tantôt d'un côté, tantôt de deux ou de plusieurs côtés adjacents ou opposés. La disposition des tables était également accidentelle et différait dans chaque classe.

« Il résulte de mes conversations avec les maîtres, que les arrangements adoptés provenaient des considérations dont je vais parler, bien plutôt que de la préoccupation d'obtenir un bon éclairage. Les écoles qui sont sous la haute surveillance du Comité du conseil d'éducation (*Committee of council on education*) font exception à cette règle. Le seul Département d'éducation (*Education's department*), dans ses règlements pour les projets et les installations d'écoles, établit des règles pour l'éclairage des salles de classe, et de tous les procédés il a choisi de beaucoup le plus mauvais. Le n° 15 de ces règlements est ainsi conçu : « Les fenêtres « doivent être disposées de telle sorte que la lumière « tombe en plein sur la figure des maîtres et sur celle des « élèves. »

« La lumière qui vient de droite ne vaut pas celle qui vient de gauche, parce que l'ombre de la main est portée sur le point qu'on doit regarder. La lumière qui arrive par derrière est plus mauvaise encore, parce que la tête et la partie supérieure du corps projettent une ombre sur le livre; mais la lumière qui tombe en pleine figure est la pire de toutes. D'abord elle n'atteint pas le but qu'on se propose ; puis elle est très-fatigante pour les yeux. Le but est de rendre les figures largement éclairées plus visibles aux maîtres ; mais les enfants, en cherchant instinctivement à éviter la gêne que leur fait éprouver une lumière éblouissante, prennent toutes sortes de positions qui détournent leurs visages du regard du maître. En lisant, ils tournent la tête autour de l'axe cervical, ordinairement vers la droite, afin de laisser arriver la lumière sur leur livre, lequel, lorsqu'ils le tiennent droit devant eux, est complétement dans l'ombre ; en écrivant ou en lisant (le livre ou le cahier étant posés sur la table) ils inclinent la tête aussi bas que possible afin de s'abriter les yeux sous la projection de leur front. De cette façon, les figures sont beaucoup moins visibles pour les maîtres que si elles se tenaient droites et éclairées du côté gauche ; et si, suivant les règlements du *Committee of council*, la lumière tombe aussi en plein sur la figure du maître, ce dernier ne pourra rien voir du tout.

« Cette manière d'éclairer la salle est très-pernicieuse pour l'œil : 1° parce que la rétine se fatigue de ce jour trop éclatant, et puis parce que la diffusion de la lumière dans les yeux fait qu'il est plus difficile de reconnaître un objet comparativement mal éclairé, tel que le livre placé dans cette disposition ; 2° parce que la position prise par les enfants pour éviter l'influence gênante de la lumière place l'axe de l'œil dans une direction très-défavorable ; c'est là, comme je l'ai déjà signalé, ce qui cause la myopie, les différences dans la vision des deux yeux, et certains affaiblissements des muscles de l'œil.

« Les motifs de cette diversité dans l'éclairage des salles ne sont pas faciles à donner, puisqu'ils diffèrent presque pour chaque école. Je veux toutefois dire quelques mots de ceux qui prédominent.

« Plusieurs des principales écoles sont installées dans des édifices qui datent de deux, trois et même quatre siècles. Les fenêtres n'y sont pas dans les positions les plus désirables ; cependant l'éclairage des grandes salles de classe est comparativement très-bon. Elles ont de hautes fenêtres ogivales, par lesquelles la lumière arrive directement d'en haut. Plus la lumière vient d'en haut, moins on sent l'inconvénient relatif au côté d'où elle arrive. Dans les petits édifices anciens, l'éclairage est souvent très-mauvais. Cela n'aurait que peu d'importance là ou le vieux bâtiment sert simplement de noyau pour les nouveaux, si la malheureuse idée de bâtir la nouvelle partie dans le vieux style ne privait pas les enfants de l'occasion favorable d'obtenir plusieurs salles bien éclairées pour compenser un petit nombre de salles mal éclairées.

« Puisque nous devons condamner ce sacrifice fait au goût architectural sur un sujet de si haute importance, que dirons-nous lorsqu'un des premiers architectes de l'Angleterre bâtit, avec des frais énormes, sur un vaste terrain ouvert de tous côtés, une école tout à fait nouvelle, grande, splendide, et qu'il éclaire chaque salle de classe de trois côtés à la fois par des fenêtres larges et basses, rendant ainsi une bonne position des tables tout à fait impossible? Les architectes et les administrateurs se doutent-ils de leur responsabilité quand ils bâtissent une école sans consulter les maîtres et avec la seule préoccupation de l'apparence extérieure? N'ont-ils point de crainte des conséquences funestes qui résultent de dispositions aussi peu pratiques pour une école?

« Dans les écoles de la classe moyenne, j'ai trouvé généralement des dispositions meilleures par rapport à la lumière, notamment quand des ressources limitées n'ont pas permis à l'architecte de décorer la maison suivant le style des Tudors (dans lequel la partie supérieure des fenêtres, c'est-à-dire la plus importante, est rendue inutile), mais, au contraire, l'ont obligé à élever un monument simple et économique. Les édifices sur un plan rectiligne (un parallélogramme), avec des fenêtres modernes, hautes, rectangulaires, ne produisent peut-être pas un aussi bel effet *dans le paysage* et ne proclament pas le génie de l'architecte à l'observateur superficiel; mais cela me semble de peu d'importance quand il s'agit d'institutions d'un intérêt aussi pratique que nos écoles.

« Dans les écoles de pauvres, où la lumière dépend essentiellement de la situation et des ressources de l'établissement, où la première est souvent défavorable et les dernières sont limitées, on ne doit blâmer personne d'un éclairage généralement insuffisant plutôt que mal disposé.

« Quant aux positions différentes adoptées pour les pupitres et les siéges, il est difficile de les expliquer, car, dans la plupart des cas, elles paraissent résulter d'un simple accident. Quelquefois des circonstances secondaires, telles que la position de la porte, de la cheminée, ou de la meilleure place pour le tableau, ont décidé la question. Plus souvent cela a dépendu du désir d'avoir les figures des enfants en pleine lumière; je me suis déjà déclaré contre cette méthode à propos des règlements officiels; le plus souvent cependant, le désir de placer les enfants aussi près que possible du maître a été la cause de cet arrangement et a conduit à disposer les siéges en fer à cheval.

« Il me semble que cette disposition est préférée à toute autre, et je suis convaincu que la grande majorité de mes auditeurs lui est favorable; je suis donc très-fâché d'être obligé, à mon point de vue, de la désapprouver complétement. En premier lieu, un tiers des enfants seulement peut avoir une lumière convenable; en second lieu, comme dans le cas où la lumière vient de face, on manque le but qu'on se propose. Les enfants dans cette position *ne sont pas*, autant qu'ils pourraient l'être, sous l'œil du maître. Si celui-ci regarde l'extrémité de droite du fer à cheval, il tourne le dos à la gauche, et ses yeux devraient avoir la mobilité de ceux du caméléon pour surveiller tous les enfants à la fois. L'arrangement des siéges adopté dans d'autres pays rend la surveillance de toute la classe facile d'un seul coup d'œil et sans tourner la tête. La principale objection faite à cet arrangement est la difficulté de surveiller plusieurs rangées d'enfants placés les uns derrière les autres ; mais cette difficulté est aisément surmontée : il ne s'agit que d'élever un peu les bancs les uns au-dessus des autres, ou, ce qui est encore plus simple et plus désirable, d'exhausser suffisamment la place du maître. Si vous voulez faire un essai pratique et ne pas adopter, à priori, une conclusion contraire, vous serez bientôt convaincus de la vérité de ce que j'avance. D'autres objections, comme, par exemple, la difficulté de changer de place, s'écartent aussi très-aisément. Je pense que vous reviendrez tous à l'arrangement si simple qui, seul, permet un éclairage convenable. Dans la plupart des salles de classe, il serait facile de faire les modifications nécessaires, et cette disposition n'empêcherait pas le directeur de surveiller les différentes classes (séparées par des tentures ou des cloisons mobiles).

« L'éclairage des salles, le soir, doit, autant que possible, venir du même côté que celui du jour ; il est difficile, il est vrai, de bien disposer la lumière du gaz, mais il est facile cependant de la distribuer mieux qu'elle ne l'est dans la plupart des écoles. Presque partout j'ai trouvé des becs de gaz nus qui donnent une lumière mauvaise et vacillante. Des cylindres de verre rendraient la flamme plus blanche et plus fine, des réflecteurs l'amélioreraient encore ; on pourrait, dans la plupart des cas, rendre ces becs propres à jouer en même temps le rôle de ventilateurs pour expulser au dehors les produits nuisibles de la combustion et compléter la ventilation générale de la salle.

« Il ne faut pas se servir de verres dépolis. Les verres dépolis sont utiles pour l'éclairage général d'une salle, parce qu'ils diffusent plus également la lumière dans tous les sens ; mais, par cette même raison, ils donnent pour le travail un éclairage indécis, et, s'ils sont en face de l'œil, ils sont éblouissants et nuisibles. Cette propriété de diffuser la lumière rend le verre dépoli utile aussi pendant le jour pour éclairer les parties les plus sombres d'une chambre auxquelles n'arrive pas la lumière directe des fenêtres ; mais il faut avoir soin de ne l'employer que pour les plafonds ou les parties supérieures des croisées ; plus bas, il est nuisible, et il devient positivement mauvais s'il est placé en face de l'œil. Il ne faut donc jamais en mettre à la partie inférieure des croisées, afin d'empêcher de regarder au dehors ; il serait préférable, pour atteindre ce résultat, de couvrir tout à fait la partie inférieure de la fenêtre, car la lumière qui vient d'en bas n'a que peu d'importance.

« Dans les classes de dessin, l'emploi des vitres dépolies est quelquefois très-utile si la lumière vient, comme il le faut en pareil cas, de la partie la plus haute de la salle. Si le verre dépoli était placé plus bas, il détruirait, en diffusant la lumière, la netteté des ombres sur les modèles en plâtre. Je ferai observer ici que la disposition des siéges dans ces classes ne doit pas être la même que dans les classes ordinaires. Une disposition en diagonale est généralement préférable, ou, si la salle est longue et très-étroite, si les élèves copient seulement des dessins et que la lumière vienne du plafond, il vaudra mieux tourner le dos à la lumière. »

CHAUFFAGE ET VENTILATION.

Nous ne reviendrons pas, à propos du chauffage et de la ventilation des écoles anglaises, sur les observations que

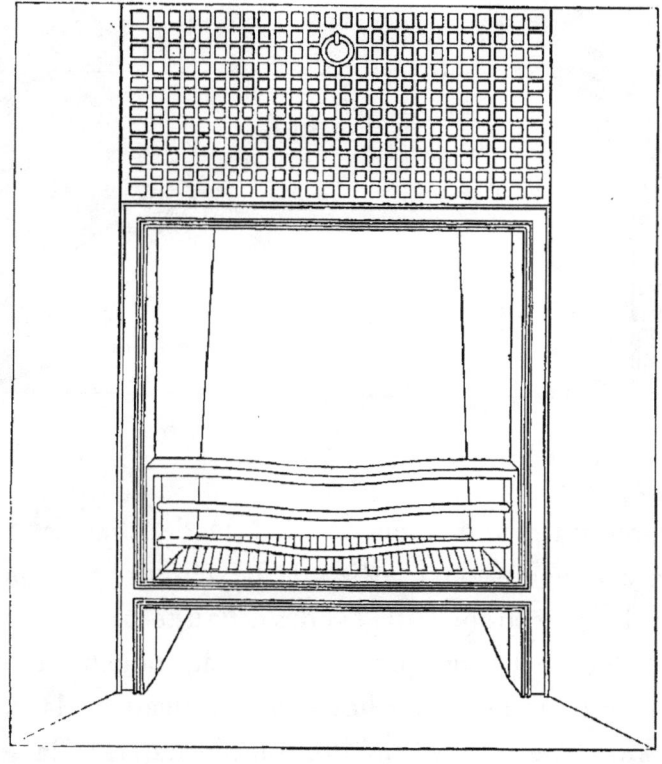

Fig. 87.

nous avons déjà présentées au sujet du chauffage et de la ventilation des écoles françaises. Les remarques faites, les principes généraux émis, les renseignements donnés pour les unes s'appliquent également aux autres ; les difficultés sont les mêmes dans les deux pays, et les solutions obtenues de l'autre côté du détroit ne sont pas de beaucoup préférables à celles obtenues de ce côté-ci.

Un appareil de chauffage très en faveur en ce moment dans les écoles du *School Board* de Londres est une cheminée (fig. 87) dans laquelle le foyer reste apparent. Ce foyer est formé d'une cloche de fonte (fig. 88), garnie de

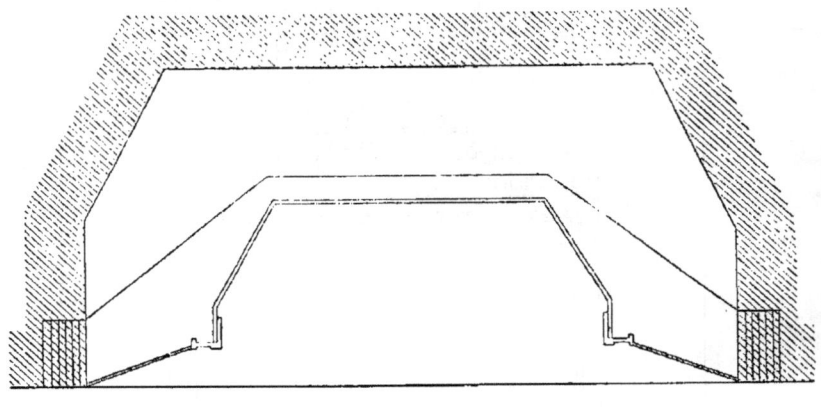

Fig. 88.

nervures qui augmentent la surface de chauffe. La prise d'air, comme toujours, a lieu de l'extérieur, par une ouverture à large section, l'air froid s'échauffe au contact de la calotte et s'échappe par une grande bouche de chaleur, ménagée dans la partie haute du manteau de la cheminée (fig. 89) ; une trappe mobile, placée derrière la grille de la bouche, modère ou augmente à volonté l'introduction de l'air chaud dans la salle.

Quant à la ventilation, complétement indépendante du chauffage, elle s'opère au moyen d'orifices d'évacuation non pas ménagés dans le parquet, mais percés dans les parois des murs au pourtour de la salle, au ras du sol, et aboutissant à des conduites réunies en une seule dans la hauteur des combles; une rampe à gaz, placée en cet endroit, cause une élévation de température qui détermine l'introduction de l'air vicié dans les conduites.

On emploie également, en Angleterre, différents appareils de chauffage, poêles ou calorifères, dont la forme, les prix sont aussi variés que les résultats qu'ils procurent; ils sont tous tellement connus, grâce aux prospectus illustrés, prix courants de toutes sortes, répandus par leurs inventeurs, que nous croyons inutile de reproduire ici une nomenclature banale et sans intérêt. Ces systèmes, du reste, ne sont pas préférables à celui que nous venons de décrire. On

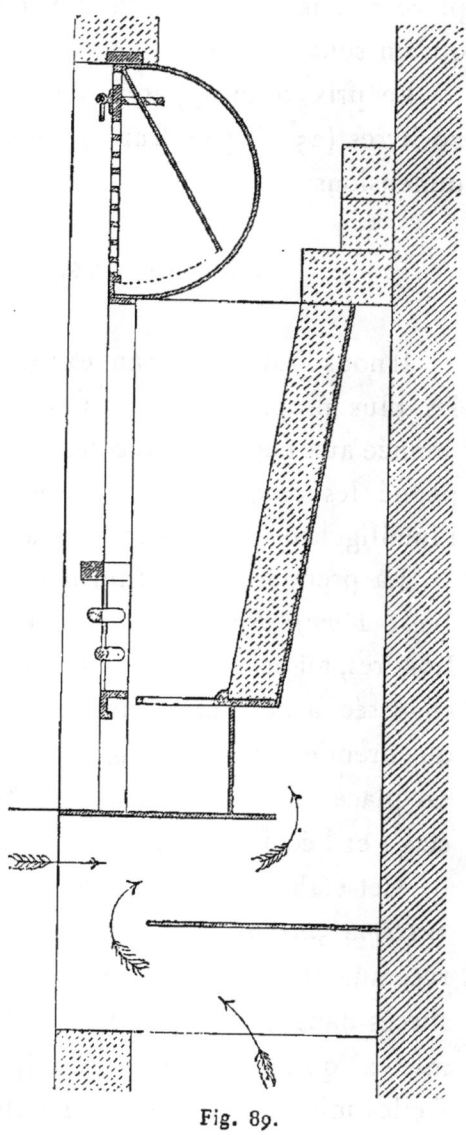

Fig. 89.

peut, non sans raison, reprocher à ce dernier un rayonnement calorique excessif pouvant incommoder les personnes placées dans son voisinage immédiat, au détriment de celles qui en sont éloignées.

Le prix d'un appareil de cette nature varie de 10 à 20 livres (250 à 500 francs), suivant son importance et ses dimensions.

ÉLÉVATIONS. — FAÇADES.

Il nous faut maintenant examiner quelques-uns des types les plus propres à faire connaître la forme architecturale donnée aux façades des écoles anglaises. Nous avons accompagné les croquis de ces façades des plans nécessaires à l'intelligence de l'édifice, tant à l'intérieur qu'à l'extérieur.

La première école dont nous voulons parler est celle de *West Ferry Road*, élevée dans un quartier extrême de Londres, au delà des *West India Docks*. Le plan du rez-de-chaussée a déjà été donné (fig. 69); voici (fig. 90) le plan du premier étage et (fig. 91) le plan du second. L'asile est placé au rez-de-chaussée, l'école des filles au premier étage et l'école des garçons au second.

Cet établissement[1], élevé suivant le type des écoles dites *système anglais*, est un des plus remarquables de ceux récemment construits à Londres et a obtenu le plus grand succès dans le public et dans la presse. L'examen des plans, mieux qu'une longue description, montre les moyens faciles mis en pratique par l'architecte pour assurer la parfaite installation des divers services, l'isolement relatif des

1. M. P. R. Spiers, architecte.

classes (séparées par des cloisons mobiles), la possibilité de leur prompte réunion en *gallery :* chaque chose est à sa place, remplit le but particulier qui lui est assigné et concourt au résultat final heureusement atteint.

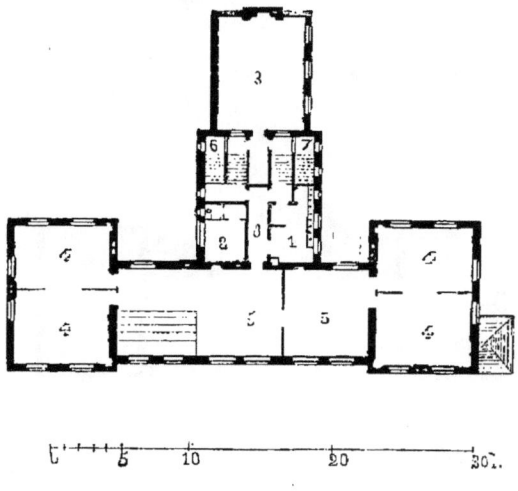

Fig. 90.

Étage des filles.

1. Lavabos et vestiaire.
2. Cabinet de la directrice, avec lavabos et privés.
3. Salle de dessin.
4. Classes séparées par des cloisons mobiles.
5. Classes pouvant être réunies.
6. Escalier des garçons.
7. Escalier des filles.
8. Passage.

Les façades, entièrement en briques (fig. 92), offrent un caractère de simplicité et d'unité souvent rares dans les constructions anglaises. Les proportions sont heureuses et, grâce à des imbrications de couleurs différentes et de dessins variés, les parements extérieurs n'offrent pas l'apparence parfois froide et monotone des maisons de briques. La construction raisonnée accuse à l'extérieur les dispositions intérieures et fait ainsi comprendre la destination de l'édifice.

232 ÉCOLES PUBLIQUES.

Cette école peut contenir environ 1,000 enfants, savoir : 200 à l'asile, 400 garçons et 400 filles.

La coupe (fig. 93) rend sensible la différence de niveau des planchers, qui varient de hauteur suivant la nature des

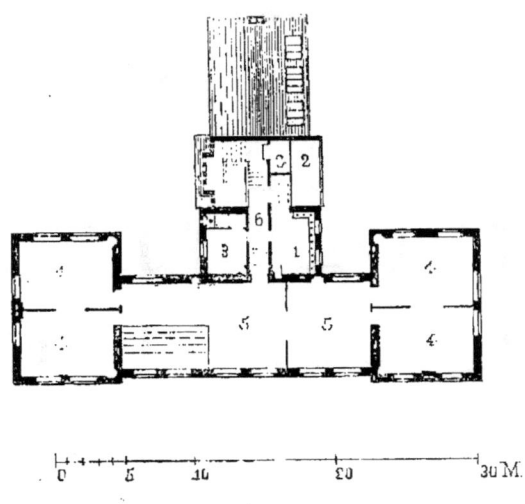

Fig. 91.

Étage des garçons.

1. Lavabos et vestiaire.
2. Pièce réservée aux *pupils-teachers*.
3. Cabinet du directeur, avec lavabos et privés.
4. Classes séparées par des cloisons mobiles.
5. Classes pouvant être réunies.
6. Passage.

bâtiments et l'importance des pièces qu'ils contiennent. De telles combinaisons sont peu en harmonie avec nos habitudes; nous nous bornons à les constater sans en proposer l'application.

L'école de *Johnson Street*, près de *Mile end Road*[1], est un des types les plus récents d'écoles du système dit *prussien;* nous avons donné (fig. 68) le plan du rez-du-chaussée,

1. M. Roger Schmidt, architecte.

nous donnons maintenant les plans du premier (fig. 94) et du deuxième (fig. 95) étage.

Les classes des petits, filles et garçons, sont au premier étage, celles des grands sont au second. Les escaliers sont

Fig. 92.

à double révolution : chaque sexe a ainsi son escalier distinct, de façon à éviter aux filles le contact immédiat des mouvements trop brusques des garçons. Les classes contiennent en moyenne de 50 à 60 élèves, nombre un peu élevé, et, ce qui est plus fâcheux encore, quatre d'entre elles sont éclairées de droite à gauche, et, dans deux autres, la lumière arrive derrière le dos des enfants. Sauf cette observation, dont l'importance est considérablement diminuée par la raison qu'il serait facile de donner une autre disposition aux siéges, il ne nous reste qu'à signaler l'heureuse installation des classes, isolées les unes des autres et toutes en com-

Fig. 93.

munication avec la grande salle d'assemblée, occupant à elle seule la hauteur des premier et second étages et dans laquelle une galerie à mi-hauteur, servant de tribune lors de réunions générales, fait communiquer toutes les classes entre elles. La figure 70 présente l'aspect général de cette salle.

Les façades sont de briques et de pierre : les ouvertures ont la forme ogivale, mais la partie ouvrante des châssis

SERVICES INTÉRIEURS.

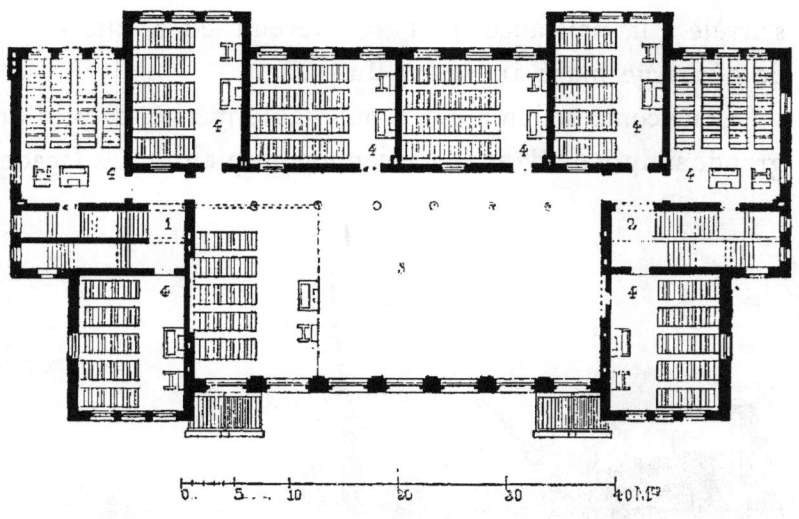

Fig. 94.

Étage des filles.

1. Escalier des garçons.
2. — des filles.
3. Salle d'assemblée.
4. Classes séparées.

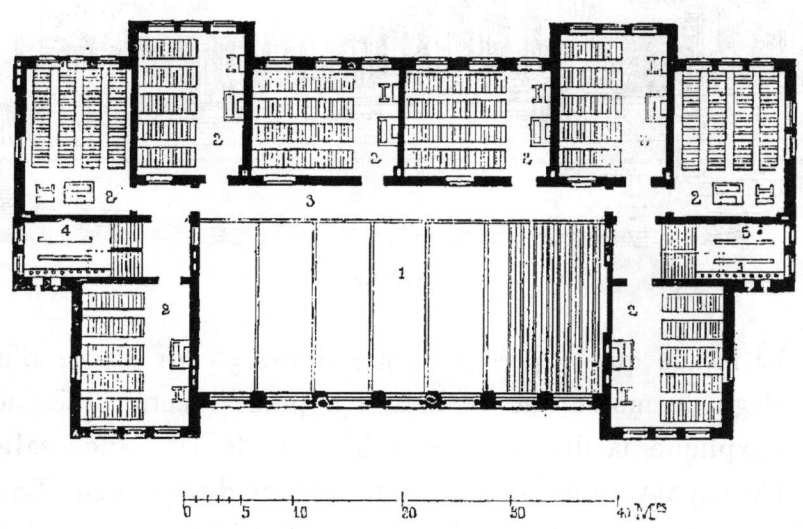

Fig. 95.

Étage des garçons.

1. Partie supérieure de la grande salle.
2. Classes.
3. Galerie.
4. A mi-étage, avao et vestiaire des garçons.
5. Id. Id. des filles.

s'arrête à la naissance de l'arc, devenu en réalité un arc de décharge placé au-dessus du linteau.

Cette construction a un incontestable mérite, celui d'une grande simplicité dans la conception du plan et des façades.

Fig. 96.

La façade que représente notre figure 96 est élevée d'un étage de moins que la façade opposée : cette différence s'explique facilement par la hauteur de la grande salle, n'occupant qu'une partie de la largeur du bâtiment. Cette disposition montre de la part de l'architecte une étude sérieuse et un sage mépris pour les exigences d'une futile symétrie.

L'école de *Johnson's Street* contient environ 1675 enfants, savoir : 575 petits enfants à l'asile, 540 garçons, et 560 filles. Il faut, pour justifier un nombre d'enfants aussi considérable, remarquer que cette école est construite dans un

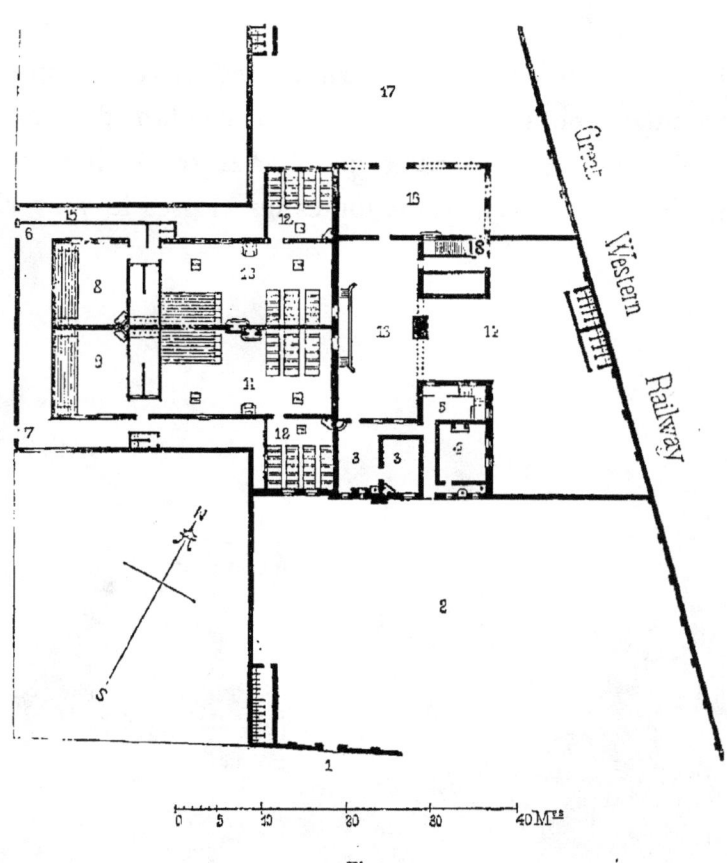

Fig. 97.

Garçons.

1. Entrée.
2. Cour de récréation.
3 et 4. Logement du gardien.
5. Escalier des classes.

Asile.

6 et 7. Entrée des enfants, petits et grands.
8 et 9. Salle de réunion, avec estrade (lavabos, vestiaires et privés à côté).

10 et 11. Salle de travail.
12. Classes séparées.
13. Salle de récréation.
14. Cour de récréation.

Filles.

15. Entrée.
16. Salle de récréation.
17. Cour de récréation.
18. Escalier des classes.

quartier très-populeux, exclusivement habité par la classe ouvrière, dans lequel de véritables ruches humaines renferment une population considérable, agglomérée sur un très-petit espace.

L'école de *Wornington Road* est moins réussie que les précédentes; nous ne donnons que le plan du rez-de-chaussée (fig. 97) : le plan des étages se devine facilement d'après celui-ci. Dans toutes les classes le jour vient

Fig. 98.

dans le dos des élèves; en outre, les façades (fig. 98) offrent un assemblage de combinaisons bizarres et étranges, souvent en honneur dans les constructions anglaises, et c'est à ce titre que nous avons cru utile de faire connaître l'édifice dont il s'agit : il peut, par sa forme extérieure et intérieure, donner idée d'un grand nombre d'écoles de Londres. Nous aurions pu multiplier les exemples de ce genre, un seul nous a paru devoir suffire.

FRAIS DE CONSTRUCTION.

Les frais de constructions scolaires sont, à Londres, moins élevés qu'à Paris; une école ne coûte guère, à Londres, que 300 francs par enfant, tandis qu'à Paris elle en coûte 400, et souvent beaucoup plus : c'est donc une économie considérable, réalisée par les constructeurs anglais.

Cette économie ne tient pas à une différence dans le prix de revient de la main-d'œuvre ou dans le mode d'emploi des matériaux, car ces deux conditions sont sensiblement les mêmes dans les deux pays; elle tient à plusieurs autres causes faciles à expliquer : d'abord, à la suppression des logements d'instituteurs, de maîtres, de directeurs qui jamais n'habitent l'école, mais se logent au dehors, là où ils veulent; c'est donc déjà un étage de moins sur les trois ordinairement donnés, chez nous, aux établissements scolaires; ensuite, les Anglais se contentent de satisfaire leur programme sans aucune recherche, aucun raffinement dans les moyens employés. Ainsi, les plafonds, les parements des murs sont simplement blanchis à la chaux, les marches d'escaliers construites en dalles de pierre ou d'ardoises reposent sur un noyau plein montant de fond; le sol des grandes salles est asphalté; les portées des solives sont ménagées de façon à toujours pouvoir employer des fers de commerce sans obliger à des assemblages coûteux, à des dimensions exceptionnelles ; la division du plan en petites salles dont les murs d'enceinte montent de fond depuis le rez-de-chaussée, sans exiger l'emploi de dispositions spéciales pour trouver un grand préau, facilitent cette dernière combinaison, etc., etc.; enfin, la réunion des asiles, écoles de filles et de garçons, dans un même bâtiment où ils se trouvent superposés, est moins dispendieuse que l'érection de plusieurs bâtiments distincts pour l'asile et pour chaque école.

ÉCOLES RURALES.

Les écoles rurales sont de dispositions moins simples que les nôtres ; au lieu de ne contenir qu'une salle unique, elles renferment toujours plusieurs classes : le motif en est, d'abord, à ce que la population des communes ou paroisses, en Angleterre, est en général plus nombreuse que celle de nos agglomérations françaises ; ensuite, à ce que l'école des filles et celle des garçons, toujours séparées chez nous avec un soin extrême, sont au contraire, là-bas, réunies dans le même bâtiment.

Le plan (fig. 99) est celui d'une école destinée à recevoir 70 élèves ; l'entrée a lieu en 1 ; c'est sous ce porche que se trouvent les lavabos et le vestiaire. En 2 est la salle d'école et en 3 la classe des élèves les plus avancés. La leçon est faite à la fois aux enfants des deux sexes, mais ils ont chacun une cour distincte, les garçons en 4 avec des privés en 6, les filles en 5 avec des privés en 7 ; en 8 se trouve un dépôt pour le combustible.

L'école se ferme le soir, après la sortie des élèves, et se

rouvre le lendemain matin; elle ne contient de logement d'aucune sorte, ni pour un gardien ni pour des maîtres.

Les salles sont en général mal éclairées; le jour vient du côté droit, du côté gauche ou en arrière, afin de faire une économie sur la hauteur des murs et donner en même temps aux salles le cube d'air nécessaire. L'entrait de la charpente est reporté le plus haut possible, laissant ainsi l'intérieur profiter d'une partie de l'emplacement des combles, disposition dont l'inconvénient est de laisser le haut des salles mal éclairé, incomplétement aéré et ventilé.

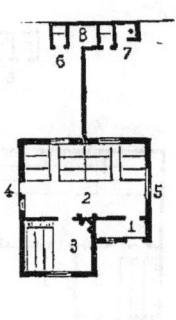

Fig. 99.

Quant aux façades (fig. 100), elles sont très-simples et n'offrent aucune trace de prétentions monumentales; c'est un abri économique et bien construit, mais dont les combinaisons un peu compliquées choquent peut-être nos traditions admises en pareil cas.

Fig. 100.

Ces dispositions particulières et ces différences avec nos habitudes s'accusent davantage en raison de l'importance donnée à l'école. Celle dont nous donnons le plan (fig. 101) est destinée à recevoir 120 élèves garçons et filles. Un bâtiment distinct, n'ayant aucune communication avec celui de l'école, contient exceptionnellement le logement du maître, L'entrée a lieu par un porche couvert 1, la grande salle est en 2;

les groupes d'élèves, séparés par des tentures, sont éclairés en arrière et à droite; la classe particulière est en 3, éclairée à droite. En 4 se trouve un passage exclusivement réservé aux filles pour gagner la cour de récréation, dans laquelle sont établis des privés et un abri pour le combustible; la cour des garçons est en 6. Il faut sortir de ce bâtiment pour gagner celui qui contient le logement du maître dont l'entrée a lieu en 7; le parloir est en 8, la cuisine en 9, la laverie en 10 et le dépôt des provisions en 11. Une cour, réservée au maître, se trouve placée en arrière du bâtiment en 6, et dans cette cour ont également été établis des privés et un abri pour le combustible. Au premier étage, en partie enga-

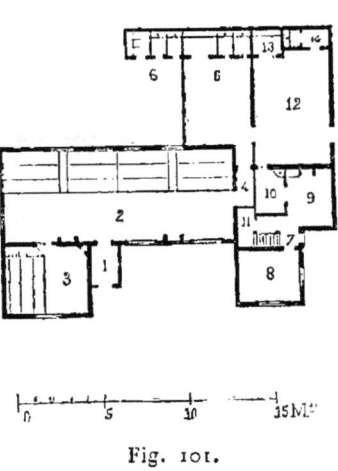

Fig. 101.

Fig. 102.

gées sous le comble, existent trois chambres à coucher à feu qui, avec les pièces du bas, complètent l'habitation du maître, composée, en somme, de cinq pièces à feu, de deux cabinets et des dépendances.

Nous n'avons rien à ajouter à ce que nous avons déjà dit au sujet des façades. Celle de cette dernière école (fig. 102) offre le même caractère et le même aspect que les autres façades sur lesquelles nous avons déjà appelé l'attention du lecteur.

IV

SALLES D'ASILE

§ I. — RENSEIGNEMENTS GÉNÉRAUX.

Les salles d'asile[1] sont des établissements d'*éducation*, destinés à recevoir pendant le jour les enfants des deux sexes que leurs parents, éloignés du logis par le travail quotidien, ne peuvent pas garder avec eux.

Cette institution essentiellement philanthropique a donné d'excellents résultats partout où elle a été organisée, mais c'est surtout dans les grands centres manufacturiers que le but qu'elle se propose a été le plus heureusement atteint : là, plus que partout ailleurs, le travail éloigne et occupe les mères pendant le jour, les obligeant à laisser leurs enfants privés des soins nécessaires, abandonnés à eux-mêmes, ou, ce qui est pis peut-être, livrés au danger d'un labeur trop précoce.

Le bien produit par les salles d'asile est incontestable. D'abord accueillies avec une certaine méfiance, elles dépassent maintenant le résultat qu'on en attendait; les procédés employés inculquent aux enfants le sentiment

---

[1]. Voir *Architecture communale*, par Félix Narjoux. Morel, Paris, 1870.

religieux et moral, préparent sans les fatiguer ces jeunes intelligences à l'instruction qu'elles recevront plus tard à l'école, tandis que les exerces physiques développent leur corps et fortifient leur santé.

Les salles d'asile ne sont pas des établissements d'instruction primaire ; leur but n'est pas d'*instruire,* mais de *former et de préparer* l'enfant à suivre fructueusement l'enseignement qui lui sera donné plus tard. La salle d'asile prend l'enfant au berceau, lui enseigne, dès qu'il peut les comprendre, les habitudes d'ordre, de discipline et de propreté dont plus tard il recueillera les fruits ; elle tient le milieu entre la crèche, où on le reçoit au maillot, et l'école, où il est *instruit.*

Les salles d'asile sont souvent groupées à côté de l'école primaire dont elles deviennent en quelque sorte une dépendance. Ce système offre l'avantage de permettre aux parents qui ont plusieurs enfants de les conduire en même temps à l'école et à l'asile ; il diminue en outre les frais de construction et d'administration. Mais il ne faut pas perdre de vue que les asiles doivent être en plus grand nombre que les écoles, il faut les trouver disséminés dans tous les quartiers populeux, à peu de distance les uns des autres, afin d'éviter de trop longues courses aux enfants ; il vaut donc infiniment mieux, pour une grande ville, avoir plusieurs asiles de dimensions restreintes que d'en posséder un petit nombre qui soient très-peuplés.

Les salles d'asile se sont rapidement développées dans toutes les villes industrielles, et nous les voyons maintenant se propager dans tous les centres de quelque importance. Les enfants ne sont généralement pas admis dans les asiles avant trois ou quatre ans et n'y demeurent pas au delà de sept, âge auquel ils sont reçus dans les écoles primaires.

Le nombre d'enfants que peut recevoir un asile ne doit pas être inférieur à 120, ni supérieur à 200 ; en effet, au-dessous de 120 les frais généraux, joints à ceux de premier établissement, deviennent trop considérables, répartis sur un petit nombre d'enfants, et, au delà de 200, la surveillance, les soins nécessaires se trouvent forcément insuffisants, sans compter que, comme il a été dit précédemment, il faudrait, pour recruter une population de plus de 200 petits enfants, obliger la plupart d'entre eux à parcourir un long chemin matin et soir.

Une salle d'asile isolée est un établissement relativement assez complexe et qui exige des développements plus considérables qu'on ne serait tenté de le supposer au premier abord. Une salle d'asile comprend la classe ou plutôt la salle des exercices, un préau couvert servant aux récréations, un préau découvert, une salle de repos pour les enfants indisposés pendant le jour, un parloir, une cuisine, parfois le logement du concierge et, enfin, s'il y a lieu, le logement des directrices laïques ou congréganistes. La salle des exercices et le préau couvert varient de forme et de surface. Dans une des salles ont lieu les exercices pour ainsi dire intellectuels, dans l'autre, les exercices physiques. Ce fréquent changement de place et de travail est très-nécessaire à l'enfance, toujours avide de mouvement ; il permet en outre de renouveler constamment l'atmosphère et d'assurer facilement la propreté du local qui vient d'être momentanément abandonné. Les salles d'asile sont privées ou publiques, laïques ou congréganistes ; elles renferment le logement des directrices ou tout simplement des locaux ouverts le matin, fermés le soir; souvent aussi elles nourrissent gratuitement pendant le jour les enfants qui leur sont confiés.

Afin d'atteindre le but qui leur est assigné, les salles d'asile ont une organisation déterminée par plusieurs règlements (chap. I) : les uns, relatifs aux mesures pédagogiques, sortent du cadre dans lequel nous voulons nous renfermer; les autres, relatifs à la construction et aux dispositions des bâtiments, soumettent l'asile aux mêmes conditions que celles qui régissent les écoles. Il n'y a donc pas à revenir sur ce sujet et il faut seulement insister sur les points spéciaux, particuliers aux salles d'asile, savoir : dispositions de l'ensemble, installation et forme du mobilier, — programme dont la solution a été différemment résolue en France, en Angleterre et en Allemagne.

§ II. — SALLES D'ASILE FRANÇAISES.

Le groupement des divers services nécessaires à l'installation d'une salle d'asile est fréquemment fait suivant les indications de la figure 103.

Le bâtiment s'élève en bordure de la voie publique, combinaison qui a l'avantage d'économiser le terrain, mais qui a l'inconvénient de ne pas isoler suffisamment l'établissement du bruit et du mouvement extérieur. L'entrée a lieu en 1, le vestibule est en 2 et donne accès à un parloir 3, servant de cabinet de travail à la directrice. A la suite, la cage de l'escalier, en 4 la cuisine dans laquelle se font réchauffer ou cuire les aliments que les enfants apportent pour leur nourriture du jour; derrière cette cuisine, en 5 un petit office, dépôt de bois et de charbon, en 6 une salle de repos pour les enfants malades pendant le jour, et en 7 des privés intérieurs pour la directrice ou les enfants malades. Toute cette partie du bâtiment est élevée de deux étages renfermant, au premier, le logement

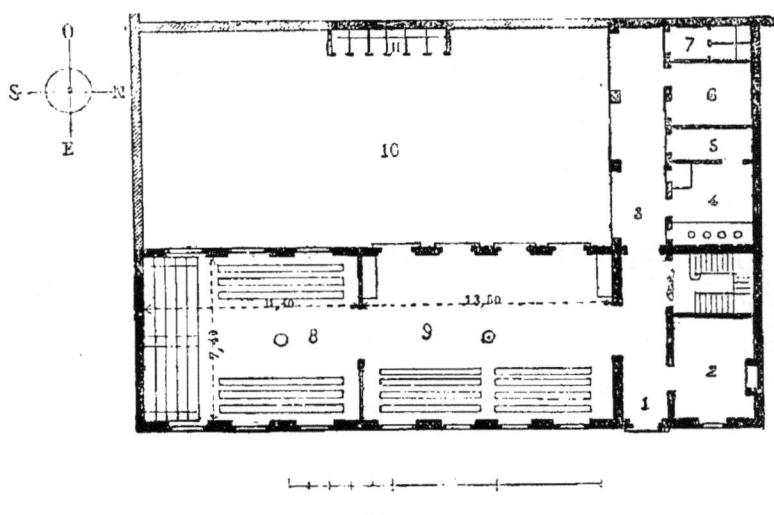

Fig. 103.

de la directrice; au second, celui des directrices adjointes, prenant tous jour et air sur le préau découvert 10 dans lequel sont placés des privés extérieurs; le préau couvert se trouve en 9 et la salle des exercices en 8.

La partie la plus importante de l'édifice, celle qui exige les plus sérieuses études et sert de point de départ pour déterminer les autres, est la salle d'exercices 8.

Cette pièce étant destinée à recevoir 120 enfants devra, par conséquent, offrir une surface de $84^m,00$, puisque chaque enfant exige 0,70 centimètres; mais la surface de cette salle n'est pas seulement le point délicat et difficile à déterminer, sa forme n'a pas moins d'importance et ce sont les meubles qu'elle doit contenir, c'est-à-dire les gradins et les bancs isolés, dont les dimensions servent à résoudre le problème. De l'emplacement qu'ils occupent, des dispositions qui leur sont données, dépendent, en effet, la commodité de l'installation et le plus ou moins facile accomplissement des prescriptions imposées. Nous avons déjà vu, à propos des écoles, qu'une pièce plus vaste, mais dans laquelle ne sont prévus ni le nombre ni la place des meubles, ni les dispositions des poêles, portes et fenêtres, est moins commode qu'une salle restreinte dans laquelle chaque objet occupe un point fixe, déterminé, calculé à l'avance pour le but qu'il doit remplir.

La salle d'exercices, avons-nous dit, est destinée à 120 enfants occupant, assis sur les gradins, chacun 0,30 centimètres, c'est donc une longueur de $36^m,00$ de gradins qui est nécessaire. Les mettre sur une seule ligne est impraticable. Nous les supposons répartis sur 6 rangs de chacun $6^m,00$ contenant, par conséquent, 20 enfants; puis, comme il faut tenir compte des deux passages latéraux, $0^m,40$ (ensemble $0^m,80$), du passage central $0^m,60$, c'est en définitive une longueur totale de $7^m,40$ à donner aux gradins, longueur qui devient la dimension de la salle en largeur.

Quant à la longueur de cette salle, elle est déterminée par la largeur des gradins réunis et par la largeur des bancs isolés. Chaque gradin a $0^m,55$ de largeur, soit $3^m,30$ pour les six, les bancs isolés ont la même longueur que les gradins (puisqu'ils doivent être occupés par le même nombre d'enfants ayant le même espace de $0^m,30$); puis, comme il faut également tenir compte du passage central $0^m,70$ et des deux passages extrêmes $1^m,40$ (soit ensemble pour les trois $2^m,10$), nous trouvons en somme, pour la longueur de la salle, $11^m,40$ ainsi répartis : largeur des gradins, $3^m,30$; longueur des bancs, $6^m,00$; passage, $2^m,10$; ensemble, $11^m,40$, qui, multipliés par la largeur $7^m,40$, donnent $84^m,36$, résultat identique à celui obtenu en multipliant le nombre d'enfants 120 par $0^m,70$, surface qui leur est nécessaire.

Maintenant, la surface du préau couvert devant être d'un cinquième supérieure à celle de la salle d'exercices, sera, par conséquent, de $110^m,50$, et, comme sa largeur de $8^m,15$ est connue, c'est une longueur de $13^m,50$ qu'il sera nécessaire de lui donner.

Quant au préau découvert, sa surface doit être égale à celle de la salle d'exercices et à celle du préau couvert réunis, soit $200^m,00$ environ : résultat facile à obtenir théoriquement, mais que, dans la pratique, les conditions de terrain obligent souvent à modifier, en plus ou en moins, dans les grandes villes, où il n'est pas toujours possible de couper un emplacement ayant exactement les dimensions désirables.

En procédant comme nous venons de l'indiquer, un architecte suivra une marche logique et raisonnée, il s'évitera tous les mécomptes qui trop souvent sont la conséquence d'une opération insuffisamment étudiée, il n'élèvera pas une classe de grandes dimensions ne pouvant contenir le nombre de gradins et de bancs nécessaires, et ne se trouvera pas entraîné à des dépenses hors de proportion avec le résultat obtenu.

Remarquons que, dans les salles d'asile comme dans les écoles, les cours à angles droits, les bâtiments réguliers couverts par un comble à deux pentes offrent de grands avantages au point de vue économique et facilitent sensiblement la surveillance. Mais cette considération, comme celles relatives au chauffage, à la ventilation, etc...., ont déjà été développées et il n'y pas lieu d'y revenir ici. Quant à l'éclairage, il faut remarquer que la position des fenêtres dans une salle d'asile n'a pas la même importance que dans une école, parce que le travail des enfants ne s'effectuant pas dans les mêmes conditions, il importe peu que la lumière vienne de droite ou de gauche, pourvu toutefois qu'elle ne vienne pas de face, car dans cette dernière position elle gêne et fatigue promptement la vue.

Il serait presque oiseux de dire que la façade d'une salle d'asile doit être simple. Plus que l'école encore la salle d'asile est l'abri du pauvre; une décoration superflue est, en pareil cas, un luxe inutile, ridicule et déplacé. Cependant, un asile ne doit pas avoir l'apparence triste, inspirer

Fig. 104.

d'idées pénibles; il faut, au contraire, qu'il égaye et réjouisse le regard et habitue vite ses habitants à le voir sans ennui et à le retrouver sans dégoût (fig. 104).

Le mobilier de la salle d'asile comprend l'estrade, divisée en un certain nombre de gradins, les bancs isolés, les hamacs pour faire reposer les enfants qui se trouvent malades durant le jour, les porte-modèles, bouliers, etc. Nous ne parlons pas, bien entendu, des lavabos, poêles, siéges, etc., qui sont les mêmes que dans les écoles.

Les *gradins* d'une estrade ne doivent pas avoir plus de 8ᵐ,00 de long, ni plus de 6ᵐ,00 de profondeur effective (10 rangs). Au delà de ces dimensions, la surveillance de la directrice devient impossible à cause de la difficulté qu'elle éprouve à regarder à la fois le fond et les deux extrémités de l'estrade. La disposition générale de ces gradins est indiquée (fig. 105). La place réservée à chaque enfant est de 0ᵐ,30 ; celle qu'occupent le siége, le dossier et les pieds, de 0ᵐ,55 ; dans les gradins dépourvus de bancs et de pupitres, des bandes noires peintes (afin d'éviter toutes saillies) indiquent à chaque extrémité un passage de 0ᵐ,40, et au centre un autre de 0ᵐ,60. Les enfants les plus grands sont placés sur les degrés supérieurs, les plus petits, en bas, près de la directrice et des surveillantes ; les gradins ne doivent donc pas avoir même hauteur. Le tableau ci-dessous indique la dimension à donner aux degrés, suivant la hauteur à laquelle ils sont placés[1], et le nombre de gradins dont ils se composent :

	1ᵉʳ.	2ᵉ.	3ᵉ.	4ᵉ.	5ᵉ.	6ᵉ.	7ᵉ.	8ᵉ.	9ᵉ.	10ᵉ.	Degrés.
Hauteur des degrés.	0,15	0,16	0,17	0,19	0,23						Gradin de 5 degr.
	0,15	0,16	0,17	0,18	0,19	0,23					— 6 —
	0,15	0,16	0,17	0,18	0,19	0,20	0,23				— 7 —
	0,15	0,155	0,16	0,17	0,18	0,19	0,20	0,23			— 8 —
	0,15	0,155	0,16	0,165	0,175	0,18	0,19	0,20	0,23		— 9 —
	0,15	0,155	0,16	0,165	0,175	0,175	0,18	0,19	0,20	0,23	— 10 —

Les estrades sont, en général, établies sur une ligne droite : celles établies sur une ligne circulaire ou brisée placent les enfants les uns en face des autres et leur donnent de

---

[1] M. Uchard, architecte.

trop faciles distractions; en outre, ce qui est plus grave, les extrémités se trouvent hors de la vue de la directrice.

La forme des estrades est des plus simples : une succession de degrés, un petit dossier derrière le siége et, sur ce dossier, une tablette mobile qui s'abaisse ou se relève au moyen d'équerres, de façon à former une table. Les *bancs*

Fig. 105.

latéraux sont placés perpendiculairement à l'estrade, le nombre en est naturellement proportionné à l'importance de l'asile; on les fait souvent à stalles, ayant chacune $0^m,30$ de largeur et $0^m,22$ de profondeur. Le dessus de ces bancs est, en général, composé d'un couvercle mobile qui les convertit en coffre, dans lequel se placent divers objets qu'on ne veut pas laisser traîner dans la salle.

Les *lambris de revêtement*, placés autour de la salle, ont $0^m,80$ de haut; dans la frise de ces lambris se logent les ardoises surmontées des tableaux de lecture (fig. 106).

En avant des bancs latéraux, sont tracés sur le sol, au moyen d'une raie de couleur de 0^m,05 de largeur, des

Fig 106.

cercles de 1^m,10 de diamètre, autour desquels se rangent les enfants pour exécuter certains exercices.

Également en avant des bancs latéraux, se placent les porte-exemples et les bouliers, destinés à être vus des enfants aux heures de leçons. Les *porte-exemples* se composent d'un montant vertical, maintenu sur le sol par une vis; en avant se trouve un degré sur lequel monte le moniteur pour montrer aux enfants, au moyen d'un bâtonnet, l'exemple fixé en haut du montant. Cette disposition est indiquée par la figure 107, ci-dessous.

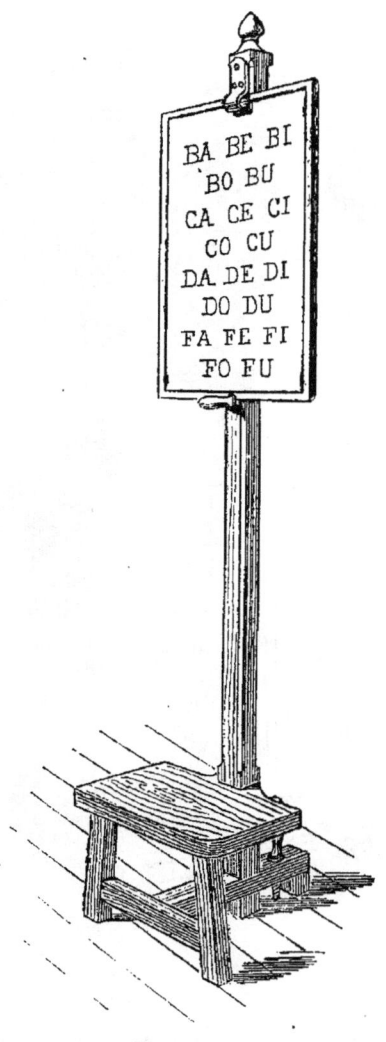

Fig. 107.

Le *boulier* (fig. 108) sert à apprendre à compter aux enfants. Son nom lui vient des rangées de petites boules dont il se compose et qui glissent sur des tringles, de façon à former des nombres et des quantités différentes. Le modèle le plus simple et le plus complet à la fois[1], se compose d'un socle servant d'armoire, que traverse une tige sur laquelle s'accroche

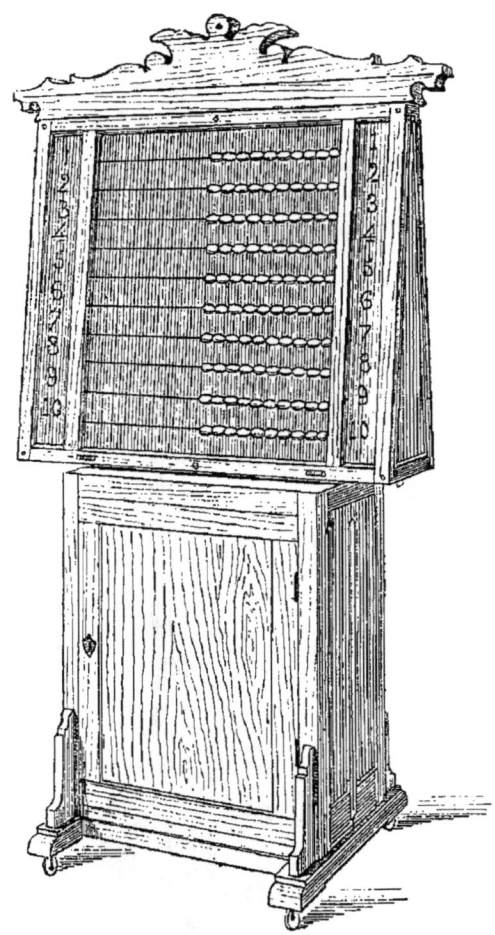

Fig. 108.

un tableau, incliné à doubles faces et mobile sur son axe de façon à tourner facilement en tous sens.

Les *hamacs* (fig. 109) sont en réalité des couchettes en

1. M. Dejean, architecte.

toile, suspendues aux parois des murs des préaux ou d'une petite salle spéciale. C'est dans cette couchette qu'on dépose, pendant leur séjour à l'asile, les enfants subitement indisposés, ou ceux simplement fatigués.

Ces hamacs peuvent se rouler sur eux-mêmes de manière

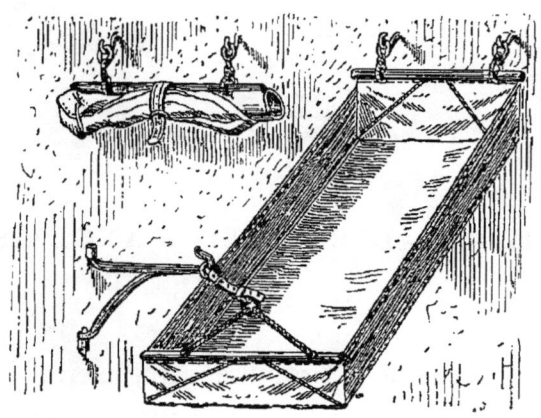

Fig. 109.

à occuper moins de place que quand ils sont développés. Notre figure 109 montre un de ces hamacs développés, et dans le haut, à gauche, le même hamac roulé sur lui-même.

Ce qui frappe dans l'ensemble de ces constructions et dans leur installation intérieure, c'est la recherche et le soin apportés à l'étude de leurs différentes parties pour que les enfants s'y plaisent et s'y trouvent bien, c'est, en un mot, le désir de faire une bonne action et de la faire avec plaisir et de bonne grâce; seulement, cette préoccupation a, quelquefois, fait dépasser le but, et nos salles d'asile se sont trop souvent transformées en écoles élémentaires, tandis qu'elles ne doivent servir qu'à préparer les enfants à entrer plus tard à l'école et à y profiter des leçons qu'ils doivent y recevoir. Ainsi le matériel scolaire est très-complet, très-étudié, très-développé, celui des exercices physiques au contraire est nul ou à peu près, et personne ne songe à remédier ou à modifier un tel état de choses.

Nous allons voir qu'en Angleterre et en Allemagne la situation est bien différente.

§ III. — SALLES D'ASILE ANGLAISES.
(Infant's school).

Les salles d'asile jouissent en Angleterre d'une faveur encore plus grande qu'en France. Tous les ménages ouvriers de Londres mettent un tel empressement à confier, moyennant un *penny* ou deux *pence* par jour, la garde de leurs enfants à la *babies room* (salle d'enfants) de leur quartier, que ces asiles sont toujours pleins et ne peuvent recevoir tous les enfants qui leur sont amenés. Il résulte de cette insuffisance dans le nombre des salles d'asile que les enfants, qui devraient entrer à l'asile à partir de quatre ans et y rester jusqu'à six et demi et sept, âge auquel ils sont admis à l'école, n'y entrent bien souvent que beaucoup plus tard, quand une place libre se présente.

Aucune règle bien fixe ne détermine donc l'âge de l'admission des enfants à l'asile. Il suffit qu'ils soient assez forts pour pouvoir suivre le mode d'enseignement et se ployer sans fatigue aux exercices qu'ils ont à accomplir. Il en est de même de l'époque de la sortie qui souvent a lieu après l'âge réglementaire de sept ans, quand l'intelligence et le développement physique de l'enfant montrent qu'il ne pourrait fructueusement profiter des leçons de l'école.

Les salles d'asile ne contiennent pas moins de 120 enfants, ni plus de 300 ; mais leur division en deux salles distinctes fait disparaître les inconvénients qu'occasionnerait ce grand nombre dans les salles françaises. Comme ces der-

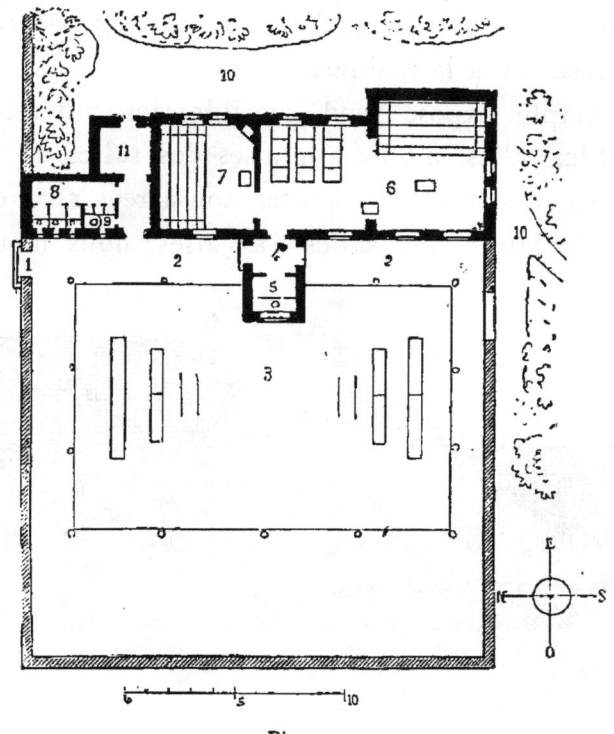

Fig 110.

nières, du reste, les salles anglaises sont souvent réunies à des écoles publiques dont elles font partie intégrante. Nous ne nous occuperons ici que des salles isolées et séparées de tout autre établissement.

Le plan (fig. 110) indique une des dispositions les plus

fréquemment adoptées. L'entrée sur la voie publique a lieu en 1, les enfants pénètrent sous une galerie couverte 2, gagnent le porche 4, où se trouve l'entrée des lavabos 5 ; une surveillante s'assure de l'état de propreté des enfants et les laisse pénétrer dans la première salle 6, destinée aux enfants les plus âgés, et dans la seconde salle destinée aux *babies* 7 ; en avant du bâtiment, se trouvent une galerie couverte 2 (*marching ground*) et un préau découvert 3 ; les privés sont placés près de l'entrée 10, avec une case spéciale 9 réservée à la maîtresse.

Ce simple exposé rend sensibles les différences qui séparent les salles d'asile anglaises des salles d'asile françaises. Au lieu des deux pièces consacrées aux exercices et aux récréations des salles françaises, nous n'en voyons

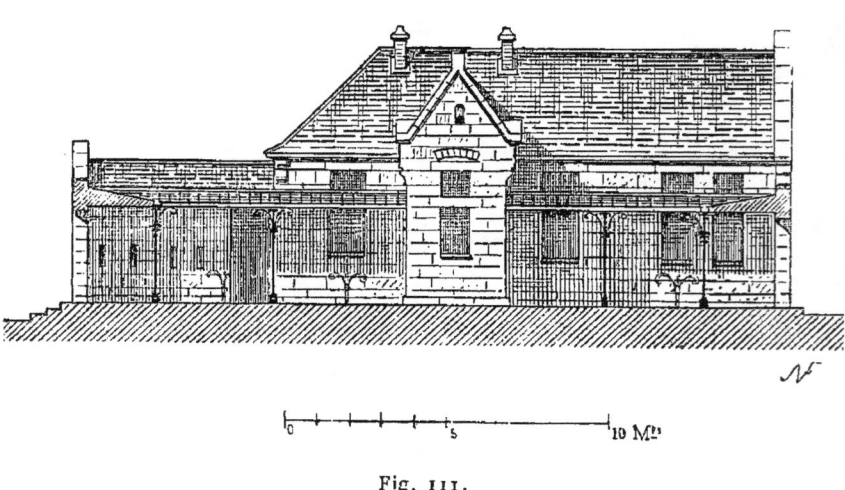

Fig. 111.

qu'une dans les asiles anglais, car les deux divisions qu'elles comprennent ont chacune un personnel différent et qui lui est affecté d'une façon spéciale : ce sont à proprement parler deux asiles, l'un consacré aux plus jeunes enfants, l'autre aux plus âgés. Les exercices se prennent en plein air, sous le *marching ground* ou dans le préau découvert qu'il entoure.

Les Anglais n'attachent pas la même importance que nous à la régularité des plans, à la symétrie des bâtiments et des cours se coupant à angles droits. Les plans décrochés, les fenêtres différant de forme et de dimensions, percées là où elles sont nécessaires, paraissent au contraire en grande faveur chez eux, et, au lieu de les éviter, ils recherchent dans leurs façades (fig. 111) des dispositions pittoresques et des combinaisons mettant à l'intérieur chaque service à une place spéciale. C'est ainsi, par exemple, que les lavabos se logent dans une annexe distincte, les gradins de l'estrade dans une saillie ménagée à cet effet.

La salle d'asile anglaise comprend, avons-nous dit, deux divisions : la première, celle des enfants les plus jeunes (*babies*); l'autre, celle des enfants plus âgés, plus développés, où plus avancés. L'espace occupé par chaque enfant dans l'une ou l'autre de ces divisions est environ de 0,65 centimètres seulement. Dans la première de ces divisions est placée une estrade à gradins, analogue à celles en usage chez nous et dont nous nous occuperons un peu plus loin. La salle est éclairée latéralement, à droite et à gauche, par des ouvertures de dimensions différentes, plus importantes, du reste, là où la lumière est préférable. La *monitor* placée en avant de l'estrade est aidée d'une ou deux surveillantes s'il en est besoin, et la cloison qui sépare cette pièce de la voisine reçoit à une certaine hauteur des châssis vitrés, permettant à la maîtresse en chef de surveiller les deux salles à la fois. La seconde salle, la plus vaste des deux, renferme aussi une estrade et des sièges avec table sur laquelle les enfants peuvent écrire, dessiner et jouer à certains jeux.

La question de connaître la proportion dans laquelle figurent les *babies* dans le nombre total des enfants a été l'objet de longs calculs, inutiles à reproduire ici. Il suffira de savoir que les plus jeunes enfants forment environ le tiers du nombre total de ceux admis à l'asile; que si, par conséquent, une salle d'asile est destinée à 120 enfants, la pièce des plus petits doit en contenir 40, celle des plus grands 80.

Les *privés* sont reportés assez loin de la surveillance des maîtresses, mais une servante est spécialement chargée d'y accompagner les *babies* et de leur donner les soins de propreté nécessaires.

A la salle d'asile la vie scolaire de l'enfant se passe partie dans la salle que nous venons de décrire, partie dans le *marching ground* où il s'ébat en liberté, et partie dans la cour centrale où il séjourne toutes les fois que le temps n'est pas absolument mauvais. Dans cette cour sont réunis des appareils de gymnastique de la forme la plus élémentaire, grâce auxquels les enfants prennent l'habitude de jouer ensemble, de déployer de l'adresse et de la souplesse dans leurs mouvements.

Ces appareils fort simples servent à des jeux auxquels les enfants se livrent quand et comme ils le veulent; quelques exemples peuvent donner idée de ce qu'ils sont en général.

Deux planches, réunies à leur sommet sur un billot, forment un chemin que les enfants doivent monter et descendre sans appui ni soutien (fig. 112); une planche en bascule sur un point central enlève et abaisse alternativement un même nombre d'enfants placés à chaque extrémité (fig. 113); des traverses horizontales soutenues par des poteaux et placées

Fig. 112.

des hauteurs différentes leur permettent de se pendre par

Fig. 113.

les pieds ou par les mains (fig. 114); des barres parallèles

Fig. 114.

les habituent à se soutenir sur les bras sans que les pieds touchent terre; enfin, quand l'adresse et la force augmentent, des cordes lisses leur servent à atteindre la barre horizontale à laquelle elles sont fixées (fig. 115)[1].

Les façades de ces salles sont, comme celles des écoles que nous avons vues, toujours un peu compliquées de forme (fig. 111). Le pignon, les combles, s'enchevêtrant les uns dans les autres, donnent à l'édifice une apparence mouvementée, mais le résultat définitif est assez coûteux d'entretien et de premier établissement.

Fig. 115.

Ajoutons, pour en finir avec l'enveloppe extérieure des salles d'asile anglaises, que les directrices et surveillantes ne sont pas logées dans l'établissement : elles s'installent dans le voisinage où elles veulent et comme elles peuvent, une pièce seulement leur est réservée dans l'asile et leur sert de vestiaire et de salle à manger. Parfois aussi une petite cuisine est destinée à réchauffer les aliments de ceux des enfants qui passent tout le jour à l'école.

Le mobilier se compose des estrades, des bancs-tables et des autres menus objets habituels, les mêmes à peu près en tous pays. Les estrades diffèrent des nôtres au point de vue de l'ensemble, par la forme des dossiers qui, inclinés et très-bas, ne sont pas munis de tablettes mobiles. Le passage central est supprimé; en effet, cette partie de la salle étant le point où la maîtresse porte le plus volontiers les

---

[1]. *School Architecture*, Robson, Londres, Murray.

yeux, on a pensé avec raison qu'il serait fâcheux de laisser sa surveillance s'exercer ainsi dans le vide. Les enfants assis occupent 0^m,30 en largeur; la hauteur des degrés varie de 0^m,17 à 0^m,25 suivant la taille des enfants; la hauteur des dossiers est de 0^m,20 et la distance d'un dossier à l'autre, c'est-à-dire la place d'un enfant en longueur, de 0^m,575. Le nombre de gradins d'une estrade ne dépasse jamais six dans la salle des grands, et quatre dans celle des petits; la longueur est presque uniformément de 4^m,00, non compris les passages réservés aux extrémités auxquels on laisse 0^m,54 de

Fig. 116.

largeur. Ces estrades ne contiennent en général que 60 enfants; quand ce nombre est insuffisant, on met une seconde estrade surveillée par une nouvelle maîtresse. Les salles d'asile anglaises peuvent donc contenir un plus grand nombre d'enfants que les salles françaises sans que, pour cela, la surveillance soit moins active, puisque les estrades anglaises ne dépassent pas un nombre fixe d'enfants, tandis qu'en France l'estrade reste toujours unique et grandit avec le nombre d'enfants.

Les bancs-tables (fig. 116) sont destinés aux enfants les plus âgés et, par conséquent, se rapprochent des meubles du même genre en usage dans les écoles : la tablette est immobile et horizontale, d'abord parce que les enfants sont trop jeunes pour faire mouvoir le clapet des tables, ensuite parce que cette table sert à différents usages et s'emploie pour le jeu comme pour le travail. Ces tables sont de hauteurs différentes, les premiers rangs restent moins hauts que les rangs supérieurs afin d'assurer la surveillance. Chacune d'elles contient seulement deux places.

Toutes les autres dispositions étant identiques à celles des écoles, il n'y a pas lieu d'y revenir.

§ IV. — SALLES D'ASILE ALLEMANDES.

(Kinder Garten).

Les salles d'asile dont nous voulons parler ici ne sont pas les *Kleinkinder Bewahraustalt*, sortes d'écoles élémentaires assez semblables à celles qui se trouvent en tous pays, mais les *Kinder-Garten*, institution spéciale à l'Allemagne, de création moderne et dont le rapide développement prouve les avantages et les heureux résultats[1].

---

1. V. *Notes de voyage d'un architecte dans le nord-ouest de l'Europe*, par F. Narjoux. — *Allemagne*, p. 294 et suiv.

SALLES D'ASILE.

Ces asiles, appelés *Kinder-Garten* ou jardins d'enfants (parce que, disent les Allemands, toujours épris d'allusions vagues et prétentieuses, « l'enfance est comme une plante qu'il faut cultiver avec soin, pour que la saison venue elle donne une abondante moisson de fleurs »), ont été créés vers 1820, en Suisse, ils se sont depuis cette époque répandus dans presque toutes les villes d'Allemagne, et chaque jour en voit fonder de nouveaux.

Les enfants sont admis dans les *Kinder-Garten* depuis

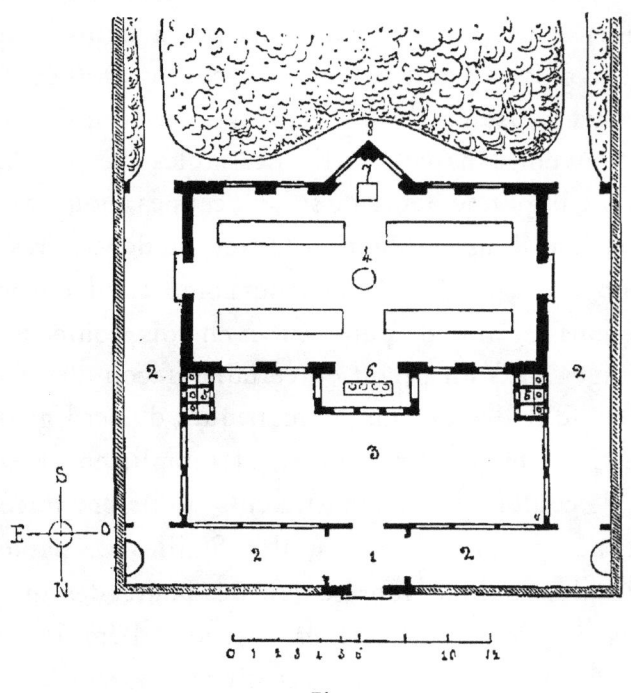

Fig. 117.

l'âge de deux ans; ils y restent jusqu'à celui de six, époque à laquelle, l'instruction étant obligatoire en Allemagne, ils doivent fréquenter une école élémentaire. Les *Kinder-Garten* ne sont pas des établissements d'instruction : les enfants n'y reçoivent aucun enseignement, ils y sont simplement surveillés au physique et au moral, et leur journée consacrée à des jeux variés, se passe tantôt en plein air, tantôt dans des salles préparées à cet effet.

La figure 117 indique les dispositions générales d'un établissement de cette nature. La façade borde la voie publique : les enfants entrent par la porte 1, les garçons se dirigent à droite, les filles à gauche; dans le vestibule 2 des surveillantes s'assurent de l'état de propreté de tous les arrivants, et suppléent (au moyen des lavabos placés aux extrémités) à ce qu'ils pourraient laisser à désirer sous ce rapport; la galerie 2 fait le tour de la cour centrale 3 et conduit à couvert jusqu'à l'entrée de la salle de réunion 4. Les enfants trouvent dans cette salle des tables avec des bancs; ils n'y passent qu'une heure de suite, occupés à jouer avec des alphabets dont ils assemblent les lettres, ou des chiffres énormes au moyen desquels ils forment des nombres; ils élèvent des constructions à l'aide de petits cubes en bois, confectionnent des ouvrages naïfs en pliant de certaine façon des feuilles de papier, font des dessins géométriques d'abord grossiers, puis de plus en plus réguliers, et remplissent avec des crayons de couleur les compartiments qu'ils ont tracés; ils piquent, au moyen d'épingles, des feuilles de papier sur lesquelles des couleurs représentent des fleurs, des animaux, des maisons; leur curiosité est excitée, l'émulation les pousse à faire des efforts pour réussir mieux que leurs voisins, et toutes ces petites mains vont, viennent avec une adresse et une légèreté que l'habitude et l'expérience augmentent chaque jour. Après une heure d'une occupation de cette nature, qu'on ne peut appeler travail, vient une récréation d'une heure également, récréation qui toujours se passe en plein air, à moins que le temps trop rigoureux ne rende nécessaire l'abri des galeries couvertes. Les enfants sont dans le jardin, abandonnés à eux-mêmes ; ils y bouleversent le sol, chargent le sable dans les brouettes, bêchent, piochent, plantent, arrosent à leur gré ; des exercices gymnastiques les occupent par intervalles : ils n'ont pas d'appareils spéciaux à cet effet et tout se borne à des mouvements des membres ; ils avancent les bras, tendent les poings, lèvent les jambes, font des marches de soldat, obéissent à des commandements fixes et variés qu'ils savent très-bien reconnaître ; puis viennent des jeux propres à faciliter le développement des sens : un enfant, les yeux bandés, doit reconnaître un de ses camarades au son de la voix, constater en le touchant la nature d'un objet qu'on place entre ses mains, etc. Ces exercices développent l'intelligence et la perspicacité naturelle de l'enfant à son insu et sans qu'il s'en rende compte, lui donnent l'habitude de la réflexion et de l'observation.

Le chant vient à son tour, accompagné de marches, de rondes variées, combinées de façon à éviter toute fatigue, à n'offrir que des distractions et des occupations attrayantes.

Dans les *Kinder-Garten* les enfants n'apprennent rien de précis à proprement parler, mais ils se préparent d'une façon remarquable à profiter de l'instruction qui leur sera donnée un peu plus tard ; leur intelligence, leur mémoire se développent, leur corps prend plus de souplesse, leurs mouvements acquièrent plus d'assurance et de facilité, et les maîtres d'école allemands déclarent reconnaître à première vue ceux de leurs nouveaux élèves qui ont passé par les jardins d'enfants.

La salle de réunion est assez vaste pour laisser 1 mètre de surface libre à chaque enfant, y compris, il est vrai, la place nécessaire aux directrices et sous-maîtresses assez nombreuses, car il en existe une par 15 enfants. Cette salle est l'unique pièce de l'établissement et sert aussi de réfectoire ; les enfants ont donc, en définitive, moins de place que dans nos asiles où ils ont 0,70 dans la salle d'exercices et 0,80 au moins dans le préau couvert, soit $1^m,50$ au lieu de $1^m,00$ accordé en Allemagne.

Tous les enfants sont nourris ; leurs aliments se préparent dans une cuisine attenant à la salle et composée d'une logette dans laquelle se trouve un grand fourneau ; en face de ce fourneau, une autre loge de forme particulière sert d'observatoire à la directrice et lui permet de surveiller les enfants et les maîtresses s'ébattant au jardin, tous ensemble.

Le mobilier se compose de tables basses et de siéges ordinaires avec dossiers, il ne donne lieu à aucune combinaison particulière.

Les trois salles d'asile que nous venons d'examiner sont destinées à recevoir, toutes les trois, le même nombre d'enfants (120) : une comparaison entre elles est donc très-facile et très-instructive à faire.

V

MOBILIER

§ I. — ÉCOLES FRANÇAISES.

Mobilier actuel.

Le mobilier actuellement en usage dans les écoles françaises (fig. 118) se compose d'une table inclinée, accompagnée d'un rayon placé au-dessous et d'un banc ordinaire, banc et table séparés l'un de l'autre ou réunis par des traverses disposées aux deux extrémités. Ces meubles sont indifféremment construits en chêne ou en sapin, suivant les ressources de la commune. Les défauts de bancs-tables de ce genre sont :

1° L'espacement trop considérable laissé entre le bord extrême de la table et le bord intérieur du banc;

2° L'absence de barre d'appui pour les pieds;

3° Le manque de dossier;

4° Une excessive longueur qui les oblige à compter un trop grand nombre de places;

5° Leur uniformité, par suite de laquelle des enfants de

sept ans sont tenus de s'asseoir sur les mêmes bancs, devant les mêmes tables que des jeunes gens de quinze.

Les conséquences d'une aussi fâcheuse situation sont faciles à comprendre :

Les enfants, éloignés de la table sur laquelle se trouve

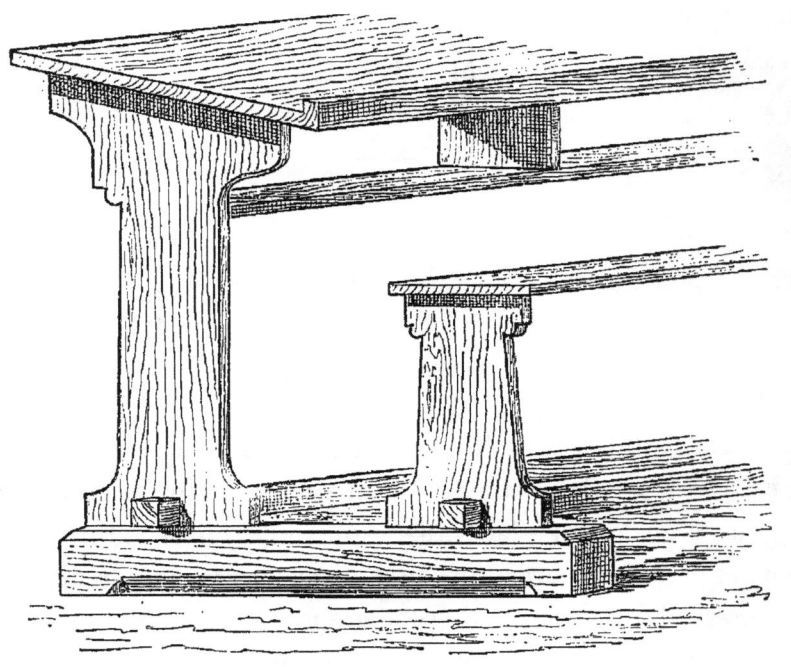

Fig. 118.

placé leur livre ou leur cahier, s'en rapprochent en ne s'asseyant que sur l'extrémité du banc ; si cela ne suffit pas pour les mettre à une distance convenable, ils se penchent en avant et se couchent sur la table, au détriment non-seulement de la bonne tenue, mais encore de leur santé ; dans l'impossibilité de trouver un soutien pour leurs jambes, ils les laissent se balancer dans le vide sans les reposer ; leur dos manque de soutien et se replie sur lui-même, leur corps se projette en avant, se tourne en tous sens, cherchant sans la trouver une position commode : il n'est pas rare, en pareil cas, de voir leurs genoux s'élever à la hauteur du rebord de la table, ou leur tête et leurs coudes s'y appuyer forcément; assis en grand nombre sur un même banc, les enfants n'y entrent et n'en sortent qu'en déplaçant plusieurs camarades, et le maître ne peut qu'à grand'peine s'approcher d'eux, voir leur travail et s'assurer de la nature de leurs occupations; enfin, ces bancs-tables, déjà si mauvais en eux-mêmes, sont identiques pour les enfants de toute taille.

Modèle Lenoir.

Le modèle Lenoir (fig. 119) remédie peut-être à quel-

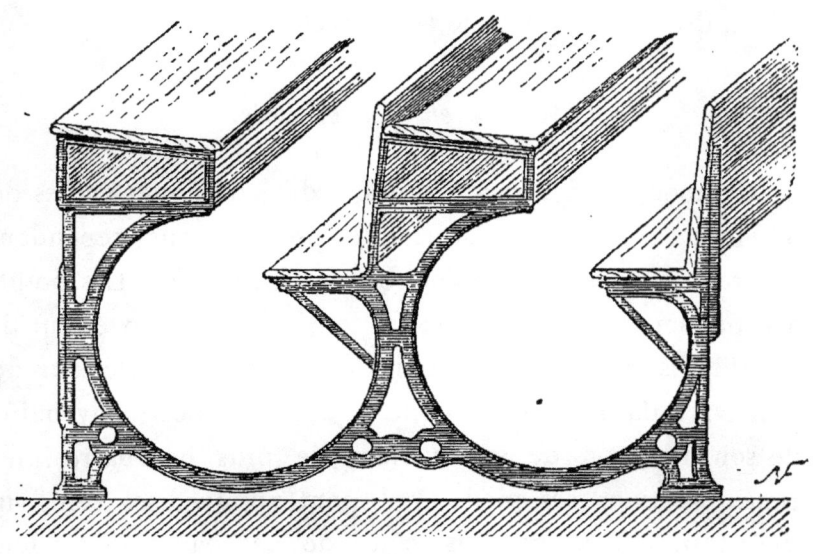

Fig. 119.

ques-uns des vices précédents, mais non pas à tous, tant s'en faut. Il se compose d'un système de points d'appui en fonte d'une forme plus bizarre qu'heureuse : ces bancs-tables sont accouplés deux à deux, ce qui rend difficile toute modification dans le nombre de ces bancs et dans l'emplacement qu'ils occupent. Les bancs ont un dossier, ce qui constitue un progrès, mais les barres de pied manquent et le rebord du banc dépassant considérablement la table gêne la surveillance, les enroulements en fonte sont un obstacle au libre passage des élèves, et, ce qui est plus grave, l'intervalle entre le bord du banc et celui de la table est sensible ; ces bancs contiennent un assez grand nombre de places et, en outre, ne comptent qu'un modèle unique pour les élèves grands et petits. On voit donc que l'amélioration réalisée par le modèle Lenoir consiste principalement dans l'adjonction d'un dossier aux siéges, et encore faut-il remarquer que ces dossiers hauts, raides, pleins, doivent être peu confortables et souvent nuire au maintien de la propreté.

Modèle en Fer et Bois.

Ce modèle (fig. 120), en usage dans quelques écoles de province, constitue un véritable progrès sans cependant encore approcher de la perfection, loin de là. Les points d'appui sont en fonte ou en fer forgé, le bord extérieur de la table est sur la même verticale que le bord antérieur du banc. L'enfant se trouve donc à une distance convenable de son livre ou de son cahier, de plus une barre inférieure soutient ses pieds et il peut appuyer ses reins sur un dossier. Les mauvais côtés de ces bancs sont : leur longueur (ils contiennent six places) et l'uniformité de leurs dimensions pour tous les enfants, quel que soit leur âge.

Le prix de revient de ces meubles, sensiblement plus élevé que celui des bancs entièrement en bois, est, sans

Fig. 120.

doute, un des obstacles qu'a rencontrés leur application.

Modèle Gréard[1].

Dans l'installation de ce mobilier, le constructeur s'est attaché à écarter tout mécanisme et toute complication difficiles, de façon à concilier les exigences de la pédagogie et de l'hygiène avec la simplicité, la solidité que doit présenter un mobilier scolaire, tout en se renfermant dans les dimensions et les prix qu'il n'est pas permis de dépasser.

L'isolement de l'élève, par la table et par le banc, est

---

1. A siége isolé, construit sur les indications de M. Gréard, directeur de l'enseignement primaire du département de la Seine.

une combinaison difficilement réalisable avec le budget actuel et l'état d'insuffisance de nos bâtiments scolaires. L'isolement par le banc, plus facile à obtenir, satisfait déjà les vœux les plus urgents de l'hygiène et de la morale de la classe. Ajoutons que, indépendamment de la question de dépense, il y a une limite nécessaire à apporter aux dimensions des classes. A mesure que la classe s'agrandit, la voix du maître se perd dans une salle plus vaste, les enfants l'entendent à peine et les forces de l'instituteur s'épuisent rapidement.

Le mobilier nouveau tient compte de ces nécessités.

Le modèle est simple, la table n'a que deux points d'appui qui ne gênent en rien le nettoyage de la classe. Les

Fig. 121.

siéges sont isolés, ils présentent une surface bien disposée pour recevoir le bassin et les cuisses de l'enfant. Grâce à une légère inclinaison d'avant en arrière, à des reliefs et à des parties creuses ménagées dans la tablette du siége, l'élève n'a plus d'efforts à faire pour s'y maintenir. Le siége présente un dossier suffisant pour soutenir les reins, pour prévenir la fatigue ; il n'est ni assez large, ni assez haut, ni assez incliné pour encourager la paresse.

Le modèle que nous indiquons (fig. 121) est à trois places ; il pourrait être disposé, suivant les besoins, pour deux, quatre ou cinq élèves.

Trois grandeurs permettent de l'approprier à toutes les tailles ; la figure 121 représente le modèle moyen.

Le tableau suivant donne les dimensions de ces trois grandeurs.

Dimensions des trois modèles de tables.

(Modèles Gréard.)

	N° 1.	N° 2.	N° 3.
Hauteur de la marche, côté du siége. . . .	0,15	0,13	0,07
— — côté de la table. . .	0,19	0,175	0,12
— du siége, au-dessus de la marche.	0,32	0,38	0,45
— du dossier, — —	0,52	0,62	0,72
— de la table, en avant de la marche.	0,50	0,60	0,70
— de la table, en arrière de la marche.	0,54	0,64	0,74
Longueur du siége	0,28	0,31	0,34
Largeur du siége	0,23	0,25	0,27
Largeur de la place de chaque élève. . . .	0,45	0,50	0,55
Dimension de la table d'avant en arrière. . .	0,345	0,40	0,43

On remarque que ce mobilier présente une plus grande largeur de table et donne à chaque élève une place plus étendue.

La barre destinée à supporter les pieds de l'élève était une grande difficulté dans les précédents modèles. Outre la complication qu'elle apportait dans la construction, c'était encore un obstacle à la facilité du nettoyage de la classe. Cependant, même avec un mobilier à grandeurs variant suivant la taille des enfants, il était nécessaire de ne pas laisser les pieds de l'enfant reposer directement sur le sol.

Dans ce nouveau mobilier, cette difficulté a été adroitement tournée, sinon résolue : la barre *appuie-pieds* se trouve supprimée, chaque table possède un plancher spécial, élevé de quelques centimètres sur le plancher de la classe ; la hauteur en est plus grande pour la table des petits, afin d'épargner au maître une attitude fatigante quand il corrige les devoirs des enfants. Ces planchers, légèrement inclinés du côté des siéges, laissent entre chaque rangée parallèle, formée de tables juxtaposées dans le sens de la longueur, un couloir facile à nettoyer[1].

L'expérience montrera s'il n'y aurait pas de modifications à apporter dans la construction de ces planchers spéciaux à chaque table, pour éviter le bruit auquel ils pourraient donner lieu sous les pieds des enfants.

Le plus grand soin a été apporté dans tous les détails (encriers, supports de modèles de dessin, etc.). Ce mobilier paraît ainsi présenter de très-importantes améliorations au point de vue pédagogique ; mais nous n'avons à le juger qu'en ce qui touche l'hygiène de l'élève et de la classe. Les explications qui précèdent permettent d'apprécier les avan-

---

[1]. Cette disposition est, croyons-nous, le mauvais côté que présentent les meubles de ce genre. Les différences de niveau des planchers des tables, avec le parquet des salles, seront un obstacle certain au balayage à cause de la multiplicité d'angles et de retraites entre lesquels s'accumulent la poussière et les balayures ; en outre, les planchers des bancs-tables formeront une caisse que les élèves rendront bruyante et sous laquelle les rats et la vermine trouveront un sûr abri.

tages incontestables qu'il présente à ces deux points de vue si importants.

Modèle combiné avec la ventilation.

Un des problèmes à résoudre dans le système de ventilation précédemment décrit est la disposition qu'il convient de donner aux orifices d'évacuation ménagés sous le sol des classes. Ces orifices, percés dans le sol, laissent une ouverture béante mal défendue par un grillage et par laquelle s'introduisent tous les immondices provenant du balayage. Ces immondices, s'accumulant dans les conduits, les auraient bientôt obstrués et constitueraient ainsi une cause permanente d'insalubrité; on a proposé de donner à ces orifices, à leur sortie du plancher, la forme d'une pyramide, d'une demi-sphère ou toute autre disposition aussi variée que peu pratique, mais ces diverses combinaisons ne remédieraient pas au mal et créeraient un obstacle sérieux au balayage et au maintien de la propreté dans les salles.

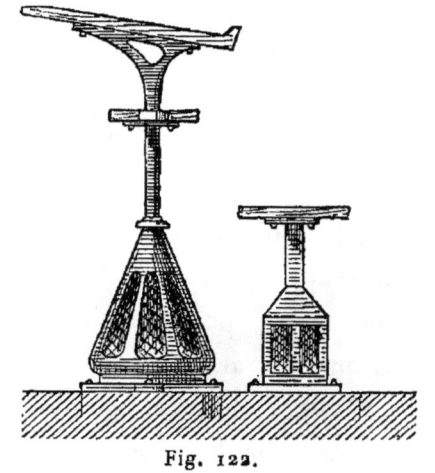

Fig. 122.

Un moyen plus simple peut-être consiste à faire aboutir les orifices de ces conduits dans l'intérieur des pieds des bancs ou des tables, disposés à cet effet.

La figure 122 indique une des dispositions qui pourraient être adoptées pour arriver au résultat désiré. Le pied de la table serait renflé à son extrémité de façon à recouvrir sur le sol l'emplacement de l'orifice d'évacuation ; ce pied en fonte continuerait le conduit et, percé de fentes longitudinales, laisserait à l'air un accès libre et suffisant ; si pour une raison quelconque cette disposition ne pouvait être appliquée au pied de la table, on la reporterait sous le pied du banc dans une boîte en tôle également ajourée. Les immondices provenant du balayage pourraient ainsi d'autant plus difficilement s'introduire dans les conduites que les fentes ménagées dans les points d'appui seraient étroites et, en outre, protégées par un treillis.

L'inconvénient de ce système serait de rendre le scellement des bancs sur le parquet nécessaire ; par suite, toute modification dans l'emplacement et dans le nombre des meubles de la classe deviendrait sinon impossible, du moins excessivement coûteuse.

Modèle Bapterosse.

Le modèle Bapterosse ne serait pas, croyons-nous, d'une application possible dans une école publique ; ce n'est donc qu'au point de vue purement théorique que nous voulons en parler.

Chaque enfant (fig. 123)[1] a son installation distincte, pupitre et banc, le siége est en bois, de forme carrée ; il est muni d'un dossier et porté sur une tige qui s'élève ou s'abaisse suivant les exigences de la taille des élèves, de façon à ce qu'ils soient toujours à distance convenable du

---

1. Riant, *Hygiène scolaire*. Hachette, Paris, 1874.

pupître. La barre de pieds est également mobile; comme le siége, elle s'abaisse ou s'élève jusqu'au niveau nécessaire. Ce modèle peut ainsi servir aux enfants de tout âge; il se modifie suivant leur taille, mais ne peut guère être utilisé

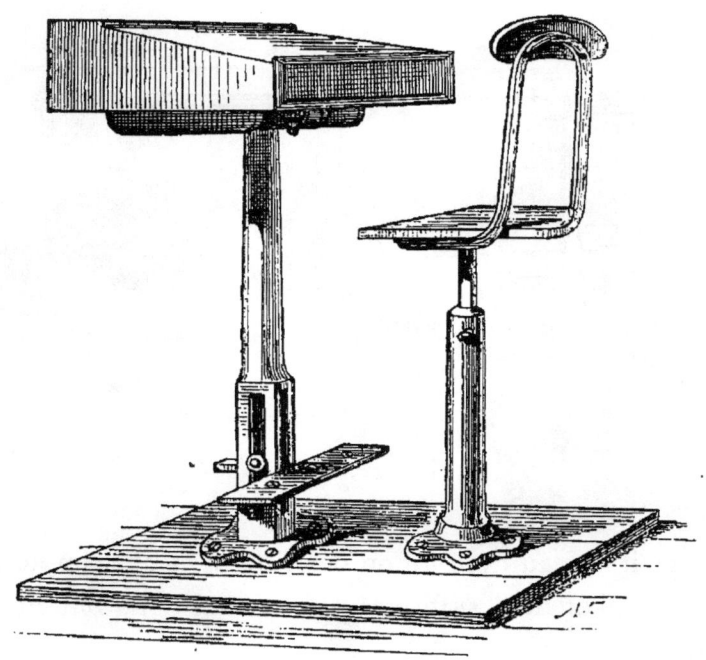

Fig. 123.

que dans des maisons d'éducation dont le personnel est très-restreint, ou dans des établissements scolaires pour lesquels la question de dépense est secondaire.

Bureau de Maître.

On donne, en général, aux estrades des maîtres de nos écoles une forme trop importante et trop monumentale (fig. 124); c'est une dépense superflue dont le résultat le plus immédiat est de créer un nid à poussière, une difficulté à l'entretien de la propreté ; il semble qu'un simple degré, exhaussé de 0,15 ou 0,30 c. au-dessus du sol, supportant

Fig. 124.

un petit bureau avec un ou des tiroirs, et une simple chaise ou un fauteuil, suffisent pour remplir le but qu'on se propose.

Table porte-modèle Lenoir.

Cette table peut à la fois servir au dessin géométrique et au dessin d'ornement. Elle est destinée à habituer, à contraindre même l'élève à dessiner en laissant son modèle occuper une position qui rappelle celle de la nature. Cette table est construite en fonte de fer, ce qui permet l'assemblage ou la séparation d'une, de deux ou plusieurs places et donne par suite une grande facilité de transport en cas de changement de local; une barre inférieure sert de point d'appui pour les pieds; au-dessus de la partie mobile se

Fig. 125.

trouve une case pour les crayons et une place pour le dépôt des cartons à dessiner (fig. 125).

Selle de modelage Lenoir.

Ce meuble peut servir à la fois au travail d'après le modèle vivant ou d'après la bosse ; la table verticale étant mobile sur son axe, le sculpteur trouve deux faces à sa disposition dans le cas où il voudrait travailler concurremment à deux œuvres. Les deux récipients latéraux contiennent la

Fig. 126.

terre à modeler, les ébauchoirs et autres ustensiles. La plateforme monte et descend verticalement le long d'une tringle à pivot dont le sommet reçoit un appareil d'éclairage pour le travail du soir (fig. 126).

§ II. — ÉCOLES ANGLAISES.

Nous avons reproduit plus haut, à propos des meilleurs procédés à suivre pour l'éclairage des écoles, la conférence faite à ce sujet par le docteur Liebreich[1]; nous donnons ci-après la partie de cette conférence relative à la forme et à la disposition qu'il convient de donner aux bancs-tables-pupitres, destinés aux élèves des écoles publiques.

« Quand on aura placé les siéges dans une bonne position, et pris soin d'avoir une lumière convenable, il n'y aura pas de raison optique pour que les élèves prennent une posture funeste à leur santé, et nous n'aurons plus alors qu'à rechercher les causes mécaniques propres à éviter une telle position, c'est-à-dire à nous occuper de la forme des siéges et des pupitres.

« Les fâcheux effets que la position affaissée et courbée des enfants, dans les écoles, exerce sur leur santé, en particulier sur les poumons, les viscères abdominaux, la conformation et la vue, ont récemment beaucoup attiré l'attention des médecins et fait naître les travaux de Bernard, Schreber, Gast, Passavant, Guillaume, Coindet, Fahrner, Cohn, Heineman, et de beaucoup d'autres. Je vous recommande spécialement l'excellent ouvrage du médecin suisse, le docteur Fahrner, intitulé : *l'Enfant et le pupitre*. Ces différentes recherches ont amené une opinion presque unanime quant aux causes de la pernicieuse position prise par les enfants ;

---

1. Voir page 216.

et l'on est également d'accord sur les moyens à adopter pour remédier à ces maux. On supposait autrefois qu'une mauvaise position provenait en partie de l'inattention du maître, et en partie de la négligence des enfants ; mais aujourd'hui il a été clairement prouvé par des raisons anatomiques et physiologiques, qu'il est impossible que les enfants conservent une bonne position avec des siéges et des pupitres défectueux. Les défauts du mobilier communément employé ont été soigneusement analysés et les points suivants ont été trouvés les plus importants :

1° Absence de dossiers ou dossiers mal faits ;

2° Trop grande distance entre le siége et le pupitre ;

3° Disproportion (généralement trop grande différence) entre la hauteur du siége et celle du pupitre.

4° Mauvaise forme et mauvaise inclinaison du pupitre.

« Si le dossier manque, ou s'il n'est pas bien disposé, la force des muscles qui maintiennent droite l'épine dorsale n'est pas suffisante pour lui faire garder longtemps une position verticale ; le corps se penche, la partie inférieure de la colonne vertébrale se courbe en avant, comprime les viscères et les poumons, et empêche la libre action de ces organes. Si l'enfant doit lire un livre placé sur une table à une trop grande distance, il s'assied sur le bord du siége, position très-malsaine et très-fatigante, et le corps repose sur les deux bras ; si la disproportion entre le pupitre et le siége est exagérée, ce sont les épaules projetées en avant qui soutiennent la poitrine au lieu d'être soutenues par le thorax ; bientôt la position devient trop fatigante ; la tête, inclinée en avant, s'alourdit et a besoin d'être supportée par une main ou par les deux mains appliquées aux tempes, ou bien le menton s'appuie sur les deux bras. Les enfants adoptent ainsi toutes les modifications possibles des deux positions immortalisées par Raphaël dans les deux anges, aux pieds de la Madone sixtine ; mais tandis que les anges regardent l'infini, les enfants regardent un livre qui, dans une de ces positions, n'est qu'à deux ou trois pouces de leur œil, et, dans l'autre, est placé de côté par rapport à la tête, et par conséquent à inégale distance des deux yeux.

« C'est encore pis quand il s'agit pour l'enfant d'écrire assis sur des siéges et des pupitres de la forme ordinaire ; un seul bras repose sur la table, — c'est généralement le bras droit, — tandis que l'autre est suspendu de telle sorte que le coude touche le genou gauche, et que les bouts des doigts seuls tiennent le cahier sur la table. Le bord du papier n'est plus parallèle à celui de la table, mais oblique ou même perpendiculaire. En observant la position que prend la partie supérieure du corps, on trouve que les vertèbres lombaires s'inclinent en avant, les dorsales à gauche, et les cervicales en avant avec une inclinaison à droite ; en même temps la partie inférieure de l'omoplate se tient trop éloignée des côtes, est trop élevée vers la droite, et l'articulation de l'épaule est élevée et portée en avant. Etre dans une telle position pendant plusieurs heures par jour, quand le corps plein de jeunesse se développe rapidement, doit naturellement produire d'une manière permanente de mauvais effets. La statistique prouve la vérité de cette assertion. En Suisse, par exemple, 20 pour 100 de tous les écoliers, et 40 pour 100 des jeunes filles qui fréquentent les écoles, ont une épaule plus haute que l'autre. M. Eulenburg dit aussi que 90 pour 100 des déviations de la colonne vertébrale ne provenant pas de maladies spéciales se développent pendant le temps d'école. Ces assertions m'ont particulièrement frappé comme coïncidant exactement avec la période de développement de la myopie, et j'ai prêté une attention d'autant plus grande à cette relation entre la déviation vertébrale et la myopie, qu'elles semblent former un cercle vicieux, la myopie produisant la déviation, et la déviation favorisant la myopie; il est évident que la même mauvaise organisation est le point de départ de ces deux anomalies.

« *Comment peut-on remédier à ces grands maux?* — Avant tout, les bancs doivent avoir des dossiers, et ceux-ci ne doivent être ni trop hauts, ni penchés en arrière, comme je les ai trouvés dans quelques écoles. De tels bancs ne font que favoriser une position négligemment inclinée du corps, qui glisse en avant; cette position devient incommode pour lire, et impossible pour écrire. Le dossier doit au contraire être droit, et consister seulement en une pièce de bois de $0^m,10$ environ de large. S'il est fixé à la hauteur convenable, c'est-à-dire juste au-dessus des hanches, il supporte assez les reins pour rendre facile et commode, même aux enfants les plus délicats, l'obligation de se tenir tout à fait droits. Le siége doit être assez large pour supporter presque toute la longueur de la cuisse, et sa hauteur doit permettre à la plante des pieds de reposer dans sa position naturelle sur la planche destinée à les soutenir. Le rebord du pupitre doit être placé perpendiculairement au-dessus de celui du siége et juste assez haut pour permettre à l'avant-bras de s'y appuyer sans déplacer l'épaule. Je pense que tous ceux qui ont sérieusement examiné la question partageront mon opinion. J'ajouterai une autre condition qui est d'importance spéciale pour l'œil, c'est que les pupitres doivent avoir une inclinaison d'environ 40 degrés pour lire, de 20 degrés pour écrire. Cette nécessité tient à une loi physiologique qui n'est pas aussi généralement connue que la plupart des autres lois relatives à l'œil. Cette loi n'a donc pas été prise en considération, même par des médecins qui ont fait du perfectionnement des installations d'écoles l'objet spécial de leurs études. M. Heinemann, qui a parlé des sièges des écoles, a déduit la nécessité d'avoir des tables inclinées de 1 sur 3, du raccourcissement des lettres placées sur une table plane, ce qui réduit l'image de ces lettres sur la rétine, et oblige ainsi l'œil à un plus grand effort. Ceci n'a cependant que peu d'importance, et n'a guère besoin d'être pris en considération ; la raison véritable de la nécessité d'avoir un pupitre incliné est celle-ci :

« Les yeux sont mus dans les différentes directions par six muscles. Les muscles des deux yeux ne peuvent être amenés à une action simultanée que dans certaines conditions : par exemple, nous pouvons élever ou abaisser les deux yeux en même temps, les ramener du parallélisme à la convergence, et *vice versa*, mais pas du parallélisme à la divergence. Parmi les combinaisons possibles des muscles, quelques-unes peuvent durer un certain temps, d'autres seulement quelques secondes ; ainsi nous ne pouvons voir qu'avec effort un objet rapproché s'il est plus haut que l'œil ; nous pouvons, au contraire, regarder aisément un objet placé à la même distance s'il est au-dessous de l'œil. Pour voir distinctement des deux yeux à la fois, non un point seulement, mais une ligne ou une surface entière, il nous faut, pour chaque position de l'objet, une rotation toute spéciale des deux rétines. C'est seulement quand ce mouvement résulte de combinaisons musculaires faciles et durables que nous pouvons regarder l'objet longtemps sans fatigue. Il ne faut donc pas croire que la position naturelle du livre, quand on lit, dépende du hasard. C'est une nécessité physiologique; si nous luttons contre elle, l'œil se fatigue, et si l'effort se prolonge et se répète régulièrement, il en résulte un dérangement dans l'harmonie de l'action des muscles de l'œil.

« Telle est la raison pour laquelle il est si fatigant de regarder, dans un musée, les tableaux suspendus au haut d'un mur vertical, tandis que nous pourrions voir sans fatigue le même nombre de tableaux placés devant nous l'un après l'autre sur des chevalets inclinés. C'est pour le même motif qu'il est si nuisible de lire couché, et cette habitude produit, comme nous avons eu souvent occasion de l'observer, une grande faiblesse de la vue (asthénopie) chez ceux qui sont obligés de rester étendus. Il est donc nécessaire, si nous voulons regarder longtemps une surface plane, par exemple un livre, de le placer de telle sorte que la position moyenne de l'axe visuel, au-dessous de l'horizon, forme un angle d'environ 45 degrés, et nous devons, en conséquence, donner au livre une inclinaison qui le rende à peu près perpendiculaire à notre axe visuel, c'est-à-dire lui fasse former un angle d'environ 45 degrés avec le plan horizontal.

« Pour écrire, la même inclinaison serait avantageuse, mais des raisons mécaniques s'y opposent, et il faut nous contenter d'un angle d'environ 20 degrés.

« Pour répondre à ces deux nécessités, j'ai fait faire un pupitre (fig. 127) qui, par un moyen très-simple, donne la position désirable, soit pour lire, soit pour écrire. Il est muni d'un clapet qui peut se relever ou s'abaisser. Par la forme donnée au clapet, et par quelques autres petits détails dans la construction, j'ai réussi à obtenir, sans inconvénient mécanique, l'inclinaison de 20 degrés pour écrire et de 40 degrés pour lire. Pour écrire, la distance entre le

Fig. 127.

pupitre et le siége est zéro; pour lire elle est de 5 pouces[1], ce qui n'a pas d'inconvénient et permet aux enfants de changer de place plus aisément.

« Si je devais me borner à proposer un tel pupitre, je serais déçu dans mon espérance de le voir introduire dans les

1. Environ 0^m,125.

écoles anglaises. La grande difficulté de donner aux enfants de différentes tailles un ameublement scolaire convenable, ne serait pas diminuée de cette façon. Vous recommanderai-je alors le système américain, dans lequel chaque enfant a son siége et son pupitre faits sur sa mesure, ou le système suisse dans lequel on fait des siéges et des pupitres de sept différentes dimensions pour convenir aux différentes classes? Je ne le ferai pas plus que je ne prescrirais à l'un de mes malades un remède que je saurais d'avance qu'il ne prendrait pas. Je préférerais un traitement moins efficace, mais qui aurait la chance d'être suivi. Je me suis donc efforcé de trouver une méthode qui pût améliorer beaucoup le mobilier scolaire anglais, sans heurter trop violemment les arrangements et les méthodes d'enseignement en usage, et en satisfaisant autant que possible aux exigences de l'hygiène.

« Je ferai, en conséquence, les propositions suivantes :

« 1° On emploierait un même modèle et un pupitre de même dimension pour les enfants et les grandes personnes des deux sexes ;

« 2° La hauteur du siége et celle du marchepied varieraient en les adaptant à la taille de chaque enfant ;

« 3° Le bord de la table serait toujours perpendiculaire au-dessus du siége ;

« 4° Pas de siége sans dossier, et le haut de celui-ci toujours à la hauteur du bord de la table pour les garçons, et 5 centimètres plus haut que ce bord pour les filles ;

« 5° Dans toutes les classes où les garçons changent de

place, la hauteur du siége serait réglée proportionnellement à la moyenne de la taille des élèves.

« La figure 128 indique les moyens à employer pour satisfaire ces diverses exigences.

Fig. 128.

« Enfin dans les écoles de filles, dans les écoles de garçons où les places ne changent pas, dans les pensions, dans les classes particulières, le siége de chaque enfant serait exactement réglé selon sa taille.

« Pour rendre pratique cet arrangement important, j'ai inventé une chaise (fig. 129) dont le siége peut s'élever et s'abaisser au moyen d'une vis, pendant qu'en même temps le dossier s'avance ou recule en proportion. Une chaise de ce genre sera un siége convenable pour un enfant ou pour une grande personne au

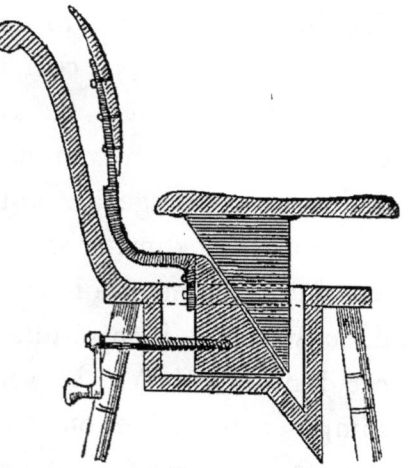

Fig. 129.

même pupitre, elle suivra la croissance de l'enfant et lui permettra d'être, soit pour lire, soit pour écrire, dans une position commode et saine, ce qui facilitera l'instruction et l'observation de la discipline. »

L'extrait suivant d'un travail publié par un journal anglais[1] sur le même sujet montrera quelle importance on accorde en Angleterre à cette question du mobilier scolaire, et fera comprendre l'intérêt dont elle est l'objet, la préoccupation qu'elle cause.

Deux éléments composent l'ensemble d'une école : les enfants et les maîtres ; ils méritent tous deux un examen approfondi et sont unis par un lien qui les rend solidaires. C'est ainsi que s'il est prescrit de placer le livre ou le cahier des élèves de façon à former avec l'œil un angle de vision ne depassant pas 45°, ce n'est pas seulement dans l'intérêt de ceux qui travaillent, mais aussi dans celui des maîtres, afin de leur permettre d'examiner rapidement l'œuvre de chaque enfant sans déranger les autres ; il en est de même de la forme et de la dimension des classes, qui doivent permettre aux élèves d'entendre le maître et à celui-ci d'être entendu de tous sans qu'il en résulte pour lui ni trouble ni fatigue, car dans le cas où il se verrait obligé d'élever la voix, de s'imposer une gêne ou des efforts pénibles, il est certain que ses leçons perdraient de leur valeur et de leur durée.

Et par suite des mêmes considérations que les enfants

[1] *Building news and Engineering,* septembre 1873, Londres.

doivent avoir des siéges commodes, également propres à favoriser le repos et le travail, et à ce sujet se présente une difficulté aussi grave que celle dont nous avons précédemment parlé à propos de la réunion et de l'isolement facultatif des classes. Les bancs et les pupitres doivent être commodes pour les enfants quand ils sont assis et assez stables

Fig. 130.

pour ne pas se renverser quand ils se lèvent. Il faut aussi remarquer que si l'espace entre le banc et le pupitre est assez grand pour leur permettre de se tenir debout (disposition généralement adoptée), cette distance exagérée entre le banc et le pupitre les gêne pour s'asseoir à une distance convenable de la table. Les bancs, lorsqu'ils contiennent des places pour 4, 5 ou 6 enfants, ne doivent pas avoir une de leurs extrémités fixée au mur, car, dans ce cas, le maître et les élèves n'auraient d'accès que par l'extrémité laissée libre entre chaque rang. En voulant éviter l'inconvénient qu'offrent les bancs trop longs, on a été amené à en placer un plus grand nombre les uns derrière les autres, disposition vicieuse, car les bancs ne doivent jamais avoir plus de 3, 4 ou au plus 5 rangs de profondeur; si ce nombre est plus considérable, l'angle de vision du maître dépasse 45°, et une telle condition est essentiellement mauvaise. C'est à cette difficulté, jointe à la forme exigée pour les bancs et au défaut provenant de l'excès de longueur des passages intermédiaires, qu'il faut attribuer l'avis du département de l'instruction publique demandant de ne pas placer plus de trois rangs de siéges les uns devant les autres. Mais avec le nouveau modèle de bancs que nous donnons (fig. 130), cinq rangs de bancs de ce modèle n'occupent pas plus de place que trois rangs de l'ancien; la profondeur de la classe est ainsi réduite et se trouve mieux réunie sous l'œil du maître.

Cette question du mobilier scolaire a, pendant des années, été l'objet des constantes études des constructeurs d'écoles et des fabricants de bancs ou pupitres. Le résultat atteint est jusqu'à présent celui d'avoir donné aux plus simples objets du matériel scolaire l'aspect d'un habit d'arlequin; c'est seulement en cherchant à faire un matériel réellement destiné à une école sans se préoccuper des résultats précédents, qu'ont été obtenus de réels perfectionnements. Les avantages réalisés dans la construction des écoles consistent en grande partie dans l'isolement des classes, placées chacune dans une pièce distincte, sans être pour cela séparées de l'ensemble général. Il en est de même des perfectionnements apportés dans le matériel scolaire; leur point de départ a été le désir d'isoler chaque écolier de son voisin, tout en conservant à la classe une forme convenable. Ce double programme avait pour but d'appeler l'attention des enfants sur la leçon qui leur était faite, et de les détourner des distractions nuisibles.

Les Américains emploient un siége et un pupitre distinct pour chaque enfant; parfois le banc seul est séparé, formant ainsi un siége à part, tandis que le pupitre est une table continue. En Allemagne et en Suisse, les bancs et les pupitres contiennent la place nécessaire à quatre enfants; en Hollande, les enfants sont groupés deux à deux, et c'est l'adoption de cette méthode qui constitue le plus réel perfectionnement apporté au mobilier de nos écoles anglaises, car si nous avons pu, en théorie, proposer l'adoption du système d'isolement pour chaque élève, il est clair que les élèves, séparés de deux en deux par un passage, sont dans de bonnes conditions, tandis que l'établissement d'un banc et d'un pupitre distinct pour chacun d'eux, constituerait une dépense inabordable par suite du trop grand nombre de meubles devenus nécessaires. On peut reconnaître que dans les écoles supérieures, où une excessive attention est donnée à l'étude, l'isolement de chaque élève est préférable, mais dans les écoles élémentaires le groupement par paire est suffisant.

Certains bancs, comme ceux du modèle Dutch, ont six et jusqu'à sept rangs de profondeur, en outre ils sont scellés au parquet. Un examen sérieux et les expériences faites dans celles de nos écoles les plus récemment construites, ont montré qu'avec un nombre de bancs supérieur à cinq, les efforts du maître sont trop grands pour pouvoir longtemps se maintenir et que les derniers rangs cessent bientôt d'entendre sa voix. Le matériel Dutch est en outre construit de façon à ce que la face d'un pupitre contienne le banc du pupitre précédent, disposition qui a été l'objet de vives critiques, basées sur le trouble et les oscillations que causent aux élèves occupés sur leur pupitre les mouvements de ceux assis sur le siége en avant.

Les meubles représentés sur les figures 116 et 130 ont pris les qualités mais non les défauts des différents systèmes qui les ont précédés. Ils sont soigneusement étudiés dans toutes leurs parties afin de s'adapter à la construction anatomique des enfants. Trois types ont une partie du pupitre mobile de façon à se lever ou se baisser à volonté ; ils sont destinés aux écoles élémentaires : le dossier est placé à une hauteur différente suivant qu'ils doivent servir aux garçons ou aux filles. Deux autres modèles ont le pupitre horizontal et sont destinés aux écoles des petits enfants (fig. 116), la différence la plus essentielle réside naturellement dans la hauteur du dossier et la fixité du pupitre.

Remarquons au sujet des pupitres dont la partie antérieure est mobile, que sans cette combinaison un enfant ne pourrait gagner sa place, puisque l'extrémité du pupitre et celle du siége sont sur la même perpendiculaire ; il faut dans la méthode Dutch que les enfants, obligés de quitter leurs bancs pour une cause quelconque, sortent dans l'allée intermédiaire, l'un à droite l'autre à gauche, et se tiennent les uns derrière les autres en file indienne. Le pupitre à partie antérieure mobile présente bien des améliorations qu'a pu apprécier l'expérience des maîtres ; ainsi, après le travail la partie mobile est levée, les enfants peuvent se tenir debout et se livrer à un exercice physique quelconque sans même être obligés de quitter leur place.

Ces perfectionnements résolvent la difficulté que présentait l'établissement de bancs, également bien disposés, pour les exercices et l'étude ; le bruit causé par le mouvement des pupitres, qui est le grand reproche adressé aux meubles construits d'après ce système, devient presque nul quand les bancs n'ont qu'une longueur restreinte, et l'emploi de charnières perfectionnées sur lesquelles tourne doucement la partie mobile, le rend presque insensible. La partie mobile prend ainsi à volonté une position dans laquelle elle forme avec la table un angle de 40°, favorable à la lecture ou aux leçons de chant, par exemple.

Un des plus réels avantages de ce mobilier est également son extrême simplicité ; ce n'est pas un appareil compliqué, une machine délicate qu'un enfant peut déranger, détériorer, et dont les réparations sont fréquentes ; chaque enfant a un rayon pour ses livres, une ardoise, une case pour ses plumes et ses crayons, et enfin un encrier placé à droite. Les plans donnés précédemment indiquent assez clairement la manière dont sont groupés les bancs dans les écoles et les classes, pour qu'il soit inutile d'entrer dans quelques explications à ce sujet. Il faut toutefois remarquer que dans les grandes salles, les groupes doivent être séparés par un passage ayant une largeur double de la largeur ordinaire et qu'autant que possible les enfants doivent être placés de façon à recevoir la lumière du côté gauche.

Il y a quelque temps l'administration des Écoles de Londres

a adopté le principe qui consiste à placer les enfants deux à deux ; les dessins (fig. 116 et 130) indiquent la forme des siéges adoptés dans les nouvelles écoles. Dans toutes celles où fut introduit le nouveau système, une expérience de trois ou quatre mois amena l'approbation complète des administrateurs et des maîtres.

Quelques esprits superficiels ont pu croire que cette question du mobilier scolaire ne présentait pas assez d'intérêt pour justifier une longue discussion, c'est une grave erreur, et en dehors des considérations spéciales aux architectes, ce problème est, si nous nous en rapportons aux appréciations des autorités médicales, un de ceux dont la solution importe le plus à notre époque. Il résulte, en effet, d'observations faites en Suisse, en Allemagne, par exemple, que par suite des mauvaises combinaisons des bancs et des pupitres, 20 % des garçons et 40 % des filles avaient une épaule plus haute que l'autre et que certaines maladies des yeux, la myopie, la vue trop courte ou prématurément trop faible, ont pour origine la forme défectueuse du mobilier des écoles populaires.

Modèle Redmayne.

Dans certaines villes d'Angleterre, dans certaines paroisses de Londres, les écoles servent non-seulement à l'enseignement de la jeunesse, mais aussi de lieu de réunion pour des lectures publiques, des conférences ou des banquets populaires. Les établissements scolaires de ce genre sont des fondations purement privées ; car une condition rigoureusement imposée à toutes les écoles régies par le School Board oblige ces dernières à ne pas changer de destination.

C'est afin de satisfaire à la variété de services que nous venons de signaler, qu'a été construit le mobilier *Redmayne*. Les points d'appui sont en fonte ornée et les tablettes en chêne ; par une combinaison particulière le pupitre

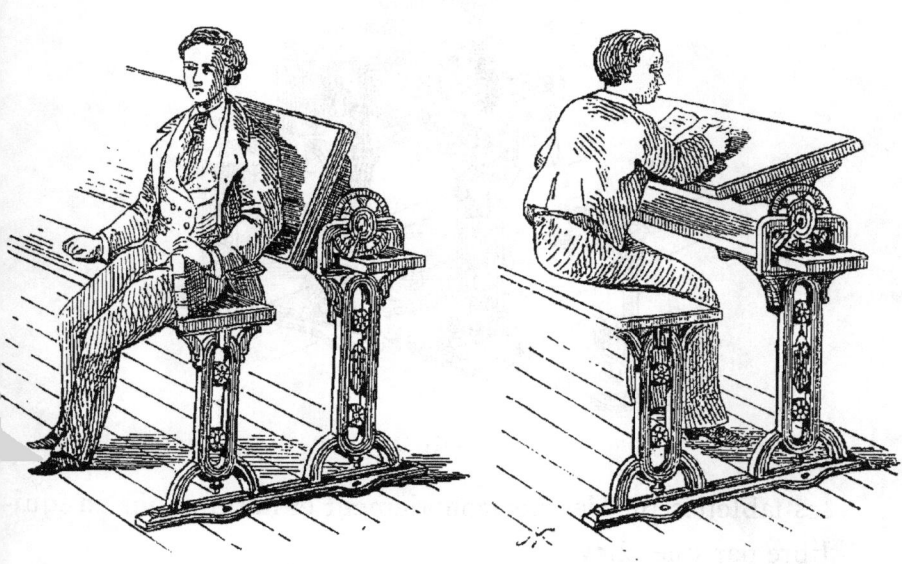

Fig. 131.   Fig. 132.

est mobile et prend la position horizontale pour former une table ou une inclinaison suffisante pour former un dossier.

La figure 131 représente le meuble dans la position qu'il doit occuper pour être utilisé à l'occasion d'une assemblée ; la tablette est relevée et sert de dossier à la personne assise sur le banc, dans ce cas placée à rebours.

La figure 132 représente le meuble dans la position qu'il doit occuper pour servir de banc-table d'école ; malheureusement en pareil cas l'élève n'a ni dossier ni barre d'appui pour les pieds; enfin la figure 133 représente le meuble converti en table de salle à manger : deux bancs sont rapprochés,

Fig. 133.

les tablettes placées horizontalement et maintenues en équilibre par une cheville[1].

Table à dessin.

Cette table (fig. 134) est en chêne, la tablette supérieure s'incline à volonté au moyen d'une crémaillère placée au-dessous; elle peut ainsi arriver jusqu'à la position horizontale. La tablette inférieure sert au dépôt des instruments, crayons et couleurs. Le modèle est placé sur un chevalet isolé.

Bureau de maître.

Le plus souvent en chêne ciré recouvert de cuir dans

---

[1]. Ce mobilier semble plus original que susceptible d'applications pratiques dans les écoles élémentaires.

la partie supérieure. La tablette est inclinée et les deux

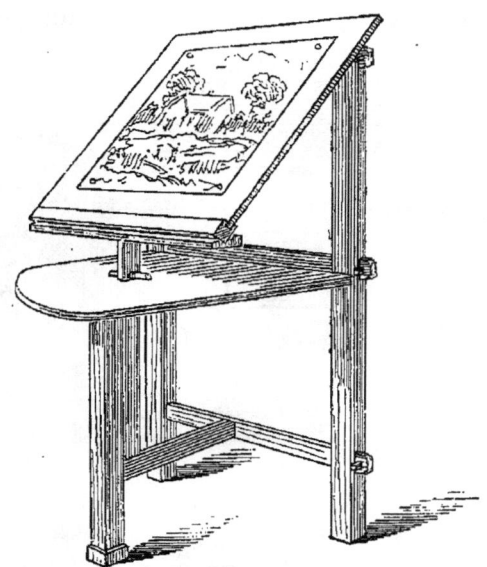

Fig. 134.

parties latérales sont occupées par des tiroirs ou des cases à registres (fig. 135).

Fig. 135.

Un autre bureau également en usage (fig. 136) ressemble à une table ordinaire ; il est recouvert d'une sorte de boîte

Fig. 136.

fermant à clef et rappelle, de loin, nos vieux bureaux à cylindre.

Pupitre de pupil teacher.

C'est devant un meuble de ce genre (fig. 137) que se

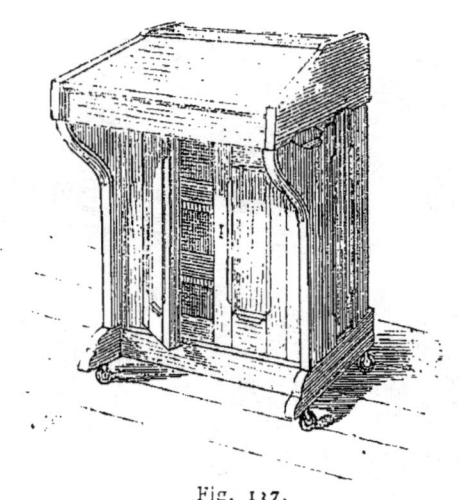

Fig. 137.

placent les *pupils teachers* pour faire leur leçon ; ce meuble est assez élevé pour leur permettre de travailler debout. Le pupitre se soulève et forme une caisse. Le fond est occupé par une petite armoire.

Tableau noir.

Ce tableau mobile (fig. 138) est formé d'une grande ardoise encadrée dans des traverses de chêne. Il se place en

Fig. 138.

avant des tables des élèves, dans la partie de la classe restée libre, et sert aux explications du maître.

Boîte d'instruments.

Cette boîte (fig. 139) contient des modèles réduits de poids et mesures, de treuils, de poulies, d'instruments divers, etc..... Il en existe une ou plusieurs par école suivant son importance. Aux heures de leçon le maître emploie ces exemples pour aider ses démonstrations pratiques, de

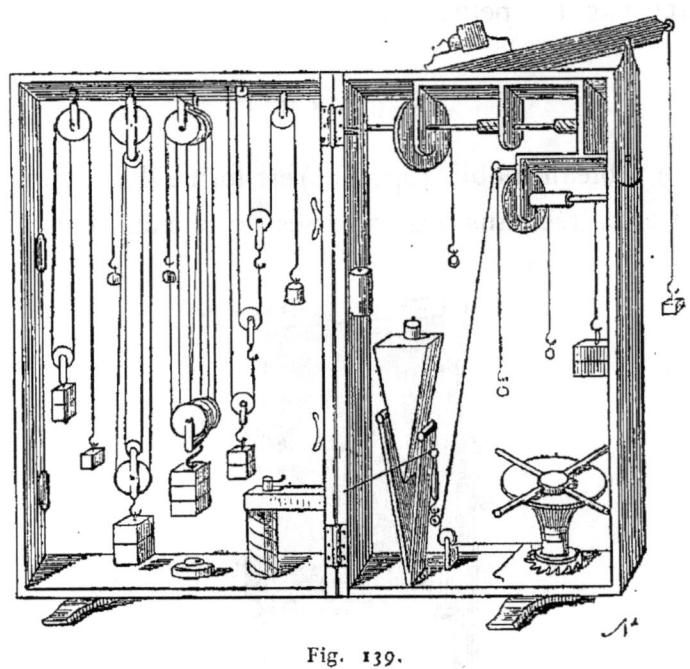

Fig. 139.

façon à frapper l'esprit des enfants et à attirer leur attention [1].

§ III. — ÉCOLES SUISSES[2].

La Suisse s'est de longue date vivement préoccupée de la question scolaire. Elle a progressivement amélioré ses écoles d'une façon notable, et la construction de leur mo-

1. *School Architecture of M. Robson,* London, 1874.
2. Nous avons cru devoir faire suivre cet examen des mobiliers scolaires français et anglais, d'un court aperçu sur les types de quelques meubles en usage dans les écoles d'autres pays.

bilier a été l'objet d'études sur lesquelles nous aurons peut-être un jour à revenir ; nous ne nous occuperons aujourd'hui que de deux modèles de bancs-tables, en usage dans la plupart des écoles.

Modèle de Bâle.

Les bancs-tables de ce modèle (fig. 140) sont entièrement en sapin. Le siége épouse, au moyen de creux et de reliefs, la forme des membres inférieurs de l'enfant assis dessus. Le dossier est mobile et peut se hausser ou s'abaisser sui-

Fig. 140.

vant la taille des élèves ; il en est de même des bancs dont une crémaillère, encastrée sur chaque face, modifie la hauteur suivant les besoins ; un plancher remplace la barre des pieds, mais ne rend pas les mêmes services et offre les inconvénients que nous avons déjà signalés à propos de certains bancs-tables français.

Modèle de Neuchâtel[1].

Les bancs-tables de ce modèle, en sapin comme les précédents, ont été conçus par le docteur Guillaume, un des plus ardents propagateurs des principes d'hygiène dans les

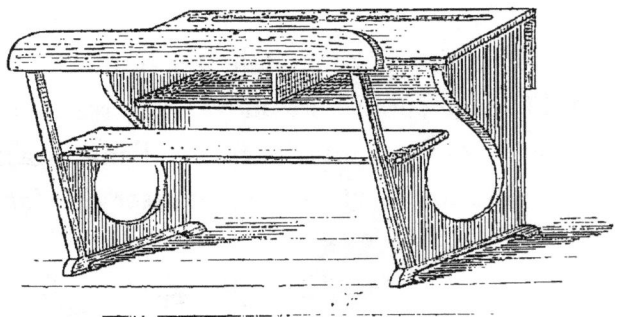

Fig. 141.

établissements scolaires, et dont les premières études datent de loin.

Le modèle dit de Neuchâtel (fig. 141) comprend huit types différents, adaptés aux enfants suivant leurs différentes tailles et divisés d'après le tableau ci-joint.

Taille des élèves.	Hauteur de la table.	Hauteur du banc.	Hauteur du dossier.
De 0,90 à 0,975	0,337	0,187	0,245
0,975 à 1,055	0,367	0,213	0,270
1,055 à 1,125	0,395	0,236	0,297
1,125 à 1,25	0,425	0,258	0,323
1,25 à 1,30	0,453	0,280	0,350
1,30 à 1,40	0,480	0,305	0,375
1,40 à 1,50	0,51	0,328	0,403
1,50 à 1,55	0,54	0,353	0,430

1. Guillaume, *Hygiène scolaire*. Genève, Cherbuliez, 1865.

Une recherche aussi rigoureuse doit, ce nous semble, rencontrer de bien grandes difficultés d'application dans la pratique, et des siéges de trois hauteurs différentes seulement peuvent certes suffire, dans la plupart des cas, pour répartir dans de bonnes conditions des enfants de 7 à 15 ans en moyenne.

Le modèle Guillaume ou de Neuchâtel a rendu de grands services dans les écoles suisses où il a été appliqué ; il est d'une extrême simplicité et très-peu coûteux. Nous signalerons cependant, comme lacune regrettable, l'absence de barre de pieds, et l'étroite issue laissée par la forme circulaire des points d'appui à l'entrée et à la sortie des enfants.

§ IV. — ÉCOLES AUTRICHIENNES.

Modèle Kunz [1].

Les bancs construits d'après ce modèle sont conçus suivant le principe adopté par le docteur Liebreich, mais la solution est obtenue par des moyens tout autres. Au lieu de relever l'extrémité du pupitre, on le repousse et la tablette, glissant entre des rainures ménagées à cet effet, laisse entre le banc et la table un espace vide suffisant pour permettre à l'élève de se tenir debout; tirée en avant, au contraire, cette tablette laisse à découvert la case qui contient

---

1. *Die Schulbankfrage und die Kunze'sche Schulbank* Schildbach, Leipzig, 1872.

l'encrier, les plumes et les crayons, et se trouve dans une position normale favorable au travail.

Le dossier est plein, les saillies et les creux ménagés à sa surface épousent les formes du dos et des reins de l'enfant; une barre d'appui soutient les pieds. Ces bancs-tables sont à quatre places et entièrement en bois.

La figure 142 montre : 1° une des cases dont la tablette enlevée laisse apercevoir l'intérieur du pupitre avec ses di-

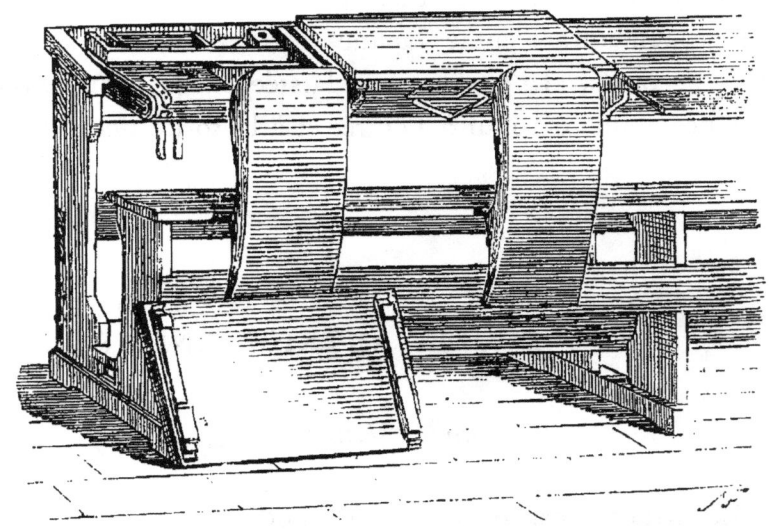

Fig. 142.

visions; 2° une case dont la tablette est repoussée pour laisser libres les mouvements de l'élève; 3° une case dont la tablette est avancée et occupe la position favorable pour le travail.

Modèle Olmützter [1].

Ce modèle se rapproche beaucoup du précédent, mais

---

[1]. *Die Olmützter Schulbank*, Pichler, Vienne, 1873.

il n'est qu'à deux places ; le banc et le dossier épousent la forme du corps, mais la barre de pieds manque. La tablette du pupitre est mobile et glisse sur des coulisseaux de façon

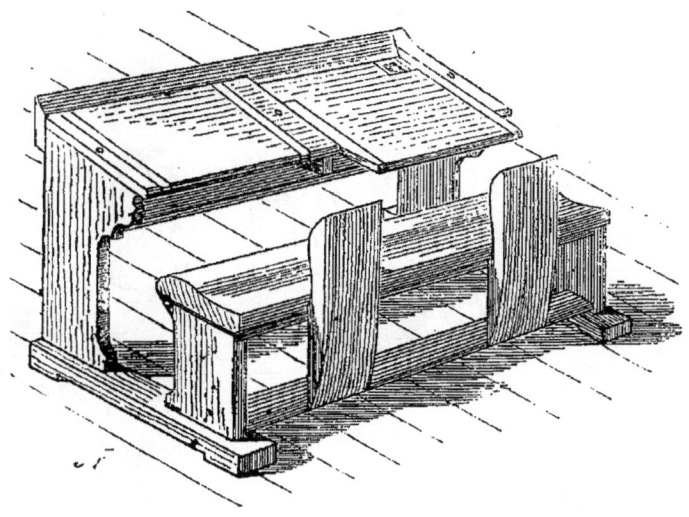

Fig. 143.

à mettre en exact prolongement les extrémités du banc et celles du pupitre (fig. 143).

§ V. — ÉCOLES BELGES.

Les meubles scolaires belges sont très-variés de forme et de disposition. Il y en a de mauvais, mais il y en a aussi de bons. Un de ces derniers, le *modèle Nogel* (fig. 144), est à deux places ; les points d'appui sont en fonte, le banc a un dossier, le pupitre se rabat et se divise en deux parties indépendantes. Les deux élèves, placés côte à côte, peuvent

Fig. 144.

donc changer de genre d'occupation sans se déranger l'un l'autre.

§ VI. — ÉCOLES SUÉDOISES.

Les modèles de meubles scolaires sont assez nombreux dans les pays scandinaves; c'est de l'extrême nord de l'Europe, de ces contrées si peu connues de nous et cependant si intéressantes, si dignes d'être visitées, que sont venus les premiers perfectionnements introduits dans le mobilier des écoles. A l'Exposition de 1867 figurait un singulier petit meuble servant de banc-table dans les écoles suédoises, ne contenant qu'une place et enfermant l'élève dans un petit fauteuil [1]. L'exposition des États du nord [2], à Copenhague, offrait également plusieurs types du même genre déjà très-perfectionnés, dont nous signalerons les deux exemples principaux.

Modèle Sandberg.

Le modèle Sandberg participe à la fois du principe qui a présidé à la construction des bancs autrichiens et de celui qui a présidé à la construction des bancs anglais, en ce sens que la tablette du pupitre se relève et glisse tout à la fois; c'est, croyons-nous, une complication au moins superflue. Le banc a un dossier plein, formé d'une planche, et offrant une surface unie, offrant par suite un siége un peu dur.

Modèle Rydberg.

Le point de départ du perfectionnement apporté dans le mobilier scolaire a été, avons-nous vu, la suppression de la distance séparant les bancs de la table. En Angleterre, on a résolu le problème en relevant la tablette du pupitre; en Allemagne, on est parvenu au même but en la tirant ou la repoussant.

Les Suédois, eux, ont laissé le pupitre fixe et ont relevé le banc, disposition par suite de laquelle l'élève peut facilement s'introduire à sa place, rester debout s'il le faut en levant son banc et trouver, en s'asseyant, un siége com-

---

1. *Construction et installation des écoles primaires*, par Félix Narjoux.
2. Voy. *Encyclopédie d'architecture* (1873), p. 137 et suiv.

mode assez rapproché de la table pour rendre le travail facile.

Ces siéges (fig. 145) n'ont qu'une place et diffèrent de dimensions, suivant la taille de ceux auxquels ils sont des-

Fig. 145.

tinés. Entièrement en sapin poli et verni, ils ont un aspect fort agréable. On ne peut se dissimuler toutefois que l'emplacement exigé par un tel mobilier rend, dans la plupart des cas, son emploi à peu près impossible.

§ VII. — ÉCOLES RUSSES.

Les Écoles russes possèdent plusieurs modèles de bancs-tables; celui que représente notre figure 146 ci-contre est des mieux compris.

L'écartement des pieds en fonte du pupitre permet la

facile introduction de l'enfant à sa place ; le pupitre peut donc rester immobile et n'a besoin ni de glisser ni de se relever ; le banc a un dossier, et, grâce à des chevilles

Fig. 146.

enfoncées dans des trous percés à cet effet, peut se hausser et se baisser afin de s'adapter aux différentes tailles des enfants.

§ VIII. — ÉCOLES AMÉRICAINES.

Les modèles de mobilier scolaire sont assez nombreux en Amérique, mais n'offrent pas tous un bien vif intérêt. La fonte joue un grand rôle dans leur construction, c'est le caractère distinctif le plus tranché qu'on y rencontre. Un des modèles connus, celui de l'Illinois, réunit au pupitre le banc de la table opposée, et rend ainsi difficiles les changements dans le nombre et la disposition des bancs ; la barre de pieds manque, les bancs et le dossier pleins offrent un siége assez dur. Un autre modèle, dit pliant, est formé d'une combinaison un peu compliquée de mécanisme à charnière, dont le résultat final sert à ramener les bancs et les tables à un très-petit volume, avantage très-discutable quand il s'agit d'objets d'une destination aussi fixe que celle d'un matériel scolaire.

Modèle à une ou deux places.

Ce dernier modèle est préférable à ceux dont nous venons de parler ; les points d'appui sont en fonte, les siéges isolés épousent la forme du corps, les bancs et pupitres sont fixes, et leurs extrémités se placent sur une même verticale.

Fig. 147.

Les enfants, dans les mouvements qu'ils font avant ou après les leçons, ne peuvent se placer devant le pupitre, mais, en revanche, peuvent se tenir dans l'espace réservé latéralement à ces bancs. La place occupée sur le sol par le modèle à une place (fig. 147) est de $0^m,60 \times 0^m,70$, et par le modèle à deux places (fig. 148), 1ᵐ,20 × 0ᵐ,65, dimension exigeant, on le voit, un emplacement consi-

Fig. 148.

dérable, bien supérieur à celui généralement reconnu nécessaire.

§ IX. — PRIX COMPARÉS DES DIVERS MODÈLES

Résumé.

Terminons cette longue revue des mobiliers, en usage dans les écoles, par le tableau du prix de revient [1] approximatif d'une place d'élève, pour chacun d'eux :

[1]. Ces prix paraissent un peu faibles, il faut tenir compte de la différence des prix de main-d'œuvre et de matières premières dans chaque pays.

Ancien mobilier. . . . . 14 à 16 fr.
Modèle Lenoir. . . . . 20 fr.
— fer et bois. 18
— Greart. 22
— Bapterosse 33
— anglais, incliné 21
— — horizontal 17
— Liebreich, à 4 places. 14
— — à 1 place. 55
— Redmayne 16
— de Bâle. 18
— de Neuchâtel 12
— Kunz. 17
— Olmützter 15
— belge (Nogel). 20
— suédois. 20
— américain, 1 place. 30
— — 2 places. 42

Résumé.

En résumé, d'après l'exposé des principes et des exemples qui précèdent, les conditions auxquelles doit satisfaire un bon mobilier scolaire sont les suivantes :

1° Le bord extérieur de la table et le bord intérieur du banc doivent être placés sur la même verticale.

2° Le banc doit être muni d'un dossier et d'une barre d'appui; il faut qu'au moyen de creux et de saillies ménagés sur les surfaces unies, le siège épouse la forme des membres et soit terminé carrément du côté de la table.

3° Les bancs et les tables doivent être proportionnés à la taille des enfants.

4° Les enfants doivent être isolés, sinon d'une façon complète, au moins par le siège qu'ils occupent.

5° Le nombre d'enfants réunis sur une même table doit être de deux.

6° L'inclinaison du pupitre doit être de 20° pour écrire et de 40° pour lire ; celle de la barre de pieds, de 20° à 30° ; la largeur de cette barre de 0^m,10.

7° Chaque enfant doit trouver sur le pupitre 0^m,50 de place libre en moyenne ; ce pupitre doit avoir 0^m,35 de large et le banc 0^m,25.

8° Les bancs-tables ne doivent offrir aucune disposition compliquée, aucun mécanisme d'un usage difficile ou d'un entretien coûteux. La fonte et le fer sont pour ces motifs d'une application presque impossible dans les écoles rurales.

Ces indications sont purement théoriques, l'expérience déterminera de quelle application pratique elles sont susceptibles dans la mesure du possible.

VI

LOGEMENTS
DES INSTITUTEURS LAÏQUES OU CONGRÉGANISTES. —
SERVICES ANNEXES. — MAIRIE. — SECRÉTARIAT.
BIBLIOTHÈQUE POPULAIRE. — TÉLÉGRAPHE.

§ I. — ÉCOLES FRANÇAISES.

Logements de maîtres.

Les bâtiments scolaires en France contiennent non-seulement les locaux destinés aux classes, mais encore ceux destinés aux logements des maîtres; dans les communes rurales, ils renferment même certains services annexes, tels que la salle du Conseil municipal, le secrétariat, la bibliothèque, le télégraphe, etc., etc... Bien que ces services ne fassent pas partie intégrante de l'école proprement dite, il faut néanmoins les examiner, puisqu'ils sont contenus dans son enceinte.

Tout d'abord, il faut faire observer qu'on ne s'explique pas très-bien pourquoi les maîtres ont leur logement à l'école même; on se demande quelle raison impérieuse les oblige à habiter précisément sous le toit scolaire; leur service n'aurait pas à souffrir et leur santé aurait, au contraire, à profiter d'une promenade faite matin et soir pour quitter ou regagner leur logis. Il résulterait de cette simplification une véritable économie dans les frais de construction et d'entretien des bâtiments; car il est bon de remarquer que la dépense nécessitée par l'établissement de logements dans les écoles est forcément assez élevée. Cette élévation dans le chiffre de la dépense tient à la difficulté, toujours très-grande, que rencontre la distribution en pièces habitables de l'étage d'un bâtiment, dont les autres étages sont occupés par de grands espaces vides avec de rares points d'appui.

Une augmentation de traitement compenserait le loyer que le maître aurait à sa charge; il s'installerait ainsi à sa guise, suivant ses besoins, ceux de sa famille et les nécessités de son modeste budget; tout le monde, semble-t-il, gagnerait à cette combinaison.

Dans les établissements d'instruction secondaire, la situation n'est pas la même. Les lycées-pensions sont habités pendant la nuit et exigent, par suite, une surveillance de tous les instants qu'il serait difficile d'exercer d'une façon assez complète si les fonctionnaires chargés de ce soin n'étaient pas constamment présents, et obligés, par conséquent, d'habiter dans l'établissement lui-même.

La difficulté de trouver facilement une demeure convenable, le manque ou l'insuffisance de locaux justifient pour les campagnes l'installation du maître dans le bâtiment même de l'école; mais, alors, la mesure ainsi appliquée est insuffisante. Il faudrait la compléter en garnissant chaque logement de maître des meubles nécessaires, meubles fournis et entretenus par la commune; à chaque changement de résidence, l'instituteur n'aurait pas à déménager son modeste mobilier, à subir, par suite, des frais et des pertes relativement considérables.

Mais aucune considération de ce genre n'existe pour les écoles urbaines ; la classe finie, les élèves s'en vont, et la présence du maître devient inutile : bien plus, elle est nuisible, car elle occasionne des dépenses d'éclairage, de chauffage et d'entretien, faites dans des conditions peu économiques. Un simple gardien, surveillant les bâtiments, s'assurant qu'ils sont clos et ouverts à l'heure convenable, serait parfaitement suffisant.

Logements de maîtres laïques.

Cependant, comme, en l'état actuel, des logements de maîtres sont adjoints à toute école, il est utile de connaître ce qu'ils doivent être. Ces logements varient d'importance suivant qu'ils sont destinés aux directeurs ou directrices, aux maîtres ou maîtresses des écoles urbaines. Un groupe complet, comme ceux élevés dans certains quartiers de Paris par exemple, contient, pour l'école des garçons, un logement de directeur et un logement de maître ; pour l'école des filles, un logement de directrice et un logement de maîtresse, et de même pour l'asile. Ces logements se composent pour un directeur ou une directrice : d'une antichambre, d'une cuisine, d'une salle à man-

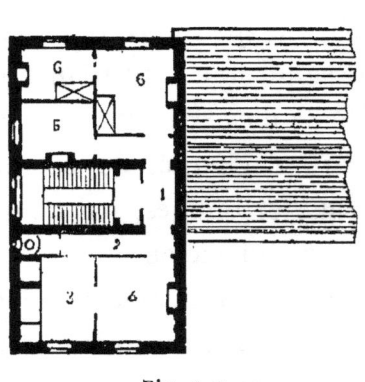

Fig. 149.

ger, d'un cabinet de travail, de privés et cabinets, de placards et dépendances nécessaires, le tout occupant une surface d'environ 100 mètres (celle de 80 mètres prévue par le programme est insuffisante).

La figure 149 indique une des dispositions données habituellement aux logements de cette nature : l'antichambre est en 1 ; les dégagements en 2 ; la cuisine en 3 ; la salle à manger en 4 ; le cabinet de travail en 5 ; les chambres à coucher en 6 ; et les privés en 7.

Un logement de sous-directeur, de maître, de sous-directrice ou de maîtresse, comprend les mêmes pièces, moins une chambre à coucher et le cabinet de travail ; il occupe une surface d'environ 60 à 70 mètres (celle de 50 mètres, prévue par le programme, est insuffisante).

L'emplacement qu'occupent ces logements, dans chacun des bâtiments auxquels ils appartiennent, est situé au milieu du bâtiment principal (fig. 61), dans un étage élevé à cet effet, ou bien dans une partie en aile, distincte des autres constructions et s'élevant au-dessus d'elles (fig. 52, 55 et 58).

Logements des maîtres congréganistes.

Les écoles congréganistes officielles tendent à disparaître ; nous indiquerons donc seulement ici que les congrégations dirigeant une école sont, en général, logées dans des bâtiments distincts de l'école même, le plus souvent à la maison mère ou à une succursale. Les maîtres quittent leur logis le matin pour y rentrer le soir, sans coucher à l'école où ils ne séjournent que le temps nécessaire à l'accomplissement de leurs fonctions.

Quand les instituteurs congréganistes sont logés à l'école

même, ils occupent, dans les mêmes conditions que les instituteurs laïques, un logement comprenant : un dortoir commun ou un nombre déterminé de cellules de dimensions suffisantes, éclairées chacune par une fenêtre distincte, une cuisine, un réfectoire, une salle pour les exercices en commun, et un petit oratoire qui ne peut être destiné à recevoir tout le personnel de l'école.

Logements des Instituteurs ruraux.

Les logements des instituteurs ruraux sont plus modestes que les précédents; installés au-dessus du rez-de-chaussée,

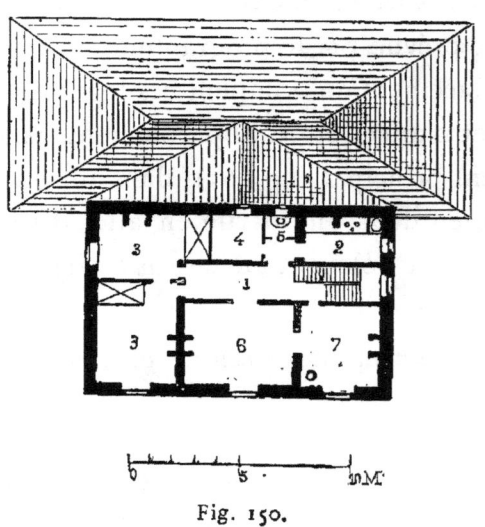

Fig. 150.

ils se composent d'une cuisine, d'un cabinet, de deux chambres à feu et d'un cabinet de travail placé près de la classe (fig. 150).

Salle du conseil municipal. — Secrétariat.

Indépendamment de la classe et du logement du maître,

qui forment l'école proprement dite, la maison d'école rurale, appelée aussi *Maison commune* ou *Mairie*, renferme une salle de réunion pour les séances du conseil municipal. Cette salle, dont les dimensions varient suivant l'importance de la commune, doit toujours être placée dans la partie la plus en vue du bâtiment, et être éclairée sur le milieu de la façade par une ou plusieurs fenêtres s'ouvrant du côté de la voie publique; sa forme, autant que possible accusée à l'extérieur, doit se signaler à l'attention du passant et lui rappeler que c'est en cet endroit, quelque modeste qu'il soit, que sont le siége de l'autorité, le dépôt du pouvoir.

Bibliothèque et Télégraphe.

Il est heureusement peu de communes en France qui ne possèdent une petite bibliothèque populaire; au point de vue de la moralisation et de l'enseignement des populations rurales et ouvrières, le développement de ces bibliothèques est d'un intérêt considérable et il faut y aider par tous les moyens possibles. Le premier point est de réserver, dans une partie de la maison commune, un local destiné à renfermer des armoires ou tout simplement des rayons propres à supporter les livres. C'est dans ce local que les habitants viennent lire sur place ou chercher les livres qu'ils emportent chez eux, en se conformant à certaines formalités.

Il en est de même de la station télégraphique installée dans la plupart des communes d'une certaine importance, et qui doit, pour la commodité des habitants, trouver son emplacement à la mairie, point central de réunion. Cette station comprend une petite pièce d'attente pour le public, une seconde salle pour les appareils et l'employé chargé des transmissions : la pièce d'attente peut n'avoir que $2^m,00 \times 2^m,00$, la salle des appareils $2^m,00 \times 3^m,00$ environ.

§ II. — ÉCOLES ANGLAISES.

Logements des maîtres. — Écoles urbaines.

Les écoles anglaises ne contiennent pas de logements pour leurs directeurs ou leurs maîtres : le seul logement qu'on y trouve est celui du *house-keeper* (gardien), dont nous avons précédemment parlé. Tout le reste du bâtiment est consacré au service scolaire; on réserve seulement, au rez-de-chaussée, une pièce pour le directeur ou la directrice avec un cabinet de toilette et des privés, puis, dans les combles, deux ou trois salles servant de vestiaire aux maîtres et aux élèves-maîtres ; il s'y trouve également un réfectoire, où ces derniers prennent leurs repas, apportés du dehors, et une salle d'étude, dans laquelle le maître principal professe, aux maîtres et aux élèves-maîtres, des leçons d'un degré supérieur à celles données aux autres élèves.

Logements des maîtres. — Écoles rurales.

Dans les écoles rurales comme dans les écoles urbaines, les maîtres n'habitent pas sous le toit scolaire ; tantôt ils sont installés là où ils peuvent et comme ils trouvent; d'autres fois la paroisse, ou la société qui a construit l'asile, élève en même temps le logement du maître : alors elle le réunit à l'école au moyen d'une avenue, d'une allée de jardin, et lui donne l'aspect d'un riant cottage.

Le porche (fig. 151) est en 1, la cuisine en 2, la laverie en 3, un dépôt en 4, une cour en 5, une écurie en 6, des

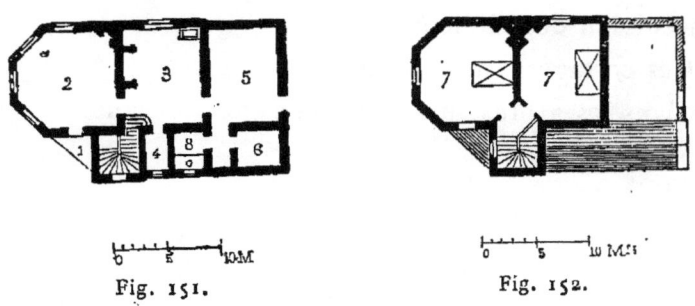

Fig. 151.   Fig. 152.

privés en 8. Les chambres à coucher sont en 7, au premier étage (fig. 152).

Fig. 153.

Dans la cuisine se trouve presque toujours une de ces cheminées en briques et fonte (fig. 153), dont le manteau abrite les fourneaux dits économiques, et dont le foyer laisse la flamme apparente, visible aux assistants, tout en servant à la cuisson des aliments.

Ces cottages semblent une gaie demeure (fig. 154), perdue dans les arbres; une pelouse s'étend devant la maison;

Fig. 154.

en arrière se trouve une cour, une petite écurie pour une vache, un jardinet, le grand air et l'espace libre. Installé dans de telles conditions, le maître se plaît dans sa résidence, s'attache au pays, à ses occupations, aime son intérieur, cherche à l'embellir et à l'améliorer; il remplit ses fonctions avec plus de zèle et de soins, avantages réels, sérieux, dont ses élèves sont les premiers à profiter.

VII

CONCLUSION

Maintenant que nous avons examiné dans toutes leurs parties les écoles françaises et anglaises, il est facile de les comparer entre elles, de voir par quels points elles diffèrent, par quels autres elles se ressemblent, et quels résultats pratiques nous pouvons en France tirer des études, des recherches, des innovations tentées par nos voisins. Nous l'avons déjà dit et nous le répétons, il ne s'agit pas de transformer nos écoles françaises en écoles anglaises; il faudrait, pour qu'un changement aussi radical fût réalisable, que les méthodes d'enseignement en usage chez nous fussent tout d'abord modifiées de fond en comble, et nous ne savons si nous aurions à gagner à une telle révolution.

Ce que nous avons eu en vue, c'est de prendre nos écoles pour ce qu'elles sont, pour ce qu'elles doivent être, d'envisager le but qu'elles ont à accomplir, les résultats qu'elles ont à atteindre, et de nous efforcer de les améliorer dans leur ensemble et dans leurs détails. Il nous faut, pour cela, nous approprier ce qui, chez les autres, vaut mieux que ce que nous avons chez nous, et remarquer avant tout que, en ce qui concerne les Anglais, c'est dans les détails que nous avons le plus à emprunter.

Parmi les perfectionnements et les améliorations que nous pourrions obtenir, il nous faut demander, croyons-nous :

La publication, sous le contrôle et par les soins de l'administration, d'une instruction annuelle résumant, dans un texte clair et précis, les travaux scolaires exécutés dans le courant de l'année, faisant connaître les progrès réalisés ou les déceptions causées par telle ou telle innovation ; des croquis faciliteraient l'intelligence du texte, et la collection de ce recueil formerait, avec le temps, une véritable réglementation de la construction scolaire ;

La suppression des grandes agglomérations scolaires, des établissements trop peuplés, et leur remplacement par des écoles et des asiles de dimensions restreintes, mais répandus à profusion dans les quartiers populeux ;

L'installation d'appareils propres aux exercices gymnastiques dans toutes les écoles urbaines ou rurales ;

L'introduction, dans la construction des privés, urinoirs et lavabos, d'un système plus perfectionné que ceux en usage ;

La réduction du nombre des élèves contenus dans chaque classe, ramenés de 20 à 30, de façon à ce que chacun pût profiter de la leçon du maître et fût également soumis à sa surveillance ;

L'adoption, en toutes circonstances, du principe d'éclairage des classes au moyen de fenêtres ouvertes à gauche des élèves ;

La décoration des parements des murs des classes et préaux au moyen de peintures et d'inscriptions instructives ;

Le maintien, dans tout l'établissement, de la propreté la plus rigoureuse, obtenue grâce à un personnel spécial : ce progrès viendrait en aide à la ventilation naturelle, la plus efficace de toutes, remplacerait pour les écoles certains systèmes préconisés en ces derniers temps, systèmes compliqués dans leur construction, coûteux dans leur entretien, et discutables dans leurs résultats;

L'établissement, pour la clôture des fenêtres, d'un des appareils précédemment décrits ;

La création, dans les écoles de filles, d'un plus grand nombre d'ouvroirs et d'un plus petit nombre de salles de dessin, afin de former plus de femmes aptes à remplir les devoirs de leur condition sociale, moins de fausses artistes et par suite des déclassées;

Le remplacement du mobilier habituel par un des nouveaux modèles indiqués;

La suppression des logements de maîtres dans les écoles urbaines, et l'installation d'un mobilier communal dans les logements de maître des écoles rurales;

L'obligation d'apporter la plus stricte économie dans la construction des bâtiments scolaires, et, comme conséquence, la possibilité d'élever un plus grand nombre d'écoles sans augmenter le chiffre des dépenses totales.

Grâce à ces améliorations possibles, nous verrions promptement nos écoles acquérir en France un degré de développement et de perfectionnement que nous ne connaissons pas encore.

Nous avons certes, depuis 1870, beaucoup fait en France, à Paris surtout, pour arriver à mettre nos écoles au niveau des besoins de notre époque, pour développer le plus possible ces institutions, dont le but offre un intérêt si grave, si sérieux dans la vie d'une nation. Nous croyons sans doute que les résultats obtenus égalent nos efforts, nous croyons avoir marché à grands pas, et nous pensons léguer à l'avenir la trace de notre passage en laissant le souvenir d'immenses progrès réalisés dans l'instruction primaire de notre pays. Eh bien ! — d'un travail de statistique, récemment publié sur la situation de l'instruction primaire en France [1], il résulterait que le nombre de personnes sachant lire et écrire était de 71 % au XVIIIe siècle, et qu'il est seulement de 72 % en 1870. — Que ceci nous rende modestes, nous montre ce que nous avons encore à faire et quel long chemin il nous reste à parcourir !

1. *Recherches faites dans la Haute-Marne*, M. Fayet, inspecteur d'académie.

FIN.

TABLE DES FIGURES

(Voir la TABLE DES CHAPITRES, page I à V.)

II

SERVICES EXTÉRIEURS.

Écoles françaises et anglaises.

		Pages.
1.	Plan général d'une école rurale française.	78
2.	Plan général d'un groupe scolaire complet d'une école urbaine française	80
3.	Plan général d'une école urbaine anglaise.	81
4.	Fontaine des cours d'une école française.	86
5.	Gymnase d'une école urbaine —	88
6.	Gymnase — rurale —	90
7.	Gymnase — — anglaise.	92
8.	Privés d'une école urbaine française.	94

		Pages.
9.	Privés d'une école rurale française.	95
10.	Urinoirs d'une école française.	96
11.	Appareil inodore pour privés d'une école française.	98
12.	Vue intérieure d'un groupe de cabinets d'une école anglaise	101
13.	Plan — —	101
14.	Ash or earth closet pour écoles anglaises, côté	102
15.	— face.	103
16.	— plan.	103
17.	— vue perspective.	104
18.	Water closets pour écoles anglaises, plan.	105
19.	— détail de l'appareil.	106
20.	— coupe transversale.	107
21.	— face extérieure.	108
22.	Urinoirs pour écoles anglaises.	109

III

SERVICES INTÉRIEURS.

§ I. — Écoles françaises.

23.	Plan d'une école urbaine.	111
24.	Intérieur d'un préau couvert, d'une école urbaine	115
25.	Plan d'une école rurale.	116
26.	Intérieur d'un vestiaire.	117
27.	Lavabos adossés (détail).	118
28.	Lavabos isolés (ensemble).	119
29.	Plan de classes de dimensions différentes.	120
30.	Détail du plan d'une classe.	122
31.	Vue générale de l'intérieur d'une classe.	125
32.	Coupe d'une fenêtre avec châssis mobile à son extrémité inférieure	131
33.	Porte roulante sur galets.	134
34.	Escalier d'une seule volée — plan.	135
35.	— perspective.	135
36.	Escalier à double volée — plan.	136
37.	— perspective.	137

		Pages.
38.	Barbacanes dans les murs, coupe et face extérieure.....	139
39.	— face intérieure..........	140
40.	Emplacement d'une salle de dessin — plan.........	141
41.	Plan de détail d'une salle de dessin avec son mobilier....	142
42.	Appareil pour éclairage nocturne...............	144
43.	Appareil de chauffage, système Gaillard et Haillot. Élévation.	158
44.	— — Coupe...	159
45.	— — Plan...	161
46.	Système de la Commission de chauffage et de ventilation de la ville de Paris. Plan du conduit de ventilation et de prise d'air.......................	164.
47.	— Elévation extérieure des prises d'air percées sur les façades.	166
48.	Coupe — —	166
49.	Conduits de prises d'air et de ventilation (système Cordier) — Plan......................	168
50.	— Coupe......................	169
51.	— Plan de détail.................	172
52.	— —	174
53.	Elévation d'un des bâtiments d'un groupe scolaire urbain.	178
54.	Groupe scolaire, rue d'Alesia. Plan du rez-de-chaussée...	179
55.	— Plan du premier étage....	180
56.	— Elévation d'une partie de la façade.	181
57.	Groupe scolaire, rue Barbanègre. Plan du rez-de-chaussée.	182
58.	— Plan du premier étage..	182
59.	— Élévation.........	183
60.	Groupe scolaire, rue Curial. Plan du rez-de-chaussée....	184
61.	— Plan du premier étage.....	185
62.	— Élévation..........	186
63.	Groupe scolaire rue Laugier. Plan..............	187
64.	— Plan du premier étage....	188
65.	— Élévation d'une partie de la façade.	189
66.	Ecole rurale (Nièvre). Élévation...............	190
67.	— Coupe.................	190

§ II. — *Écoles anglaises.*

68.	Plan général d'une école anglaise, *système prussien*.....	192
69.	Plan général d'une école anglaise, *système anglais*......	194

TABLE DES FIGURES.

Pages.

70. Vue intérieure de la salle d'exercices d'une école (*système prussien*) 198
71. Intérieur d'une salle contenant les lavabos et le vestiaire. . 200
72. Détail des consoles, disposition des cuvettes et des conduits 201
73. Autre mode de lavabos, plan. 202
74. — coupe. 203
75. Autre disposition de lavabos. 204
76. Porte manteaux. 205
77. Vue intérieure de classes séparées par des tentures. 206
78. Vue intérieure de classes séparées par des cloisons mobiles.. 207
79. Plan d'une série de classes avec l'emplacement des bancs-pupitres des élèves et des maîtres.. 208
80. — autre disposition. 208
81. Plan d'un escalier à double révolution. 209
82. Fenêtres à châssis s'ouvrant au moyen d'une manivelle... 211
83. Fenêtres à châssis mobiles sur un axe central, élévation . . 212
84. — — coupe. ... 213
85. Fenêtres à châssis mobiles sur leur axe inférieur, élévation. 214
86. — — coupe. ... 215
87. Appareil de chauffage, élévation de la cheminée. 227
88. — plan. 228
89. — coupe 229
90. École de West Ferry road (Londres), (*système prussien*). Plan du premier étage. 231
91. — Plan du deuxième étage. 232
92. — Élévation. 233
93. — Coupe. 234
94. École de Johnson street (Londres), (*système anglais*). Plan du premier étage. 235
95. — Plan du deuxième étage. 235
96. — Élévation. 236
97. École de Wornington road (Londres). Plan général. ... 237
98. — — Élévation. 238
99. École rurale, type n° 1. Plan. 241
100. — Élévation... 241
101. École rurale, type n° 2. Plan. 242
102. — Élévation. 242

TABLE DES FIGURES.

IV
SALLES D'ASILE.

§ II. — *Salles d'asile françaises.*

		Pages.
103.	Plan général d'une salle d'asile.	248
104.	Élévation —	251
105.	Gradins.	253
106.	Bancs, Lambris, Ardoises, Tableaux.	254
107.	Porte-modèle.	255
108.	Boulier.	256
109.	Hamac plié, hamac déroulé.	257

§ III. — *Salles d'asile anglaises.*

110.	Plan général d'une salle d'asile.	259
111.	Élévation. —	260
112.	Exercices gymnastiques, planches inclinées.	263
113.	— planche en bascule	263
114.	— barres horizontales.	263
115.	— cordes perpendiculaires.	264
116.	Banc et table.	265

§ IV. — *Salles d'asile allemandes.*

117.	Plan général d'une salle d'asile.	267

V
MOBILIER SCOLAIRE.

§ I. — *Mobilier français.*

118.	Mobilier actuel (Modèle en usage).	272
119.	Modèle Lenoir.	273
120.	Modèle fer et bois.	275
121.	Modèle Gréart à trois places.	276

TABLE DES FIGURES.

		Pages.
122.	Modèle combiné avec la ventilation	279
123.	Modèle Bapterosse	281
124.	Estrade de maître	282
125.	Table-chevalet pour salle de dessin (modèle Lenoir)	283
126.	Selle de modelage (modèle Lenoir)	284
127.	Pupitre modèle Liebreich	291
128.	Bancs et pupitres gradués à plusieurs places (modèle Liebreich)	293
129.	Siége pour élève isolé. Détail de l'appareil (modèle Liebreich)	293
130.	Siége à deux places (modèle nouveau)	295
131.	Bancs-tables mobiles avec dossiers (modèle Redmayne)	301
132.	Bancs-tables mobiles (modèle Redmayne), dossier formant table de travail	301
133.	Bancs-tables mobiles (modèle Redmayne) dossiers réunis formant tables de réfectoires	302
134.	Table à dessiner	303
135.	Bureau de maître (premier modèle)	303
136.	— (deuxième modèle)	304
137.	Bureau de pupil-teacher	304
138.	Tableau noir portatif	305
139.	Boîte d'instruments	306

§ III. — *Mobilier suisse.*

140.	Banc-table (modèle de Bâle)	307
141.	— (modèle de Neuchâtel)	308

§ IV. — *Mobilier autrichien.*

142.	Banc-table (modèle Kunz)	310
143.	— (modèle Olmützter)	311

§ V. — *Mobilier belge.*

| 144. | Banc-table (modèle Nogel) | 312 |

§ VI. — *Mobilier suédois.*

| 145. | Banc-table (modèle Rydberg) | 314 |

§ VII. — *Mobilier russe.*

	Pages.
146. Banc-table (modèle fonte et bois).	315

§ VIII. — *Mobilier américain.*

147. Banc-table (modèle à une place).	316
148. — (modèle à deux places).	317

VI

LOGEMENTS D'INSTITUTEURS. — SERVICES ANNEXES.

§ I. — *Écoles françaises.*

149. Logements de maîtres laïques, écoles urbaines.— Plan.	322
150. Logements des instituteurs ruraux. Plan.	324

§ II. — *Écoles anglaises.*

151. Logements des maîtres, écoles rurales. — Plan du rez-de-chaussée.	327
152. — — Plan du 1er étage.	327
153. — — Cheminée de cuisine.	327
154. Logements des maîtres, écoles rurales. — Vue perspective d'une habitation.	328

EXTRAIT DU CATALOGUE

LES ÉCOLES PUBLIQUES
CONSTRUCTION ET INSTALLATION
EN BELGIQUE ET EN HOLLANDE
PAR
FÉLIX NARJOUX
Architecte de la ville de Paris.

1 volume in-8º de 270 pages, avec 117 figures intercalées dans le texte.
Prix, broché. . . . . 7 fr. 50

LES ÉCOLES PUBLIQUES
CONSTRUCTION ET INSTALLATION
EN SUISSE
PAR
FÉLIX NARJOUX
Architecte de la ville de Paris.

1 volume in-8º de 250 pages environ, avec 125 figures intercalées dans le texte.
Prix, broché. . . . . 7 fr. 50

(*Sous presse.*)

NOTES DE VOYAGE D'UN ARCHITECTE
DANS LE NORD-OUEST DE L'EUROPE
PAR
FÉLIX NARJOUX
Architecte de la ville de Paris.

1 volume in-8 de 467 pages avec 214 figures intercalées dans le texte.
Prix, broché. . . . . 20 fr.
Édition sur Hollande, tirée à 50 exemplaires.
Prix, broché . . . . 40 fr.

HABITATIONS MODERNES
recueillies par
E. VIOLLET-LE-DUC
avec le concours
DU COMITÉ DE RÉDACTION DE L'ENCYCLOPÉDIE D'ARCHITECTURE
et la collaboration de
FÉLIX NARJOUX
Architecte de la ville de Paris.

2 forts volumes in-folio, comprenant 200 planches gravées et un texte explicatif illustré.
Prix, en carton . . . . 220 fr.

PARIS. — Impr. J. CLAYE. — A. QUANTIN et Cⁱᵉ, rue Saint-Benoît. [172]

www.ingramcontent.com/pod-product-compliance
Lightning Source LLC
Chambersburg PA
CBHW050803170426
43202CB00013B/2542